开放教育融媒体教材

市场营销学

兰苓 主编
刘志敏 副主编

国家开放大学出版社·北京

图书在版编目（CIP）数据

市场营销学/兰苓主编. —5 版. —北京：国家开放大学出版社，2021.7（2022.11 重印）

ISBN 978-7-304-10846-5

Ⅰ. ①市⋯ Ⅱ. ①兰⋯ Ⅲ. ①市场营销学－开放教育－教材 Ⅳ. ① F713.50

中国版本图书馆 CIP 数据核字（2021）第 119274 号

版权所有，翻印必究。

市场营销学（第 5 版）
SHICHANG YINGXIAOXUE

兰　苓　主　编
刘志敏　副主编

出版·发行　国家开放大学出版社	
电话：营销中心 010-68180820	总编室 010-68182524
网址：http://www.crtvup.com.cn	
地址：北京市海淀区西四环中路 45 号	邮编：100039
经销：新华书店北京发行所	
策划编辑：赵文静	版式设计：何智杰
责任编辑：于　洋	责任校对：吕昀豁
责任印制：武　鹏　马　严	
印刷：北京京华铭诚工贸有限公司	
版本：2021 年 7 月第 5 版	2022 年 11 月第 3 次印刷
开本：787mm×1092mm　1/16	印张：18.5　　字数：392 千字
书号：ISBN 978-7-304-10846-5	
定价：36.00 元	

（如有缺页或倒装，本社负责退换）
意见及建议：OUCP_KFJY@ouchn.edu.cn

Preface 前言

由北京工商大学兰苓教授担任主编的《市场营销学》，最初于 2000 年 1 月出版，至 2017 年 1 月已修订 4 次。《市场营销学》第 4 版以融媒体学习资源包的形式呈现，包括全媒体数字教材、文字教材、形成性考核册及其他多种数字学习资源，受到广大使用者的欢迎，发行量超过 27 万册。如今，以互联网信息技术为代表的科技进步和以全球化为特征的经济发展正在深刻地改变着企业的营销环境，企业营销无论在理念还是在手段和方法上都已产生巨大的变革。为此，我们再次对教材进行了修订。

本次修订仍然秉持第 1 版教材编写的基本原则，即适应开放教育学生的特点和需求，系统介绍本学科的基本概念、基本原理和基本方法，语言简洁、通俗易懂，版式活泼，适宜自学，强调市场营销理论与我国企业营销实践的结合，注重针对性、应用性，便于学生学习和理解，同时也适合对市场营销学有兴趣或者有需求的从业人员学习。

本版教材总体架构仍按第 1 版教材的设计思路，即依市场营销管理过程内容和顺序设置，未做基本框架方面的变动。更新和调整的内容主要有：

（1）调整和充实个别章节的内容。如第五章，丰富了网上调查法的内容；第十二章第一节的"网络营销"改为"新媒体营销"，以容括和反映随时代发展日新月异的营销实践和营销理论研究成果。

（2）对实时性强的数据进行了更新。对教材中的参考资料、提示等相关内容中的数据以采用"尽可能新"的原则多处更新。

（3）教材中的部分案例也根据需要做了更新和替换。

（4）订正了个别表述。

（5）为激发学习者的学习兴趣，完善了综合运用知识点并与营销实践相结合的开放式思考题。

本版教材学习资源包中所含的全媒体数字教材、文字教材、形成性考核册及其他多种数字学习资源也同步进行了修订。其中，文字教材以纸质形式出版；全媒体数字教材、形成性考核册和其他数字学习资源可以通过扫描文字教材上的二维码，登录"开放云书院"后下载获得。在教材中，每章开始提供了"本章导入"，对各章内容做了学习指导；选取了重点内容做了微课讲解；同时，选取了部分思考题，配以"名师解忧"。读者可以扫描文中二维码进行学习。

本版教材除文字主教材外，还配备了学生手册和教师手册，作为课程学习和教学的必要辅助读物。手册与主教材内容紧密衔接，是主教材内容的导学、导教和拓展。学生手册以纸质形式出版，教师手册在网上发布。

在国家开放大学的学习网上还有"市场营销学"网络核心课程，为学生学习本课程提供了网上学习环境，通过网络课程学生可以观看老师授课、完成作业、与老师和同学交流互动等。

《市场营销学》（第5版）文字教材由兰苓教授担任主编，刘志敏教授担任副主编，具体分工为：兰苓编写第一章、第二章、第三章、第六章和第七章；刘志敏编写第五章，甘亚平教授编写第八章、第九章和第十章；兰苓和刘志敏共同编写第四章、第十一章和第十二章。刘志敏负责教材的整体设计，并对全书做了总体的加工整理。

本书由北京工商大学刘文纲教授、中央财经大学安贺新教授进行审定；数字教材由国家开放大学出版社信息与数字出版部制作，由国家开放大学胡吉成副教授、袁薇副教授及国家开放大学出版社宋莹副编审进行审定。以上诸位均提出了诸多宝贵的指导意见，对他们付出的辛勤劳动，在此一并致谢。

国家开放大学出版社的赵文静副编审、于洋编辑在本书的编写过程中始终给予积极的协助与支持，在此谨表谢意。

囿于编者水平，书中难免有疏漏和不妥之处，敬祈读者批评指正！

本书编写组

2021年3月于北京

Contents 目 录

第一篇　理解市场营销和营销管理过程

第一章
市场、市场营销与市场营销学 ⋯ 3

第一节　市场营销学及其发展 ⋯⋯⋯⋯⋯⋯ 4
第二节　市场观念及其演进 ⋯⋯⋯⋯⋯⋯⋯ 10
第三节　企业社会责任与营销道德 ⋯⋯⋯⋯ 15

第二章
企业战略规划与营销管理过程 ⋯ 21

第一节　企业战略的含义与特点 ⋯⋯⋯⋯⋯ 22
第二节　企业战略规划过程 ⋯⋯⋯⋯⋯⋯⋯ 23
第三节　市场营销管理过程 ⋯⋯⋯⋯⋯⋯⋯ 33
第四节　顾客满意与需求管理 ⋯⋯⋯⋯⋯⋯ 40
第五节　市场营销计划 ⋯⋯⋯⋯⋯⋯⋯⋯⋯ 44

第二篇　分析和发展市场营销机会

第三章
市场营销环境分析 ⋯⋯⋯⋯ 51

第一节　企业与市场营销环境 ⋯⋯⋯⋯⋯⋯ 52
第二节　市场营销环境的变化与企业的适应 ⋯ 55
第三节　企业应对环境影响的对策 ⋯⋯⋯⋯ 63

第四章	第一节 消费者购买行为模式 ……………… 70
购买行为分析 ……………… 69	第二节 消费者购买行为分析 ……………… 73
	第三节 生产者购买行为分析 ……………… 83

第五章	第一节 市场营销信息与市场营销信息系统 …… 92
市场营销信息与市场营销调研 · 91	第二节 市场营销调研 ……………… 96
	第三节 市场营销调研的方法 ……………… 100
	第四节 调查问卷的设计 ……………… 105

第三篇 开发与掌控市场营销战略

第六章	第一节 分析竞争者 ……………… 114
市场竞争战略 ……………… 113	第二节 企业竞争战略 ……………… 118
	第三节 企业竞争策略 ……………… 121

第七章	第一节 市场细分概述 ……………… 136
目标市场营销 ……………… 135	第二节 市场细分的标准和方法 ……………… 138
	第三节 目标市场的选择 ……………… 144
	第四节 市场定位 ……………… 148

第四篇 规划与执行市场营销组合

第八章	第一节 产品与产品组合 ……………… 156
市场营销产品 ……………… 155	第二节 品牌 ……………… 161

	第三节 包装 …………………………………… 166
	第四节 产品生命周期 …………………………… 170
	第五节 新产品开发 ……………………………… 174

第九章	第一节 影响企业定价的因素 …………………… 186
市场营销价格 …………………… 185	第二节 企业定价方法与程序 …………………… 188
	第三节 企业定价策略 …………………………… 196

第十章	第一节 分销渠道的概念、功能与类型 ………… 205
市场营销渠道 …………………… 204	第二节 分销渠道的设计与管理 ………………… 209
	第三节 批发商与零售商 ………………………… 217
	第四节 直效营销 ………………………………… 224

| 第十一章 | 第一节 整合营销沟通概述 ……………………… 232 |
| 整合营销沟通 …………………… 231 | 第二节 广告、销售促进、公共关系和人员推销 … 241 |

第五篇 了解市场营销新领域与新发展

第十二章	第一节 新媒体营销 ……………………………… 258
市场营销新领域与新发展 …… 257	第二节 关系营销 ………………………………… 268
	第三节 数据库营销 ……………………………… 271
	第四节 绿色营销 ………………………………… 274
	第五节 体验营销 ………………………………… 278
	第六节 定制化营销 ……………………………… 281

参考文献 ………………………………………………………………………………… 286

```
市场营销学
├── 第一篇　理解市场营销和营销管理过程
│   ├── 第一章　市场、市场营销与市场营销学
│   └── 第二章　企业战略规划与营销管理过程
├── 第二篇　分析和发展市场营销机会
│   ├── 第三章　市场营销环境分析
│   ├── 第四章　购买行为分析
│   └── 第五章　市场营销信息与市场营销调研
├── 第三篇　开发与掌控市场营销战略
│   ├── 第六章　市场竞争战略
│   └── 第七章　目标市场营销
├── 第四篇　规划与执行市场营销组合
│   ├── 第八章　市场营销产品
│   ├── 第九章　市场营销价格
│   ├── 第十章　市场营销渠道
│   └── 第十一章　整合营销沟通
└── 第五篇　了解市场营销新领域与新发展
    └── 第十二章　市场营销新领域与新发展
```

第一篇
理解市场营销和营销管理过程

第一章 市场、市场营销与市场营销学

> 市场营销学的父亲是经济学,母亲是行为科学,数学为其祖父,哲学乃其祖母。
>
> ——菲利普·科特勒

学习目标 LEARNING TARGET

1. 简述市场营销的基本概念。
2. 阐述企业市场观念的演变。
3. 说明新旧两种市场观念的区别。
4. 解释企业社会责任的内涵。
5. 说明营销道德及企业营销道德的判定。

引 言 INTRODUCTION

市场营销学(marketing)是发源于西方发达国家的"很接近实务"的经济管理科学。它是在经济学、行为科学、现代管理学等科学理论的指导下,对百年来西方工商企业市场营销实践经验的概括和总结。自20世纪70年代末开始,我国理论界和企业界对这门学科倾注了极大的热情与关注,许多企业在运用市场营销理论指导实践的过程中收效显著,但同时也应当看到,市场营销学在我国仍然是一门新的学科,需要更多的企业家、理论研究者深入研究和探索,努力创新,抓住重要的战略机遇期,不断提升市场营销学水平。

本章导入

第一节 市场营销学及其发展

一、市场的概念及分类

(一) 市场的概念

人们对于市场相当熟悉,但对市场的确切概念存在不同角度的理解和描述。**市场的概念**主要有以下三种:

(1) 市场是商品交换的场所。这是一个狭义的、古老的市场概念,较多地强调市场空间的、地理的含义,指出市场是买者和卖者聚集在一起进行商品交换的地点和场所。如我国古籍记载中的"日中为市"的市场。国外也有早期的市场——"空旷的地方"的记载。

(2) 市场是商品所有者全部交换关系的总和。这是一个广义的、反映实质的市场概念。这个概念明确市场即流通领域,包含全部商品所有者之间错综复杂的交换关系,形成了许多并行发生和彼此连接的商品交换过程。

(3) 市场是对商品的需求。这是一种研究具体商品需求总量的概念。由于商品需求常常是通过购买者体现出来的,因此人们认为市场是由具体产品的现实与潜在购买者所构成的群体。例如,零售企业每年一次提出的"安排春节市场",意为组织货源,满足春节期间消费者对商品的需求。

市场营销研究中具体的市场,指的是具有特定的需求或欲望,愿意并且能够通过交换来满足这种需求或欲望的全部现实的和潜在的消费者的集合。市场规模的大或小,取决于愿意交换并拥有能够交换的资源的人数的多少。有经验的营销者归纳出一个公式:市场=人口+购买能力+购买欲望。即作为一个市场,其所包括的人口是基本前提,在此前提下考虑这些人的购买能力(货币支付能力)和购买欲望,这三个因素越多、越高、越强,市场的规模和潜力就越大。

上述三种市场概念,尽管提出的角度不同,但都对企业营销具有实际指导意义。

(二) 市场的分类

不同的学科从不同的视角,依据不同的标准,提出了各种不同的市场分类。在市场营销学研究中,市场的分类主要是依据购买者的特性与其购买行为做出的。市场营销学研究的市场主要有以下两类:

（1）消费者市场。这里的消费是狭义的消费概念。消费者市场由为满足个人需要购买和取得商品以及劳务的全部个人和家庭构成。消费者市场是市场营销学研究中的首要市场，自20世纪50年代至今人们对此市场一直给予了较多的关注。

（2）组织市场。组织市场，也称机构市场，包含三大组成部分，即生产者市场、中间商市场和政府市场。

生产者市场，也称工业市场、制造者市场、企业或产业市场，是进入20世纪70年代以来市场营销研究特别关注的领域。

中间商市场，也称再售者市场、转卖者市场，其中有批发商、各类零售商和代理商。这类市场的购买者是为卖而买的，因此中间商市场又有转售者市场之说。

政府市场，也称政府采购市场。政府机构每年要采购大量的商品和得到大量的劳务，用于满足国防、教育、公共福利和其他公共需要。因此，无论在哪种社会形态下，这一市场都会受到企业的重视。

也有学者依据购买对象的不同，直接将市场划分为消费者市场、制造商市场、中间商市场和政府市场四种类型。

思考1-1 市场营销学定义的市场与传统的市场概念有何不同？

思考1-2 我国目前实行的大规模药品集中采购，属于哪个市场的购买行为？

名师解忧

二、市场营销及相关概念

（一）需要、欲望与需求

人类的需要、欲望与需求是市场营销存在的前提和出发点。

需要是指人类没有得到某些基本满足的感受状态。如人们需要食物、衣服、栖身之处以及安全、归属和受到尊重，这些存在于人类自身的生理结构中，且取决于人的条件反射，而非社会或营销者所能创造。

欲望是指人类想得到上述某些基本需要的具体满足物的愿望。如人们想要一幢乡间别墅、一辆轿车或一条领带等。与需要比起来，人类的欲望要多得多，且受社会形态的制约和各种社会力量、机构以及企业市场营销因素的影响。

需求是指对于有能力并且愿意购买某个具体产品的欲望。当具有购买能力时，欲望便转化为需求。如很多人想拥有一幢乡间别墅，但只有少数人能够买得起。对营销者来说，有支付能力的欲望才能形成现实的需求。

思考1-3 欲望与需求有什么不同？

> **人物简介**
>
>
>
> **菲利普·科特勒**
> **Philip Kotler**
> **管理名言**
> 营销学不仅适用于产品与服务,也适用于组织与人,所有的组织不管是否进行货币交易,事实上都需要搞营销。
> **主要著作**
> 《营销管理》《营销学原理》《营销学导论》
> **主要成就**
> 现代营销集大成者,被誉为"现代营销学之父",美国西北大学终身教授。

(二) 交换

菲利普·科特勒对市场营销的解释得到众多专家赞同的原因之一是他突出了"交换"这个市场营销理论中核心的和基础的概念。交换就是通过提供某种物品(或劳务)作为回报、从他人那里取得自己所需要的物品(或劳务)的行为。交换的发生必须符合以下条件:①至少有两方;②每一方都拥有对方认为有价值的物品;③每一方都能沟通信息和传送物品;④每一方都能自由接受或拒绝对方的物品;⑤每一方都认为与另一方交换是恰当并称心如意的。

具备了上述条件,就有可能发生交换行为。但交换能否发生,取决于双方能否找到交换条件。因此,交换被描述成一个价值创造的过程。

(三) 市场营销

关于**市场营销的定义**有许多,这里仅介绍窄派定义、宽派定义和权威的定义。

市场营销的概念

(1)窄派定义。美国市场营销协会(American Marketing Association,AMA)定义委员会曾经把市场营销定义为"研究引导商品和服务从生产者到达消费者和使用者所进行的一切企业活动"。许多人认为这个定义包含的面太窄且缺乏能动性,因而称之为"窄派定义"。这个定义概括了市场营销的主要内容,对当时市场营销学的研究起到了重要的指导作用。

(2)宽派定义。宽派定义的代表为美国学者马尔科姆·梅耐尔提出的,即市场营销学是"对社会生活水准的创造与实现"。人们认为这个定义最大的贡献是将市场营销的实质生动地体现了出来,但过于笼统和抽象。

(3)权威的定义。菲利普·科特勒对市场营销的定义得到众多专家的赞同,他在不断修正自己所提出的定义的基础上指出,市场营销是个人或组织通过创造并同他人或组织交换产品和价值以获得其所需所欲之物的一种社会过程。

无论是窄派定义、宽派定义还是权威的定义,都是伴随着市场营销学的发展且依据市场及竞争状况的变化而不断充实和深化的。美国市场营销协会定义委员会在多次定义的基础上,于2004年再次调整和公布了定义,将市场营销表述为:市场营销是一项组织功能,是一系列创造、交流和传递价值给顾客并通过满足组织和其他利益相关者的利益来建立良好客户关系的过程。这个定义清楚、明确地指出市场营销是一项管理职能，并强调市场营销过程是一个建立良好客户关系的过程。

思考1-4 你是怎样理解市场营销的定义的？

三、市场营销学的形成与发展

市场营销学作为一门专门学科，诞生于20世纪初的美国。19世纪末20世纪初，资本主义进入垄断阶段后，竞争趋向激烈且焦点逐渐转移到流通领域，体现为如何占据最大市场份额以获取最大利润。这一变化使得那些拥有巨额资本、实力雄厚的垄断组织，力图通过对市场的研究和分析，窥测市场需求及变化趋势，以摆脱盲目状况，并依据市场状况的变化调整自身的营销计划与行动，争取在激烈竞争中占据有利位置。市场营销学作为一门研究市场营销问题的专门学科，在商品经济高速发展的历史条件下应运而生。其发展大致可以分为四个阶段。

（一）创立阶段

19世纪末至20世纪30年代，是市场营销学的初创时期。经过工业革命后，西方国家的劳动生产率不断提高，经济增长加快。美国工程师泰勒的《科学管理原理》一书出版后，接受生产管理科学理论和方法的诸多企业大大提高了生产效率，增加了市场商品供应量，商品的供应量超过了商品需求的增长速度。敏感的企业家察觉到营销活动中可能出现的难题，开始进行市场分析、市场研究及采用营销方式为顾客服务等。如美国国际收割机公司的创办人麦考密克就创造了有关市场研究、市场定位的观念和一些先进的营销手段。1902—1905年，美国的密歇根大学、威斯康星大学和宾夕法尼亚大学的经济系先后开设了市场营销学课程。此外，美国教授赫杰特齐在调查了许多企业的经营活动之后编写的市场营销学教科书于1912年出版，人们在研究市场营销学的发展史时，常将这本书的问世作为学科诞生的标志。早期市场营销理论的研究较为肤浅，其内容仅限于推销与广告的方法，也没有引起太多企业家的重视。

（二）形成阶段

1931年至第二次世界大战爆发，是市场营销理论的形成时期。随着市场营销研究的深入及一些成果被企业成功采用，市场营销学的研究范围和社会影响逐渐扩大。1937年，由美国的各种市场营销研究组织共同组成的美国市场营销协会成立。学术界许多著名的理论家和大批企业家加入了该协会，形成了一个全美国范围的市场营销研究中心。该协会的成立是市场营销学发展史上重要的里程碑，它标志着市场营销学已经跨出大学讲坛，引起了整个社会的关注，成为一门实用的经济科学。

> **小贴士**
>
> 1933年，地处上海的复旦大学出版社出版了丁馨伯教授以美国《市场营销原理》为蓝本编写的《市场学》。

思考 1-5 1933年上海出版市场营销学的教材说明了什么？

(三) 发展阶段

第二次世界大战后到20世纪60年代末是市场营销学的发展阶段。第二次世界大战后，以美国为首，人们对市场营销理论的研究进入一个蓬勃发展的阶段。在这一阶段，市场营销的专著出版和论文发表较多，理论内容较为丰富，许多有价值的新概念也接连被提出，特别是以"消费者为中心"的新的市场营销观念。菲利普·科特勒将这一时期形容为市场营销概念发展的"金色的50年代"和"高能的60年代"。

市场营销学在这一阶段的发展与第二次世界大战后美国的社会经济和政治形势的变化密切相关。战后军工生产纷纷转向民用，工业生产潜力显现的同时，战时受压抑的购买力得到释放，市场需求刺激了生产的发展，科技的进步又为生产的发展提供了条件，一时间市场繁荣。当人们战时的货币积蓄很快用完后，所谓的"有效需求不足"问题尖锐，市场竞争更加激烈，企业家研究怎样在竞争中获取有利位置的愿望更为迫切，这种趋势推进了市场营销学的进一步发展。此阶段市场营销研究的突出特点是：营销理论和企业管理实践更紧密地结合在一起。

(四) 提升阶段

提升阶段又称成熟阶段。20世纪70年代至今，人们对市场营销的研究进入一个新的发展阶段。各学科日益渗透，市场营销学已经与社会学、经济学、统计学、心理学等学科紧密结合，成为一门很接近实际的应用科学。同时，它的研究内容也向广泛、纵深发展，一些原来综合性的内容，逐渐形成一个个分支，如市场调研、市场预测、广告学、消费者心理等。更重要的是，自20世纪70年代开始，随着研究内容的深入，营销理论更加完善，许多新观点和新概念被提出，如"战略营销""全球营销"观点，1986年以后提出和重点强调的"大市场营销""新媒体营销""关系营销"和"服务营销"等概念，近年来提出的关于营销"大规模定制"和"体验营销"等概念。这些新概念引起了争论，刺激了研究，指导了实践。目前，对市场营销的研究不仅在欧美、日本等发达国家继续保持旺盛发展的势头，在我国也在迅速地普及与深入。

> **小贴士**
>
> 市场营销学在我国最初是大专院校工商管理专业的主修课程。1984年，我国各高等院校从事市场营销学教学、研究的专家自愿筹备建立学术团体——中国高等院校市场学研究会。1991年，中国市场学会成立。不仅大专院校、经济管理研究机构开展这方面的研究，许多工商企业也在对它进行理论研究和实践探索。

在许多国家，工商企业等营利组织在研究市场营销，一些非营利组织也在研究市场营销。

思考1-6 市场营销学是在什么时间、地点以及背景下产生的？

四、市场营销学的性质及其研究对象和内容

(一) 市场营销学的性质

菲利普·科特勒对**市场营销学的性质**进行了这样的阐述："市场营销学是一门建立在经济科学、行为科学、现代管理理论基础上的应用科学。"它建立在经济科学、行为科学、现代管理理论基础上，并且大量运用了这些学科的研究成果，是一门具有综合性、边缘性的应用科学，也是研究经营管理的"软科学"。市场营销学虽然与诸学科有密切的联系，但它不能代替其他学科，也不能被替代，它有其特定的研究对象和内容。

(二) 市场营销学的研究对象和内容

北京工商大学教授贺名嵩对市场营销学的研究对象做过清晰的描述，指出市场营销学的研究对象应当是"以消费者需求为中心的市场营销关系、市场营销规律及市场营销策略"①。该定义较全面地介绍了市场营销学，尤其是针对我国企业现有状况下的研究对象与任务，即营销理论研究要剖析企业所面临的各种营销关系，探索、认识和驾驭市场营销领域的规律，在此基础上制定、执行和控制企业自身的营销战略与策略。研究企业的市场营销活动并为企业的营销管理服务，是市场营销学存在和发展的基础。

根据**市场营销学的研究对象**，市场营销学研究的基本内容可归纳为五个方面：

(1) 市场结构与行为，包括有关市场营销的核心概念、对市场的认识和看法、消费者分析(其中重点分析消费者需求的形成及影响因素)、营销组织(其中包括企业的

---

① 贺名嵩.中国市场学.北京：中央广播电视大学出版社，1985：209.

市场营销观念）、企业营销组织调整的研究等。

（2）选择企业的市场机会，包括目标市场的研究、市场细分化以及对企业所处的市场营销环境的分析（企业的总体环境通常有政治环境、经济环境、社会文化环境、科技环境、法律环境五个方面）、企业的市场定位及营销目标的研究。

（3）企业的营销战略，包括对企业内外部因素的综合研究、分析，选定目标市场和通过以上环节规划企业的适当的战略。

（4）企业营销策略的规划和执行，包括企业市场营销组合的概念、特征，市场营销组合的规划和执行，其中包括产品策略、价格策略、销售渠道策略和促进销售策略的制定与执行。

（5）企业营销控制，包括对市场营销执行过程的反馈、调整与修正。

思考1-7 为什么说市场营销学是一门应用科学？

第二节 市场观念及其演进

市场观念又称为市场导向、市场理念或营销哲学，是指在一定时期内占统治地位的组织营销活动的指导思想，即基于人们对市场状况的认识而产生的本企业营销活动的根本指导原则。任何企业的营销活动，都要受这一原则的支配。在经营指导思想的引导下，企业领导层制订自己的营销计划、目标，以及确定为达到这些目标要采取的策略、手段。同时，还要在指导思想的要求下进行营销管理、营销控制，检查营销计划的实施。因此，营销学者把企业的市场观念称为统帅企业之"魂"。

一、市场观念及其发展

从19世纪末至今，先后出现过五种市场观念。

（一）生产观念

生产观念即以生产为中心的企业经营指导思想，重点考虑"能生产什么"，把生产作为企业经营活动的核心。这种观念在美国19世纪末到20世纪初的企业中表现最为典型，分为两种情形：①由于生产相对落后，商品不丰富，企业只要提高产量，就可获得巨额利润，而不必关心其他。②某些产品的成本很高，必须通过提高劳动生产率、降低成本来扩大市场。企业常常是竭尽全力提高产量，改进现有技术，降低成本，利用低成本来降低产品的销售价格，扩大市场规模，以求占据领先的市场地位。

生产观念是最古老的经营指导思想，它的前提首先是消费者注重产品价格，看自己能否买得起；其次，消费者对同类产品的价格差异不甚了解和关注。因此，企业营销活动的重点在于有效地利用资源，提高劳动生产率，降低成本。企业追求的是最低的成本、最高的产量、最多的销售额及最大的利润。一般来说，企业只需考虑生产什么和怎样生产。生产什么就卖什么，不愁没销路。

（二）产品观念

产品观念比生产观念稍有进展，即以消费者在同样的价格水平下会选择质量高的产品为前提，把企业营销活动的重点放在产品质量的提高上，坚信只要企业能提高产品质量、增加产品功能便能顾客盈门。这类企业常常在提高产品品质和耐用性上下功夫。在这种观念指导下的企业常常容易陷入对自己产品的高度自信之中。

小案例 1-1

一家文件柜生产企业的经理认为他们制造了最好的文件柜，并宣传此柜"从四楼扔下仍完好无损"，而销售经理却说："确实如此，但我们的顾客并不打算把文件柜从四楼扔下去。"

这两种观念略有不同，一种强调"价廉"，另一种更力争"物美"，但在以生产为中心这个本质上没有差别，其企业营销过程也基本相同（如图1-1所示）。

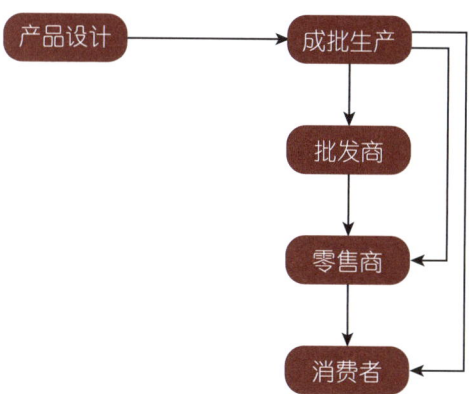

图 1-1 生产观念与产品观念

在生产观念和产品观念阶段，消费者的需求是被动的。例如，尽管美国福特汽车公司只生产黑色的汽车，但仍然销量很高。因为市场上同类产品的品种较少，消费者可选择的余地较小。

小案例 1-2

美国爱尔琴公司到20世纪50年代中期一直在美国市场乃至国际市场上享有盛誉。1958年以前,公司的销售额一直是上升的,但此后其销售额和市场占有率开始下降。主要原因是该公司的管理部门执着于生产精美的高档手表,并且一贯通过传统渠道(珠宝商店等高级零售网点)分销,而没有注意到市场形势的变化。当时,许多消费者已经对名牌、能用一辈子甚至传代的手表不感兴趣,而趋向于经济、走时准、实用、式样新颖的手表。同时,另一家手表制造商——天美时公司迎合消费者新的需求,生产中低档品种,并且通过大众分销渠道(如杂货商店、超级市场等)大力推销,取得成功。而爱尔琴公司只盯着自己产品的质量,看不见迅速变化的市场需求,遭受失败。

(三)销售观念

销售观念又称推销观念,是以销售为中心的企业经营指导思想,重点考虑如何把产品卖出去,把销售作为企业经营活动的核心。随着生产社会化程度的提高,商品数量增加导致供过于求。竞争的加剧,使得企业急于将制成的产品卖出去,以强化或高压推销的手段来销售那些积压和销售不畅的产品,为争夺顾客,甚至出现了许多欺骗和硬性推销的行为,招致顾客的反感。尽管销售观念有诸多问题,但是企业从生产观念到销售观念的转变是一大进步,它提高了销售在企业经营活动中的位置,使企业更多地了解市场情况,为企业转变市场营销观念创造了条件(如图1-2所示)。

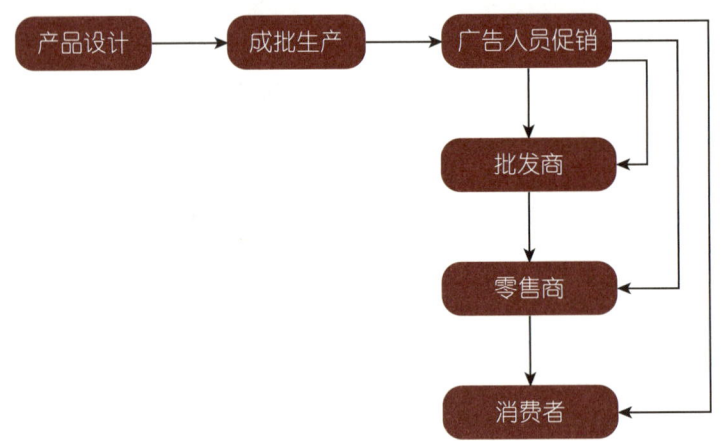

图1-2 销售观念

从生产观念到销售观念,尽管是一大进步,但仍属于旧观念。它"旧"在仍然建立在生产什么就卖什么的基础上。潜在顾客在大量的广告和推销人员的包围下,把营销误认为高压推销。事实上,销售只不过是市场营销这座巨大的海底冰川露出水面的尖端。不以市场营销整体作基础而单纯强化推销,必然为企业埋下隐患。

(四) 市场营销观念

市场营销观念是以消费者需求为中心的企业经营指导思想,重点考虑消费者需要什么,把发现和满足消费者需求作为企业营销活动的核心。当商品供过于求时,市场竞争越来越激烈,消费需求的变化也越来越快,人们有了更多的选择商品和服务的机会。企业面临的市场问题更加严重。市场营销观念就是在这种买方市场的条件下产生的。美国通用电器公司的约翰·麦克金特利克首先提出了"市场营销观念"这一经营指导思想,并称它是提高公司效率和保持长期获利的关键。其见解立即得到了企业界的赞同。消费者的需求是推动企业活动的轴心。只有了解消费者的需求并且想方设法满足,企业才有出路。消费者需求应该是企业整个营销活动的起点,而不是活动的终点。

市场营销观念的产生,使企业的市场营销过程和职能也发生了相应的变化。首先要进行市场调查和分析,发现、判断消费者的需求和愿望,把市场信息传递到生产部门,以进行产品设计。产品设计出来后,先进行小批量生产,经过市场检验,为消费者接受后,再进行成批生产,然后运用各种适当的促销方式和分销渠道把商品送到消费者手中(如图 1-3 所示)。

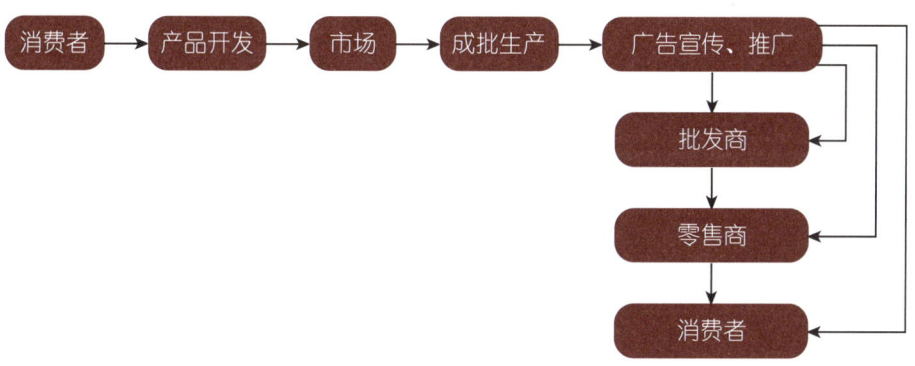

图 1-3 市场营销观念

市场营销观念是新旧市场观念的分水岭,在市场营销学研究中被视为企业经营思想的大变革,称作"营销革命"。

(五) 社会营销观念

社会营销观念是 20 世纪 70 年代出现的,它强调企业在向市场提供产品或服务时不仅要满足消费者个别的、眼前的需要，而且要符合消费者总体和整个社会的长远利益。20世纪70年代，由于相当一部分企业为了获取最大量的利润，不惜以假充真、以次充好、缺斤短两，甚至用那些损害和威胁消费者健康和安全的商品进行欺骗，导致消费者主义兴起。学者们认为许多企业没有真正奉行"市场营销观念"。一些人认为市场营销观念存在一些疑问，如把满足消费者表现出来的需求作为唯一的企业营销原则有所不妥，即消费者认为对自己有益的商品并不一定真正有益，如纸烟对于吸烟者；许多商品能满足消费者的眼前利益，却损害了消费者及整个社会的长远利益，如大量的一次性包装物虽然满足了消费者求便捷的眼前需求，但造成了资源浪费和垃圾污染。至此，人们认为单纯的市场营销观念解决不了满足消费者个别需求和总体需求、消费者目前需求与社会长远利益的矛盾，于是提出了不少新观念，如"人道营销观念""理智的消费观念""生态营销观念"等。凡此种种，被菲利普·科特勒称为"社会营销观念"。

由此可以看出，社会营销观念与市场营销观念没有本质的差别。社会营销观念强调的诸方面不过是对实施中的市场营销观念的补充和进一步完善，所以人们仍把它归为市场营销观念阶段。

二、新旧市场观念的比较

概括起来，以上五种观念可以划分为三个阶段：生产观念、产品观念为第一阶段；销售观念为第二阶段；市场营销观念、社会营销观念为第三阶段。从新旧观念划分，这五种观念又可分为两大类，即旧的市场观念和新的市场观念。前两个阶段（包括生产观念、产品观念和销售观念）为旧的市场观念，后一个阶段（包括市场营销观念和社会营销观念）为新的市场观念。新旧市场观念下营销活动的出发点、方式和着眼点有很大差别：

（1）企业营销活动的出发点不同。旧的市场观念下，企业的营销活动以产品为出发点；新的市场观念下，企业的营销活动以消费者需求为出发点。

（2）企业营销活动的方式不同。旧的市场观念下，企业主要用各种推销方式销售制成的产品；新的市场观念下，企业则从消费者需求出发，利用整体市场营销组合策略，占领目标市场。

（3）企业营销活动的着眼点不同。旧的市场观念下，企业的目光短浅，偏向于计较每一项交易的盈亏和利润的大小；而新的市场观念下，企业除了考虑现实的消费者需求，还考虑潜在的消费者需求，在满足消费者需求、符合社会长远利益的同时，求得企业的长期利润。五种市场观念在营销出发点、营销目的、基本营销策略和侧重的营销方法方面都有所不同，如表1-1所示。

表 1-1 五种市场观念的对比

市场观念	营销出发点	营销目的	基本营销策略	侧重的营销方法
生产观念（包括产品观念）	产品	通过大批生产产品或改善产品质量获利	以增加产量、提高质量、降低价格竞争	坐店等客
销售观念	产品	通过大量推销产品获利	以多种推销方式竞争	派员销售、广告宣传
市场营销观念	消费者需求	通过满足消费者需求实现长期获利	以发现和满足消费者需求竞争	实施整体营销方案
社会营销观念	消费者需求	通过满足消费者需求实现长期获利	以获取消费者信任、兼顾社会利益影响消费等竞争	与消费者及有关方面建立良好的关系

发达国家的五种市场观念及其发展提示人们：首先，以市场营销观念替代以往的旧的市场观念是商品经济发展的必然结果；其次，企业经营指导思想经历的从生产观念、销售观念到营销观念的变化，依赖于市场状况的变化；最后，由生产观念经过销售观念再发展为市场营销观念这种演进的次序，也显示出一定的规律性。

思考 1-8 市场营销观念是在什么背景下产生的？它与销售观念有何不同？

第三节 企业社会责任与营销道德

现代营销中，企业社会责任与营销道德已被各界普遍关注。不少曾声名显赫的企业由于营销道德出现了问题，瞬间倒闭。因此，社会责任与营销道德的研究与规范日益成为各界乃至企业的自觉行动。

一、企业与社会责任

作为当代社会物质财富生产的主要组织形式，企业已成为社会经济活动的基础，其地位决定着其承担的社会责任对整个社会的影响。企业的基本目标无非三个方面：经济利润目标、消费者满意目标和社会责任目标。

（一）企业社会责任的内涵

企业社会责任可概括为三大类：保护消费者权益，保护社会利益及社会发展，保护社会自然环境及生态平衡。

1. 保护消费者权益

消费者权益通常是指消费者进行具体消费行为和完成具体消费过程时所享有的权

利和利益。它包含着相互关联的"权"与"益"的要素。消费者权利是其利益的保障，而消费者利益则是消费者权利的实现。确认和维护消费者权利，其根本目的是保护消费者的利益。

尽管在不同国家和地区，消费者权益的内涵与外延不同，但在全球范围内，消费者权益普遍受到重视。

在保护消费者权益时，重点是要求企业承担以下社会责任：

（1）使消费者获得安全产品与服务的权利。即要求企业保证购入产品或服务的消费者的身心健康及生命安全。为此，要求生产者及经营者对其生产和出售的产品或服务所产生的后果负责任。

（2）使消费者获取有关产品充分信息的权利。即要求企业向消费者提供充分的关于产品优劣、构成成分、使用方法及使用效果等方面的真实情况，以避免误导消费者做出错误的购买决策。

（3）使消费者具有自由选择产品的权利。即要求企业在任何时候都给予消费者选择自己所需要和所喜爱的产品的最大自由，反对对消费者的高压推销及垄断政策，杜绝诱惑消费者购买其并不需要的产品。

（4）使消费者具有申诉的权利。即当消费者因购入的产品或服务不满意而向有关部门进行申诉时，企业应持欢迎及支持态度，帮助消费者调查核实并对其损失进行赔偿。

2. 保护社会利益及社会发展

保护社会利益及社会发展是企业义不容辞的社会责任。企业的生产经营，一方面，为社会创造日益丰富的物质财富，以保证社会各经济部门及国民经济正常运行所需的物质条件，亦即为保护社会利益及社会发展提供使用价值形态的财富；另一方面，企业为国家及政府上缴一定的税收，即从价值形态上增加国家积累，促进经济建设。此外，企业还应当对社会公益事业进行支持和捐助，如帮助贫困地区发展，这是近年来企业社会责任的延伸。许多企业认真履行了为社会提供丰富优质的物质财富及照章纳税等社会责任，但有些企业一味追逐利润最大化，对社会公益事业毫无贡献，且生产或销售不符合社会要求的产品，偷税漏税，严重损害了社会利益，阻碍了经济发展。

3. 保护社会自然环境及生态平衡

实现社会生态平衡，保护社会自然环境免遭污染，是企业不可推卸的社会责任。作为社会单元的企业，其生存的首要条件是与外界环境交换资源的能力，这种交换表现为对社会需要的满足，通过不断满足社会需要求得生存和发展。从社会角度看，企业存在的理由就是把资源转换为产品，投入构想、劳动力和资金等资源，通过转换提供社会所需的商品、服务等产出。企业的社会责任，首要的是关心资源转换的效果和这个过程中产生的副作用。有些企业在为社会创造财富、给消费者提供物质福利的同时，严重破坏了自然生态平衡，造成污染，并导致形成恶劣的社会自然环境，严重破坏了人类生存环境。因此保护社会自然环境及生态平衡，实施可持续发展战略，势在必行。通过绿色营销从微观方面实施可持续发展战略是企业的社会责任。

> **提示1-1** 参考本书第十二章第四节"绿色营销"。

(二) 社会责任对企业营销的影响

企业履行社会责任,就要促使企业营销决策不仅以消费者需求为出发点,而且以社会责任为出发点,使企业经营目标能将企业利益同消费者利益及社会利益有机结合,兼顾企业短期利益和长远利益。许多企业在实践中逐渐认识到,履行社会责任带来的长远利益,远比漠视社会责任带来的短期利益价值更高。因此,西方国家中的某些大公司建立了调控系统,对社会价值观变化及发展趋势进行监测,并不断调整企业社会责任内容。

二、营销道德及规范

随着社会经济的发展及营销理论和营销策略的深入和普及,营销对个人和社会生活的影响日益增大,随之而来的营销道德问题已经渗入社会经济生活的各个方面,并对社会经济的正常运行和社会道德水平的提高产生越来越大的影响,越来越多的企业开始更关注道德问题。

(一) 营销道德的含义和判定

1. 营销道德的含义

营销道德是指企业在政府、社会团体、新闻媒体、社会公众等各种社会力量和社会舆论的监督和影响下,通过其对营销行为的约束和规范形成的企业营销行为规范的总和。它要求企业在通过营销行为获取利润的同时不能损害社会和公众的利益,要求企业能引导社会道德风尚的形成,从而推动整个社会文明的进步。它是客观经济规律及法制以外制约企业行为的另一个要素。

企业力量的强大、营销攻势的凌厉,使企业在营销管理过程中出现了一系列的道德问题,给社会、组织和个人带来了严重损失,需要引起企业界乃至全社会的广泛关注并加以认真解决。营销道德属于社会道德范畴,是用来判定市场营销活动正确与否的道德标准,即判断企业营销活动是否符合消费者及社会的利益,能否给广大消费者及社会带来最大福祉。在市场经济条件下,现代企业在开展营销活动时必须讲求营销道德,实施诚信营销。

2. 营销道德的判定

判断某一营销行为是否符合道德,在很多情况下并不如想的那么容易。有的营销行为，诸如制售"毒奶""毒姜"、假药、假酒、假种子等为社会所普遍痛恨的行为，其不道德性一目了然。然而某些营销行为，囿于个人价值观及生活经历，不同人对营销行为是否有悖于道德有不同的见解。例如，在判断欺骗性广告的时候，人们的看法就各不相同。

企业**营销道德的判定标准**主要有两条：一是功利性，主要以行为后果来判断行为的道德合理性；二是道义性，主要从处理事物的动机方面来审查是否道德。为简化操作，有经验的营销管理者将其归纳为合理、合法与合规三要素。合理，指判断某一商业行为是否符合营销道德，本质上应以是否符合广大消费者的根本利益、是否会招致公众反感为标准；合法，指企业在相关条件、环境下做出的营销决策是否符合法律和政策规定；合规，指企业的商业行为是否符合行业习惯，不少行业在长期营销活动中形成了被普遍认可、有益于规范营销道德的行规。如果回答是肯定的，那么该决策是符合营销道德的。

（二）营销道德属于营销管理范畴

在企业中，把营销道德归属于营销管理范畴。企业决策人要把握占主导地位的社会道德标准，不断更新、发展以适应社会发展的要求。企业应担负的社会责任中的绝大部分是通过市场营销活动完成的，其营销道德水平也时时通过营销活动体现。由于消费者对产品的期望值越来越高，社会和公众对企业的行为越来越关注，企业在行动上的道德约束也就越来越多。每位营销者都应以对社会负责的营销道德行为作为自己的信条。营销经理不能仅知道什么是合法的，而应以正直、企业良知、消费者长远利益为标准。

1. 建立企业营销道德规范

对企业而言，避免不道德行为的最好方式是建立企业营销道德规范，即组织中每一个成员都必须遵循的营销道德规范。在营销道德规范中，企业应针对具体的文化背景，将商业道德建设与职业道德规范结合考虑。首先是全员正确观念的树立；同时认真履行商业道德及不同岗位工作人员的职业道德，如企业最高决策人员的营销道德与职业规范，各职能部门的不同岗位工作人员的营销道德与职业规范。在从业人员中，制定统一、明确和具体的销售人员职业与行为规范是重要的、行之有效的途径。

企业的营销道德规范一般应包括与分销商的关系、广告标准、消费者服务、商品定价、新产品开发及一般的产品道德规范。除此之外，还应在营销人员的信息公开化、透明化，以及保护消费者或合作者的信息私密方面做更详尽的规定和更严明的处罚。

2. 强化社会性监督与规范

除重视企业自身营销道德的建设与规范外，许多国家和地区越来越趋向于强化社会性监督与规范。

在我国，首先应不断完善法律法规，做到有法可依，严惩不讲营销道德的组织和个人。同时，各级政府应充分发挥各类社会组织（如消费者协会、行业协会）的作用，开展卓有成效的工作，以推动营销道德建设，规范企业营销活动。

发达国家的一些重要社会组织的营销道德规范值得我们参考。如美国市场营销协会的道德准则，涵盖了有关营销者的责任、诚实与公平、营销交易过程中参与方的权利与义务、组织关系及违反营销道德的行为等。

3. 有效展开营销道德营销

（1）建立一个将企业利润目标、消费者满意目标和社会责任目标三者有机结合的营销管理机制。这在当前我国经济调整结构、促进转型过程中尤为重要。

（2）从引起营销道德和社会责任的普遍性或个别问题中发现本企业的市场机会，是卓越营销决策者区别于一般营销决策者的核心标准。在大多数营销者抱怨为履行社会责任和讲究营销道德支出的成本使企业不堪重负时，卓越营销决策者从中发掘新的商机，变被动为主动，进行有效的创新和开拓，将会使企业创造出独特的竞争优势，挖掘出新的、更可靠的利润源泉，占领竞争中的制高点。

思考1-9 结合实际，谈谈你是如何理解营销道德的？

小 结 SUMMARY

市场营销学诞生于20世纪初的美国，是一门"很接近实务"的经济学科。随着商品经济的发展，市场营销学经历了不同的阶段：创立阶段、形成阶段、发展阶段和提升阶段。市场营销学在美国发展的各个阶段与其经济、政治背景密切相关，是商品经济高速发展的历史条件下的产物。

20世纪70年代末，我国开始引进与研究市场营销学，近几十年来市场营销学有了较快的普及与发展。

市场营销是个人或组织通过创造并同他人或组织交换产品和价值以获得其所需所欲之物的一种社会过程。市场营销学的研究对象是以消费者需求为中心的市场营销关系、市场营销规律及市场营销策略。

市场营销研究中的市场与其他研究不同，指的是具有特定的需求或欲望，愿意并且能够通过交换来满足这种需求或欲望的全部现实的和潜在的消费者的集合，可分为消费者市场和组织市场两类，其中组织市场包括生产者市场、中间商市场和政府市场。

企业的市场观念是指企业的经营指导思想或营销管理哲学。被企业采用的市场观念依次有生产观念、产品观念、销售观念、市场营销观念和社会营销观念。其中，市场营销观念的出现被认为是一次重大的变革，是新旧市场观念的分水岭。市场营销观念的核心是把满足消费者需求作为企业营销活动的核心。新旧市场观念的区别表现为企业营销活动的出发点、方式和着眼点不同。社会营销观念是20世纪70年代兴起的新观念，该观念强调企业在向市场提供商品和劳务时不仅要满足消费者当前的和个别的需要，而且要符合消费者总体和整个社会的长远利益。

企业社会责任和营销道德是当今企业不可回避的问题。企业社会责任可概括为保护消费者权益、保护社会利益及社会发展、保护社会自然环境及生态平衡。

营销道德是调整企业与利益相关者之间关系的营销行为规范的总和，是客观经济规律及法制以外制约企业行为的另一个要素。营销道德属于营销管理范畴，一般来说，企业营销道德的判定标准主要有两条：功利性和道义性。为简化操作，营销管理者将其归纳为合理、合法与合规三要素。

思考题 EXERCISES

1. 如何正确理解市场营销的定义？
2. 市场营销学的学科性质与研究对象是什么？
3. 市场营销观念是在什么背景下产生的？它与旧的市场观念有何不同？
4. 如何理解企业社会责任的内涵？

第二章 企业战略规划与营销管理过程

> 战略问题是研究战争全局的规律性的东西。
>
> ——毛泽东

学习目标 LEARNING TARGET

1. 概述企业战略的含义与特点。
2. 阐述企业战略规划过程的主要内容。
3. 阐述企业市场营销管理过程的主要内容。
4. 解释顾客价值、顾客满意的相关概念以及需求管理的要点。
5. 说明市场营销计划的要素及编制程序。

引 言 INTRODUCTION

在现代营销理论和实践中，企业战略管理是市场营销管理中的重要内容。企业战略的制定和执行是事关企业生死的大事。因此，有必要在对市场营销学有了初步认识的基础上，进一步探究企业战略规划方案的制定及其与市场营销管理过程之间的联系。

本章导入

第一节 企业战略的含义与特点

一、企业战略的含义

一般意义上的战略,泛指重大的、带有全局性和决定全局的计谋。"战略"最早用于研究战争,我国的《孙子兵法》就是早期研究军事战略的杰出论著。英文中的"战略"(strategy)源于希腊文,其原意是"将军的艺术",之后"战略"一词被广泛应用。例如,把"战略"的含义应用到政治领域就形成了政治战略,应用到宏观国民经济管理中就有了国民经济发展战略,应用到处于竞争中的企业活动中便有了企业战略。按"战略"的一般意义分析,企业战略即企业"带有全局性和决定全局的计谋"。迈克尔·波特提出了三大经典竞争战略。

本书对**企业战略的定义**是:企业以未来为主导,将其主要目标、方针、策略和行动方向构成一个协调的整体结构和总体行动方案。它与为达到局部目标所制定的"营销策略"对比使用,并以战略规划的形式体现。

人物简介

迈克尔·波特
Michael Porter

管理名言

"竞争"是企业成败的核心。提出五力分析法和三大经典竞争战略,前者指新加入者的威胁、客户的议价能力、替代品或服务的威胁、供货商的议价能力及既有竞争者;后者指总成本领先战略、差异化战略、专一化战略。

主要著作

《竞争战略》《竞争优势》《国家竞争优势》被称为"竞争三部曲"。

主要成就

哈佛大学商学院著名教授,被誉为"竞争战略之父",是当今世界上竞争战略理论领域公认的权威。

小贴士

日本东芝电气公司总经理土光敏夫总结自己的经营实践经验时说:

一个富有创造性的企业,必定有它的理想。正是这个理想,向未来显示出这个企业存在的意义。员工将从这个理想中看到自己作为集体一员的意义。也正是如此,人们感受到生活的意义。

二、企业战略的特点

企业战略的特点一般有以下七个方面：

（1）长远性。企业战略着眼于未来，所有的战略都是在考虑企业的未来，即处理现在决策的未来性问题。它既从现实出发，又不为现实所限，而是在科学分析、预测的基础上，为不确定的未来做准备，规划和创造未来。

（2）全局性。战略规划包含整个企业，它以企业的全系统为控制对象。虽然在某一时刻，它可能只着重于某一特殊部门的活动，但最终是企业协调整体的一部分，企业战略涵盖了企业的各种单项活动。

（3）指导性。战略规划具有指导作用。它不是仅仅规划3~5年的一系列数字，也不是对预算中的数字进行合理解释，而是透过表象研究实质性的问题，解决企业中的主要矛盾，确定企业的发展方向与基本趋势，规定企业具体营销活动的基调。

（4）抗争性。企业战略是竞争中的营销计谋，有市场竞争必有企业战略，企业战略带有抗争性。

（5）客观性。企业战略是以未来为主导的，但不是对企业最佳愿望的表述和描绘，它是在充分认识企业的营销环境、估价企业自身的经营资源及能力的基础上制定的，是既体现企业目标又切实可行的发展规划。

（6）可调整性。企业战略是在环境与企业能力的平衡下制定的。但构成战略的因素在不停地变化，外部环境也在不断地变化，企业战略必须具备一定的"弹性"，才能够在基本方向不变的情况下，对战略的局部或非根本性方面进行修改和校正，以在变化的诸因素中求得企业内部条件与环境变化的相对平衡。

（7）广泛性。企业战略必须被企业中的所有管理人员理解。企业战略不是少数人思想的汇集，而应当有广泛的思想基础。没有来自员工的广泛的了解、领会和主动承担责任，企业战略就很难实施。

思考 2-1 "战略"这一军事术语应用在企业活动中指的是什么？

第二节 企业战略规划过程

企业战略管理是 20 世纪 60 年代中期出现的新概念，到 20 世纪 70 年代后得到更为广泛的应用，成为管理理论的重要组成部分，其广泛的传播与被企业界接受主要体现为企业最高领导人战略思想的树立与战略管理的实践。近年来，市场营销理论中提出了企业战略性营销概念，并明确它是制定战术性的市场营销组合的基础和先决条件。企业的市场营销活动是企业整体活动的一部分，企业战略性市场营销也必须作为一个重要组成部分，服从、服务于企业的整体战略。要制定企业的营销战略，就要了解企业战略管理的程序和主要内容。企业的战略管理大体上可分为两个阶段：战略的规划阶段和战略的实施阶段，其中企业的战略规划包括：①规定企业的任务（或使命）；②为实现企业的任务（或使命）制定长期目标和短期目标；③为企业实现目标，选择和实施战略制定指导方针；④决定用以实现企业目标的战略。战略实施是指下列诸方面的决策：①建立实施战略的组织结构；②确保实施战略的必要活动有效地进行；③对战略在企业中的实施进行控制。

对于以上各个方面的设计、谋划、抉择和实施，直至达成企业预期的总体经营目标的全过程，称为企业战略管理。战略性市场营销规划是企业战略管理的基础工作，且与企业的战略规划有着密不可分的联系，因此本节将重点讨论**企业战略规划的主要内容**。

一、规定企业任务

规定企业的任务（或使命）是企业战略规划的基本内容之一。企业任务一般包括两个方面的内容：企业观念与企业宗旨。企业观念提出了企业为其经营活动方式所确定的价值观、信念和行为准则；企业宗旨则指明了企业的类型以及现在和将来的企业活动的方向与范围。对于企业观念的分析，本书第一章已有论述，在此重点讨论企业宗旨。企业的一切活动都是为了创造顾客，满足需求。而对具体企业来讲，企业宗旨体现了企业在社会中存在的意义，明确了企业在满足社会需求中所承担的责任。

> **小贴士**
>
> 某自行车生产厂为自己确定的宗旨是"为顾客提供适当的交通工具"，它的业务范围就不只限于自行车的生产，而扩大为"生产一切代步的交通工具"。而为顾客提供适当的交通工具这个宗旨又对企业的行为做了某种限定，排除了企业开设旅店、生产农机具的可能。

企业宗旨不是一成不变的，常常要根据客观形势的变化、企业业务的扩大和改变进行"再确认"。比如，一家经营石油原油起家的大公司在成长中可能会不断开拓新领域，如同时经营煤炭、铀和甲烷，还研究太阳能、风能或地热的利用，成为提供这些设备和技术的公司。则它的宗旨已经改变，改为"以燃料和能源控制技术去满足世界市场和消费者对能源的需求"。因此，企业必须不断地回答以下几个方面的问题：

（1）本企业是干什么的？
（2）谁是本企业的现实顾客？
（3）顾客需要的是什么？
（4）顾客期望得到什么？（顾客通过购买所得到的实际利益是什么？）
（5）本企业潜在顾客的主要特征是什么？

在考虑以上几个问题的基础上，向投资者和包括后续经营企业的各方面合作者广泛征求意见，以确定企业宗旨，并以任务报告形式产生且公之于众，以"一只无形之手"指引分散在各个岗位的企业工作人员同心协力，完成企业任务。

企业的任务报告应当做到以下几点：

（1）贯彻市场营销观念。企业的任务报告中关于经营范围和结构的表述要体现以消费者需求为中心的市场营销观念。如制造计算机设备的企业，其任务表述为"满足消费者办公和家务劳动自动化的需求"。

（2）切实可行。企业的任务报告中，任务既要与本企业的实力相适应，又要能展现企业的发展远景。如美国国际电话电报公司规定的任务是向消费者提供更迅速、更有效的信息传递工具，既现实可行，又可以展示它的未来。一个生产铅笔的厂家如果规定自己的任务是生产传递信息的工具，就失之于过泛；而如果把任务仅仅规定在铅笔生产上，又失之于过窄。常常有这样的企业，随着业务能力的增长，逐步扩大自己的经营范围，从而收到较好的效果。

（3）鼓舞人心。应该把企业的任务与国家的前途联系起来，使员工明确个人辛勤劳动的价值和意义。如生产吸尘器的企业，明确其任务是"为创造清洁卫生的环境提供有效的工具"，使员工士气倍增。同时还要把企业当前的任务与企业的未来联系起来，激发员工的工作热情，使"任务报告书"成为企业的指南。

（4）既高度概括又具体明确。企业的"任务报告"中既要以高度的概括勾勒出企业的任务与发展方向，又要明确列出为完成这些任务所制定的主要方针和措施，以尽量限制个人任意解释的范围，让企业全体工作人员在重大问题上有共同的标准可遵循。

小贴士

几个国际著名企业为自己规定的任务：

华为：构建万物互联的智能世界。

IBM 公司：全球一流的人工智能解决方案和云平台公司。

壳牌石油：致力于以经济实惠且对环境和社会负责任的方式，满足全世界对能源日益增加的需求。

二、确定企业目标

企业目标是企业在分析内外诸方面因素的基础上做出的较长时期生产经营活动的预期结果。在规定了企业任务之后,就要把任务具体化为企业目标。企业目标体现了企业的战略思想,是企业战略决策的出发点和依据。企业的目标不确定就无法制定战略。企业目标在很大程度上起到了筛选适用的战略规划的作用。

一个切实可行的企业目标应当符合以下要求:

(1)企业目标是一个整体概念,应着眼于"企业目标体系"的制定。

(2)目标层次要清楚。企业目标体系中的诸目标按其重要程度排列,呈现一定的顺序,要明确主要目标与派生目标及目标之间的关系,不能不分主次、轻重而将各目标平行置放。

(3)各种目标所要求的准确度及数量不同。有关企业的总目标的含义广泛,相对抽象,而短期执行目标则要求既有数量概念又有时间概念,尽可能用数量表示,使目标清晰、明确,便于衡量。

(4)企业目标应有充分的客观依据。企业目标水平,应建立在对企业内部环境和外部环境进行周密调查研究与平衡的基础上,是切实可行、经过努力可以达到的,而不是对企业未来的主观臆想或希望。

(5)企业目标要保持相对稳定。

(6)目标之间要协调一致。企业的各个目标之间常常是互相矛盾的,企业规定目标时,要权衡这些目标之间的矛盾和利弊得失,使企业所有的目标协调一致。

(7)企业目标要体现企业担负的社会责任及企业的社会效益。

企业按既定目标评估各方面工作举例如表2-1所示。

表2-1 企业按既定目标评估各方面工作举例

内容	目标	效益(实际做到)	评估(优劣)
企业总任务	为顾客创造优良的服务	顾客的意见略有减少	应特别加强服务精神
产品	物美价廉	次品退货率降低15%	努力已见成效,但仍须努力
效率	保持成本低廉	成本较之前降低10%	已有进步,但进展不大
企业销售增长	每年增加10%的销售额	当年增加12%的销售额	已超过目标,应予以奖励

💬 思考2-2　你了解你所在企业的目标吗?目标是什么?

三、选择战略方案，确定产品（或服务）投资组合

企业在规定了企业任务和目标之后，需要制订产品（或服务）投资组合计划。产品投资组合指企业将资金投入本企业内部各战略业务单位的比例，这是企业战略规划中的重要工作之一。由于大多数企业（特别是一些大公司）不只是经营一种产品或提供一种服务，不同的产品或服务的增长状况、所需资金及经营效益各不相同。因此，作为规划战略的企业最高决策人，必须对现有的各种产品或服务的经营加以分析、评价，看看哪些应当增加，哪些应当维持，哪些应当减少，哪些应当淘汰。根据分析，制订产品（或服务）投资组合计划，以便把有限的资金用在发展效益最高、最有前途的产品（或服务）上。因此，首先要划分战略业务单位，然后在对其进行评估的基础上，选择适宜的战略方案，并据此决定如何分配企业的资源，也就是进行产品投资组合。

（一）划分战略业务单位

划分战略业务单位（strategic business unit，SBU）就是把企业所有的业务分成若干个单位。一个战略业务单位应有三个特征：①是一项独立业务或相关业务的集合体，能与企业其他业务分开单独作业；②有自己的竞争者；③有一位专责经理，负责战略计划、利润业绩，并且有能力控制影响利润的大多数因素。战略业务单位的规模有大有小，通常对一家综合性企业来说，其中经营一类产品（或服务）的一个分公司便可视为这家大企业的一个战略业务单位。决策人首先要把所有的业务分成若干个战略业务单位。

思考2-3 为什么要划分战略业务单位？

（二）对战略业务单位进行评估和分析

企业确定了战略业务单位后，就要对每一个战略业务单位进行评估和分析，以便做出资源配置决策。20世纪70年代以来，西方学者提出了一些对企业战略业务单位加以分类和评价的方法，其中最著名的是美国波士顿咨询公司的分类和评价方法，又称布鲁斯·亨德森业务矩阵，即"市场增长率－相对市场占有率矩阵"（简称波士顿咨询集团法），如图2-1所示。

矩阵图中的纵坐标代表市场增长率，表示各战略业务单位的年市场增长率。假设以10%为分界线，10%以上为高增长率，10%以下为低增长率。横坐标代表相对市场占有率，表示企业的各战略业务单位的市场占有率与同行业最大竞争者的市场占有率

之比。如果企业的战略业务单位相对市场占有率为0.4,这就是说,其市场占有率为同行业最大竞争者的市场占有率的40%;如果企业的战略业务单位的相对市场占有率为2,这就是说,企业的战略业务单位是市场上的"大头",其市场占有率为市场上第二的市场占有率的2倍。假设以1为分界线,1以上为高相对市场占有率,1以下为低相对市场占有率。矩阵图中的8个圆圈代表企业的8个战略业务单位。这些圆圈的位置表示企业的战略业务单位的市场增长率和相对市场占有率的高低,各个圆圈面积的大小则表示企业各个战略业务单位的销售额的大小。

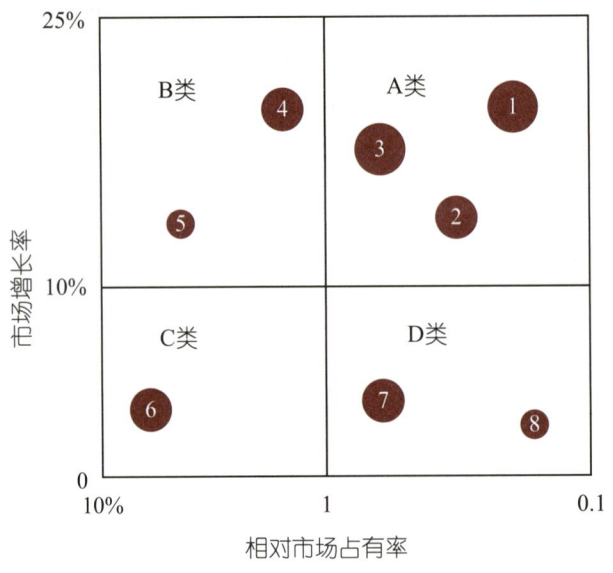

图 2-1　市场增长率 – 相对市场占有率矩阵

矩阵图把企业所有的战略业务单位分为四种不同的类型:

(1) A类:问题类。这一类是高市场增长率和低相对市场占有率的战略业务单位,大多数战略业务单位最初属于这一类型。这类战略业务单位需要大量现金,因为企业拟提高这类战略业务单位的相对市场占有率,使之赶上市场中的"大头",必须增添一些工厂、设备、人员,才能适应迅速增长的市场需要。因此,企业的最高决策者要慎重考虑经营这类战略业务单位是否合算,如果不合算,就应精简或淘汰。从图2-1中可以看出,企业有三个问题类战略业务单位,这类战略业务单位可能过多,企业与其把有限的资金分散用于三个单位,不如集中兵力打歼灭战,用于其中一两个战略业务单位,这样经营效益也许会高一些。

(2) B类:明星类。问题类的战略业务单位如果经营成功,就会转入明星类。这一类是高市场增长率和高相对市场占有率的战略业务单位。这类战略业务单位,因为迅速增长,同时要击退竞争对手的进攻,需要投入大量资金,因而使用资金较多。由于任何产品都有其生命周期，这类战略业务单位的增长速度会逐渐降低，最后转入金牛类。

（3）C类：金牛类。战略业务单位的市场增长率下降到10%以下时，就转入金牛类。这一类是低市场增长率和高相对市场占有率的战略业务单位。这类战略业务单位，因为相对市场占有率高，盈利多，资金收入多，可以提供大量资金。企业可以用这些资金来支援需要资金的问题类、明星类和狗类的战略业务单位。从图2-1中可以看出，该企业金牛类中只有一个战略业务单位，这种财务状况是很脆弱的。这是因为：如果这个战略业务单位的相对市场占有率突然下降，企业就不得不从其他战略业务单位抽回资金来加强这个战略业务单位，以维持其市场领先地位。如果企业把这个战略业务单位所放出的资金都用来支援其他战略业务单位，这个强壮的"金牛"就会变为较弱的"金牛"。

（4）D类：狗类。这一类是低市场增长率和低相对市场占有率的战略业务单位，盈利少或者亏损。从图2-1中可以看出，该企业有两个狗类的战略业务单位，这种情况显然不妙。

一个企业，如果狗类或问题类的战略业务单位多，明星类和金牛类的战略业务单位少，这样的投资组合是不合理的，应当加以调整。

上述四类战略业务单位，在矩阵图中的位置不是固定不变的。随着时间的推移，产品生命周期会发生变化，这四类战略业务单位在矩阵图中的位置就会发生改变。例如，企业的战略业务单位起初属于问题类，这类战略业务单位如果经营成功，就会转入明星类；后来，随着相对市场占有率下降到10%以下，战略业务单位又会从明星类转入金牛类，最后到产品的衰退期，产品销售量下降，战略业务单位又从金牛类转入狗类。

（三）决定企业的投资方向

根据对以上四类战略业务单位的分析，可对波士顿咨询集团法划分的四类战略业务单位做出如下战略选择：

（1）发展战略。该战略旨在提高产品的市场占有率，有时甚至不惜放弃短期收入来达到这一目的，因为增加市场占有率需要足够的投资和时间才能奏效。这种战略特别适用于问题类产品，如果它们的市场占有率有较大的增长，就会成为明星类产品。

（2）维持战略。该战略是指保持产品的地位，维持现有的市场占有率。在产品生命周期中处于成熟期的产品，大多数采用这一战略。该战略特别适用于有大量资金支持的金牛类产品。

（3）收缩战略。该战略是指追求产品的远期收入，不考虑长期影响，这就是为了短期内增加投资收益率而牺牲长期利益的做法。有些处境不佳的金牛类产品前景暗淡，企业又需要从它身上获得更多的现金收入,往往被迫采取这种战略。

(4)放弃战略。该战略是指售出产品不再生产,把资源用于其他产品。这种战略适用于没有发展前途的狗类和问题类产品。

综上所述,一个企业在战略管理中采取不同的产品投资组合,就会对战略提出不同的要求。当企业对某一产品采取发展战略时,管理者的任务是创造需求,扩大销售。在维持战略下,管理者的任务是管理需求,保持现有的销售量。在收缩战略下,管理者就必须减少研究与发展投资和其他费用的支出。当企业考虑实行放弃战略时,必须要准确判断,果断行动。企业战略的指导作用清晰可见。

> **思考 2-4** "一个企业金牛类的战略业务单位越多越好",这句话对吗?

四、制订企业新业务计划

在制订了产品投资组合计划后,企业必须考虑未来的业务发展方向,即制订企业新业务计划或增长战略,一般有以下几种选择。

(一)稳定发展战略方案

这一战略方案最基本的特征是企业满足于自身过去和现在的目标,决定继续追求相同或类似的目标,每年企业所期望的进展、增长率大体相同,同时企业继续提供与以前相同或相似的产品或服务。多年来,美国可口可乐公司就是通过采用这一方案取得了成功。

一般来说,稳定发展战略的风险相对较小,多数企业愿意采用此战略,特别是对于那些处于发展行业中的企业和目前经营业绩好、环境变化不大的企业尤其适用。在稳定增长的市场上保持企业的市场份额,或缓慢地提高市场份额,对许多企业是适宜的。

(二)发展战略方案

奉行发展战略的企业,产品销售量和利润的增长超过市场平均速度;经常开发新产品、新市场和老产品的新用途,不断扩大企业规模;不是消极被动地适应外界环境的变化,而是通过提供新产品或新的服务项目培植消费者需求,改变企业环境。

发展战略会明显改善企业的经营效果。研究表明,发展战略与投资收益之间成正比,且企业规模的扩大和经验的积累也会使企业的效益全面提高。采用发展战略的企业必须具备以下基本条件:

(1)有比较充裕的资金;
(2)即使企业在短期内中止这一战略,仍能维持其竞争地位;

（3）企业的外部环境，尤其是政府支持的方向与企业发展战略一致。

可供企业选择的发展战略有以下三种：密集性增长战略、一体化增长战略和多角化增长战略。

1. 密集性增长战略

密集性增长战略指企业以快于过去的增长速度来增加某个组织现有产品或服务的销售额、利润额及市场占有率。该战略常常在企业现有产品和现有市场还有发展潜力的情况下采用。实行这种战略通常有三条途径：

（1）市场渗透。企业采取种种更积极的措施在现有市场上扩大现有产品的销售。企业可以从以下几个方面进行努力：一是在维持现有顾客的基础上通过各种营销手段（如价格策略、促销方式、渠道变更等），使原有的顾客更多地购买本企业的产品；二是用各种竞争手段把竞争企业的顾客争取过来，转而购买本企业的产品；三是设法刺激和推动未曾购买过本企业产品的顾客的购买行动。

（2）市场开发。通过扩大市场、进入新的市场来扩大现有产品的销售。如扩大销售区域，由地区销售扩展到全国，由国内销售扩展到国外，由一国销售扩展到多国（或地区）。再如，增加目标市场，进入新的细分市场，等等。

（3）产品开发。通过向市场提供新产品或增加现有产品的吸引力，在规格、花色、品种、型号等方面满足消费者需求，以达到企业销售增长的目的。

2. 一体化增长战略

当企业所处的行业很有发展前途，或企业实行"一体化"能较大幅度提高效率时，往往采用一体化增长战略。该战略有以下三种形式：

（1）后向一体化。即企业购买、合并或兼并本企业的原材料供应企业，实行产供联合。变过去向供应企业购买原材料为本企业生产原材料，如木器家具厂原为购进板材制成家具，后改为自己生产加工板材。大的零售商店由过去从批发企业进货，转为直接从生产企业进货。还有的商店逐步发展自己的工厂，生产出的产品在自己商店出售，也是后向一体化。

（2）前向一体化。即企业通过购买、合并或兼并本企业的后续生产或经销企业，实行产销结合，或者延伸自己的产品。如面粉厂利用自己的产品加工糕点、面包等，就是属于前向一体化。

（3）水平一体化。水平一体化也称横向一体化，即企业通过购买或兼并同行业中的企业，或者在国内或国外和其他同类行业合资生产经营。

3. 多角化增长战略

多角化增长战略也称多元化增长战略、多样化增长战略，即企业尽量增加经营的产品种类和品种，使自身的特长得以充分发挥，人力、财力、物力资源得以充分利用，从而减少风险，提高整体效益。多样化增长的具体做法也有所不同，主要有以下几种：

（1）同心多角化。同心多角化也称关联多角化，是指企业利用原有的技术、特长、专业经验等开发与本企业产品有相互关系的新产品。如制造面粉的企业,可以利用副产品麸皮生产饲料,或者把面粉加工成方便面,由此增加产品品种。企业进行同心多角化还可以派生出许多产品种类和经营项目。仍以制造面粉的企业为例,利用加工的麸皮生产饲料,可以增设饲养部门,发展畜产事业。

（2）水平多角化。水平多角化也称横向多角化,是指企业仍面向过去的市场,通过采用不同的技术开发新产品,增加产品种类和品种。如某食品加工机械制造企业,除生产和经营食品加工机械外,还生产农用的收割机。

（3）复合多角化。复合多角化也称集团多样化,是指企业（通常是大企业）通过购买、兼并、合资或者内部投资等方式,扩大经营领域,增加与企业现有的产品或服务大不相同的产品或服务。如石油公司经营金融、餐旅、造船业等。复合多角化的发展趋势是范围更加广泛,跨行业更多,且重点为发展尖端产品。越来越多的国家和地区的企业在使用这一战略。复合多角化风险很大。这种战略对于大多数企业尤其是中小企业来说,一般不宜采用,其适用于财力雄厚、拥有众多专家、具有相当声望的大公司。

小案例 2-1

美国柯达公司除了主要经营摄影器材,还经营食品、石油、化工和保险公司,逐步寻找多角化市场机会,实行多角化增长。1988年,柯达公司花费50亿美元购买了 Sterling Drug 药品公司。但它并没有成功,在后续发展战略中决定把该药品公司出售,重新把业务重点放在擅长的相片胶卷和影像技术方面。1994年,柯达公司以20亿美元的价格将 Sterling Drug 药品公司出售。

以上三种增长战略各有不同:密集性增长战略是在企业现存的行业和现有的基础上更进一步地确认发展机会;一体化增长战略是确认某些市场机会,以建立和寻求与企业目前经营有关的目标;多角化增长战略是确认市场机会后,建立和增加与本企业目前经营无关,但有吸引力的经营目标（"同心多角化"例外）。

思考2-5 所有的企业都适合采用多角化增长战略吗?为什么?

(三) 紧缩战略方案

企业常常在经济衰退期或财务困难期间采用紧缩战略方案。紧缩的目的是帮助企业渡过危机,转而采用其他战略方案,因此它常常是短期的过渡方案。这一方案包括三种方式:转向、放弃和清算。

(四) 抽资战略方案

企业为削减费用和改善资金的使用，减少在某一特定的产品线、产品、牌号或经营单位的投资，把资金投入另外的新的或发展中的领域，在这种情况下，往往采用抽资战略。企业抽资的对象往往是费用高、利润少、发展前途不乐观或企业产品投资组合中的次要部分。

以上四种战略方案可以单独采用，也可以加以组合。在实际经营活动中，往往不局限于单一的战略方案，常常是对各种战略方案进行组合。常见的组合方式有两种，即同时组合和顺序组合。同时组合有以下三种方法：

（1）在增设其他的战略经营单位、产品线或事业部的同时，放弃某个战略经营单位、产品线或事业部。

（2）在其他领域或产品奉行发展战略的同时，紧缩某些领域或产品。

（3）对某些产品实行抽资战略，而对其他产品采用发展战略。

顺序组合有以下两种方法：

（1）在一定时期内采用发展战略，在一定时期内采用稳定发展战略。

（2）先使用转向战略，待条件改善后再采用发展战略。

总之，对大多数企业的管理者而言，可用的战略方案是多种多样的。鉴别可用的战略方案，则是一个企业选择最适宜的战略的前提条件。

第三节 市场营销管理过程

在对企业战略有所了解的基础上，本节将进一步论述企业的市场营销管理过程。企业的市场营销管理过程是市场营销管理的内容和程序的体现，是指企业为达成自身的目标，辨别、分析、选择和发展市场营销机会，规划、执行和控制企业营销活动的全过程。通过这个过程，企业的活动与外界环境的发展变化相适应，在不断的调节中发展壮大。

企业市场营销管理过程包含下列五个紧密联系的步骤：分析企业市场机会；研究与选择目标市场；制定战略性市场营销规划；规划与执行市场营销策略；实施与控制市场营销活动。

一、分析企业市场机会

通过对市场结构、消费者、购买者行为的分析和对市场营销环境的监测、研究来识别、评价和选择企业的市场机会，是企业营销人员的首要任务，也是企业市场营销管理过程的基本的和首要的任务。

市场机会是指市场上所存在的尚未满足或尚未完全满足的需求。现代营销学认为，哪里有消费者的需求，哪里就有市场机会。消费者的需求是广泛存在的，市场机会也随处可见。企业由于本身具备某种或多种特殊条件或专长，使其在利用某个"市场机会"上比其他竞争者更具优势，这个企业便能获得较多的"差别利益"。

企业营销人员不仅应该善于通过发现消费者现实的和潜在的需求，寻找各种"环境机会"（亦即市场机会），而且应当有通过对各种"环境机会"的评估，确定对本企业最适当的"企业机会"的能力。

营销人员对企业市场机会的分析、评估，首先是通过有关营销部门对市场结构的分析、消费者行为的认识和对市场营销环境的研究。除此之外，还需要对企业自身能力、市场竞争地位、企业的优势与弱点等进行全面、客观的评价。在这个过程中，首先要检查环境机会同企业的宗旨、目标与任务的一致性。

思考 2-6 "企业市场机会 = 消费者没有被满足的需求"，你同意这种说法吗？

二、研究与选择目标市场

对市场机会进行评估后，企业要做进入市场的准备。进入哪个市场或者某个市场的哪个部分，涉及企业目标市场的选择。营销活动实践证明，市场细分是企业选择目标市场的有效手段和方法。有关市场细分和目标市场将在本书第七章专门论述。

三、制定战略性市场营销规划

企业在分析选择目标市场的同时，必须制定出与目标市场相适应的战略性市场营销规划，各个企业有自己的"战略窗口"，通过这些战略窗口，企业对内部环境和外部环境进行"扫描"，以此作为制定战略性市场营销规划的基础。

企业在制定战略性市场营销规划时的重要工作是找出对本企业造成最大威胁和能产生最大机会的环境因素，以制定相应的战略和策略。

企业战略性市场营销分析中，流行一种简便易行的SWOT分析法。S指企业自身的能力（strengths），W指企业的薄弱点（weaknesses），O指来自企业外部的机会（opportunities），T指来自企业外部的威胁（threats）。一般来说，分析企业的内部和外部状况通常是从这几个方面入手的。当前在运用SWOT分析法研究企业的战略性市场营销规划的发展时，就要强调寻找四个方面中与企业战略性市场营销密切相关的主要因素，而不是把所有关于企业内部的能力、薄弱点、外部机会与威胁逐项列出和汇集。表 2-2 中列出了运用 SWOT 分析法时考虑的企业战略性市场营销规划相关的主要因素。

表 2-2　SWOT 分析表

企业内部	
企业自身能力	企业现存的薄弱方面
企业独有的能力	没有明确的战略方向
充足的资金来源	每况愈下的竞争地位
纯熟的竞争技巧	过时的销售促进方法
购买者对产品的优质有深刻的印象	由于某种原因利润在正常量以下
市场领先者的承认	管理深度和管理才能缺乏
达到规模经营	关键性技术和能力丧失
与强大的竞争压力隔绝（或稍有隔绝）	影响战略的不良经营记录
技术方面的专利	内部经营问题的困扰
成本方面的优势	面对竞争压力的脆弱性
竞争方面的优势	过于狭窄的产品线
产品创新能力	企业品牌对消费者浅淡的印象
经过考验的管理能力与水平	竞争方面居于劣势
其他	低于市场水平的营销能力与技巧
	没能力根据战略的变化筹措资金
	其他
企业外部	
企业面对的机会	企业面临的威胁
向新增的消费群体提供服务	新竞争对手可能进入
进入新的市场或新的细分市场	替代性产品销售增长
扩充产品线，以满足更大范围消费者的需求	不利于企业发展的政府政策
相关产品的多样化	日益增长的竞争压力
增加产品的附加部分	顾客及供应商讨价还价能力增强
产品垂直一体化	顾客需要与爱好方面的变化
转向更优战略的能力	对企业不利的人口因素的变化
市场销售高增长	缓慢的市场销售增长

进行 SWOT 分析，至少应包括以上四组因素。其中，那些具有战略意义的企业能力因素比其他因素更重要。

运用 SWOT 分析法，企业不仅可以分析本企业的实力与弱点，还可以分析主要竞争对手。通过对企业与竞争对手在人力、物力、财力以及管理能力等方面的比较，做出企业的实力-弱点对照表，结合机会-威胁的分析，最后确定企业的战略。例如，一个机械制造企业以大量的原始文件和数据为基础，先编制一份关于包括所有企业潜在的实力与弱点的目录，然后浓缩为一份简表，用以指导形成战略性市场营销规划（如表 2-3 所示）。

表 2-3　企业的实力与弱点

主要实力	主要弱点
擅长离心机械领域的技术	市场占有率不高
拥有国际销售力量	产品标准化不够
具有重型机械加工能力	耐用消费品制造能力薄弱
有较得力的商业销售渠道和网络	企业内部上下级关系紧张
在非洲拥有设施	国内销售网薄弱
在用户中有技术精良的印象	在用户中有价格昂贵的印象

在运用这个广泛包含了企业战略所涉及的企业状况各个方面 SWOT 分析法的基础上，战略规划制定者需要做出一个关于企业市场竞争地位的明晰的估价。为达到此目的，比较简便的、直接的方法是识别和估计企业现实市场竞争地位的"正"与"负"两方，特别需要明确以下三点：①在执行现有战略性市场营销规划的企业在它的目标市场上是正在得到、扩大市场面，还是正在丧失地盘；②如果现行的企业战略性市场营销规划继续实施，企业的市场地位可能提高还是下降；③怎样的战略调整能够从根本上改变企业的战略性的市场地位。

表 2-4 列出了一种分析结构和各种可考虑的因素。之所以列出这个"正"与"负"的表格形式，是为了确定每个"正"与"负"因素相关的重要程度，以及这些因素与企业战略之间的联系。这个分析的最终结果应当是一份关于企业市场竞争地位的清晰的图解。

表 2-4　企业市场竞争地位正、负分析

正	负
在特定的细分市场上势力强大	处于主要竞争对手的攻击之下
市场占有率正在增加	原有目标市场被竞争对手占领

续表

正	负
是一个被证实的有力竞争者	低于市场速度的增长
有一个切实可行的独具特色的企业战略	缺乏有效的关键竞争技巧
有顾客增多的基础和对产品的忠诚度	难以应付竞争压力
高于市场水平的市场预见性	正在执行一个注定要失去市场的战略下
快速增长的细分市场的集中	财力方面的拮据
明显的差别化商品	顾客心目中企业信誉的下降
高于市场水平的边际利润	产品开发减弱
面对市场领先者及主要竞争对手的竞争优势	在大部分市场居于弱势、表现出不适应
高于市场水平的营销技术与方法	高费用的生产者
高于市场水平的专业技术与创新的能力	难以形成规模的经营能力
创造性的、灵活的管理	没有真正的经营特色
对市场的独到的见解	有关领导者缺乏经验或者是没有经过市场活动检验的新手
相对市场机会的投资能力	在正在显现的威胁中所处的位置不乐观
其他	其他

企业营销部门为发展战略性市场营销规划，除了要通过以上方法进行分析研究，还要向最高决策部门做专门的报告。报告一般包括以下几个方面的内容：

（1）目前的营销情况与发展趋势。其中主要提供市场、产品、竞争、销售渠道及有关一般环境的背景资料。

（2）机会与问题分析。将营销主要产品面临的主要机会与威胁、企业的实力（包括优势）与弱点做一个综合分析。

（3）目标。根据企业的总战略目标，提出销售量、市场占有率、利润、费用方面的计划目标。

（4）营销策略。提出为达成目标所使用的一般营销方法。

（5）行动方案。回答要完成什么、谁来完成、何时完成、成本多少等问题。

（6）预作损益表。综合分析新规划的财务状况。

（7）控制。说明如何监视战略性市场营销规划的执行。

企业在对市场、环境、自身能力、竞争状况进行充分调查、研究和分析的基础上，制定出可以达成营销目标的目标市场策略、市场定位策略。

四、规划与执行市场营销策略

企业在进行市场营销管理的过程中,规划与执行市场营销策略是关键性的、需要耗费大量精力的工作。市场营销策略的制定体现在市场营销组合上。

市场营销组合是市场营销学发展到 20 世纪 50 年代时提出的重要概念,指的是企业在选定的目标市场上,综合考虑环境、能力、竞争状况,对企业自身可控因素进行最佳组合并加以运用,从而完成企业的目标与任务。

(一)基于"4P"的市场营销组合

企业可控制的因素很多,为了更好地实践"组合"的观念,麦卡锡教授把这些因素概括为四部分,即产品(product)、价格(price)、渠道(place)和销售促进(promotion),简称"4P"。

市场营销组合的概念

市场营销组合中的"产品"指的是企业向目标市场提供的产品(或服务),包括产品的实体、形状、形态、内在质量、款式、包装、规格、型号、商标、厂牌,以及售前、售中及售后服务,供、退货条件,保证等方面。

市场营销组合中的"价格"指的是出售给购买者的产品或服务的价格,其中包括商品价目表所列价格、折扣、支付期限、付款方式、信用条件等。

市场营销组合中的"渠道"指的是企业向目标市场提供产品时所经过的环节和活动,以及向顾客提供产品的场所,其中包括销售渠道和方式,各种中间环节及供货的区域、方向,商品实体的转移路线和条件等。

市场营销组合中的"销售促进"简称促销,是指企业通过各种形式同媒体沟通企业与产品、与目标市场有关产品宣传信息的所有活动,包括人员销售方式、公共关系活动、广告和特种推销方法等。

市场营销组合的目的是实现企业战略与战略性市场营销规划的营销策略,它具体表现为企业为实现总的战略目标而采用的手段、方法和行动方案,以贯彻企业的战略思想。4P 中每一个方面的因素都是这个组合体的一部分,彼此不可分割。

市场营销组合体现了系统管理思想,具有整体性、多变性及协调性等。一个好的市场营销组合的制定和实施,不仅需要科学的方法,而且需要丰富的营销活动的实践经验。

市场营销组合的制定和实施,不仅为企业在目标市场上全面、充分发挥企业的优势和潜力,争取竞争中的有利位置,获得最佳的经营成果提供手段,同时还改变了传统的企业内部职能部门各自为政的局面,将企业内部职能部门的动作协同到企业总目标上来,最大限度地发挥职能部门的积极性和创造性。

在设计和实施市场营销组合时，还要同时做出企业的市场营销预算决策。企业的最高决策层要考虑市场营销所需费用，同时决定营销费用在营销组合诸方面的分配和使用。

（二）基于"4C"的市场营销组合

随着市场营销学研究的不断深入，市场营销组合的内容也在发生变化。20世纪90年代，美国市场学家罗伯特·劳特伯恩提出了以"4C"为主要内容的市场营销组合。第一个C为顾客（customer），针对产品策略，提出企业应更关注顾客的需求与欲望，而不再把重点放在考虑自己能提供什么产品或服务上；第二个C为成本（cost），指顾客或客户成本，针对价格策略，提出应重点考虑顾客为得到某项产品或服务所愿意付出的代价，而不仅是价目表上的价格；第三个C为方便（convenience），告诫企业不要再从自身的角度考虑如何利用渠道，而应当意识到企业所做的一切的出发点是为顾客"制造和提供方便"；第四个C为沟通（communication），强调促销过程不是单方面的推动，而应是一个与顾客保持双向沟通的过程。

五、实施与控制市场营销活动

市场营销控制是对企业总体战略、战略性市场营销规划及各项具体策略的执行过程的监测与管理。企业战略与战略性市场营销规划的控制，主要是了解检查企业的目标、任务及发展战略与市场营销环境是否相适应，具体内容一般包括市场营销环境的变化和企业的适应状况，企业目标市场的规模特点及与总任务的一致性，企业机构的适应性，企业在市场上竞争地位的改善或恶化，企业对市场机会的利用，等等。通过检查和评价，促使企业及时调整自己的总体战略及战略性市场营销规划，修订原有的决策。

具体营销策略的控制包含很多内容，主要是考察产品、价格、渠道、促销诸方面管理的有效性，是对战略决策实施策略的分析。其中既包括对各种营销策略进行个别调研，如考察企业产品线的状况、产品生命周期划分阶段及相应策略的适应、渠道目标与渠道的选择、对价格策略的反应、各项促销活动的有效性等，也包括对市场营销组合中四个方面因素的配合状况的分析。

以上五个方面是企业市场营销管理过程的主要内容。突出战略性营销管理和加强企业自身的市场营销控制是市场营销学发展到20世纪70年代时的显著变化。

思考 2-7　4P和4C是一回事儿吗？

名师解忧

第四节 顾客满意与需求管理

今天的企业面临着空前激烈的市场竞争，正如科特勒教授所言："除了满足顾客之外，你还必须取悦他们。"因此，需要研究转变市场观念的企业是如何关注顾客对最大价值的追求、令顾客满意和进行有效需求管理的。

一、顾客价值

现代企业的首要任务是创造顾客，而顾客追求的是价值最大化。

（一）涉及顾客价值的概念

涉及**顾客价值的概念**主要有总顾客价值、总顾客成本和顾客让渡价值。

总顾客价值是指购买者从某特定产品或服务中获得的由供给方提供的一系列利益，包括产品价值、服务价值、人员价值和形象价值等。

总顾客成本是指购买者在评估、获利和使用某特定产品或服务时需付出的货币、时间、体力和精力。

顾客让渡价值是指总顾客价值和总顾客成本之差。一般来说，顾客总是青睐那些自己认为能够提供最高顾客让渡价值的企业。

（二）提高顾客让渡价值的途径

顾客让渡价值与总顾客价值、总顾客成本的关系可用以下公式表示：

顾客让渡价值 = 总顾客价值 − 总顾客成本

由此可见，企业提高某产品或服务的顾客让渡价值以吸引顾客的途径有两种：一是通过改进产品、改善服务、提高员工水平和提升企业形象来提高顾客购买总价值；二是通过降低商品售价、方便顾客购买、减少顾客体力和精力的付出等来降低顾客购买总成本。

此公式为营销者提供了有用的分析框架。需要注意的是，在应用时不能简单地套用。一是要综合考虑每个竞争者及产品因素，估算总顾客价值和总顾客成本，精确定位自身产品；二是针对个别顾客需求的特点，对强调产品或服务质量的，可以加大顾客的总成本，在更大幅度上强化提供产品或服务的质量、增加服务内容和频率等，而对那些对价格敏感的顾客，则可尽量减少购买总成本，降低价格，简化订货程序或者提供担保，以降低购买风险。

💬思考2-8 为什么顾客购买商品所花费的时间也算作顾客成本？

名师解忧

二、顾客满意

顾客满意是指顾客将产品或服务满足其需要的感知效果与其期望进行比较所形成的感觉状态。

可见，满意水平是感知效果和期望值之间的差异函数。如果感知效果低于期望值，顾客就会不满意；如果感知效果等于期望值，顾客就会如意（一般满意）；如果感知效果超过期望值，顾客则会喜出望外（高度满意），而此类顾客很显然不会转向竞争对手并成为他们的客户。

顾客满意是顾客忠诚的先决条件。追求顾客满意的目的是建立和强化顾客忠诚。为此，不少企业把顾客"高度满意"作为自己的目标，其原因在于"一般满意"的顾客一旦发现更新的产品，会频繁地更换供应商，这类顾客难免流失。因此追求"全面顾客满意"，就成了许多成功企业的法宝。

三、需求管理

市场营销观念的核心是发现和满足消费者需求，因此，企业的营销管理，即是以消费者需求为中心进行的管理——"需求管理"。它明确了企业的营销管理就是管理需求，以管理需求的思想来指导企业的营销活动。为此，企业可把握如下要点。

（一）全员具有市场营销观念

贯彻和实施新的市场观念，以各种方式向本企业员工灌输以消费者为中心的指导思想，是使企业成为有竞争力的机体的关键。

科特勒教授设计了一个衡量企业营销组织机构优劣评判标准，简称"POISE"。"POISE"是观念（philosophy）、组织（organization）、情报（information）、策略（strategy）和效率（efficiency）英文首字母的组合。考察一个企业，首要标准是观念，即企业所有人员是否有一心想到消费者、为消费者服务的指导思想。不仅高层次的决策者要具备这样的素质，具体岗位人员也应将此体现在各自的工作中。

> **小贴士**
>
> 我国大中城市以及沿海地区已着力用现代营销观念培训企业的领导者。但对员工进行转变观念的灌输和培训还只限于少数企业，有的仅限于销售人员。众所周知，具体贯彻执行一个企业目标的任务，总是落在最直接操作人

> 的肩上。作为产品实体的汽车,不是由总工程师或厂长制造出来的,而是由装配线旁的技工制造出来的。

(二) 全面理解满足需求

市场营销观念的核心是发现和满足消费者需求,这是它与旧市场观念的区别所在。"满足需求"包含丰富的内容,只有全面理解,才能真正贯彻。

1. 要满足消费者对某种产品的全部需求

消费者对某种产品的需求是多方面的,不仅仅限于直接的、表面的使用价值。如消费者用作礼品购买的糕点与用于充饥购买的糕点,需求会有很大的差别,前者不仅要求实体质量,还要求包装精美。营销者必须考虑到消费者对一种产品的全部需求,才有条件实施整体产品策略。

提示2-1 参考第八章第一节中的"产品的整体概念"。

2. 要满足消费者不断变化的需求

消费者对产品的需求永远不会停留在一个水平上,会随经济和科技的发展而不断变化。营销者要看到消费需求的变化,研究其规律性,不断开发和经营最适合消费者需求的新产品,适时调整企业的市场行为。

提示2-2 参考第八章第四节"产品生命周期"。

3. 要满足不同消费者的需求

在拥有现代观念的营销者眼中,消费者不是清一色的人,而是各具特性的人,其个性不同、所处地位不同,对产品的需求也就不同。如果进行有效的市场细分,满足不同层次消费者的需求,就能开拓市场,获得较好的经营成果。此外,还要满足消费者的不同需求。消费者的需求呈现出一定的层次性、顺序性。营销者需要深入调研,明确不同层次的需求与产品或服务的关系,才能有针对性地满足消费者需求。

(三) 全面利润观点

实施市场营销观念还体现在企业利润的获取与评价上。所谓全面,一是强调"整体",二是明确"长期"。市场营销观念明确了企业应在满足消费者的需求中获取利润;要全面统筹,从长计议,把企业营销看成一个整体系统。为了满足消费者需求并达到长期利益最大化,不仅要考察短期利润指标、个别产品利润指标,还要考察市场占有率、投资收益率和形象价值等。为达到市场占有率目标,常常需要有意压缩个别项目、短期利润，以求整体长期利益最大目标的实现。

(四) 全新的企业内部结构设置

企业各个部门都以满足消费者需求为目标安排自身任务，建立一个以市场营销为核心的整体系统。市场营销部门在营销观念下制订企业营销计划，并负责部门之间的协调。设置市场营销副总经理，由其统一协调各部门间的行动，实施整体营销。营销在公司中地位作用的演变如图 2-2 所示。

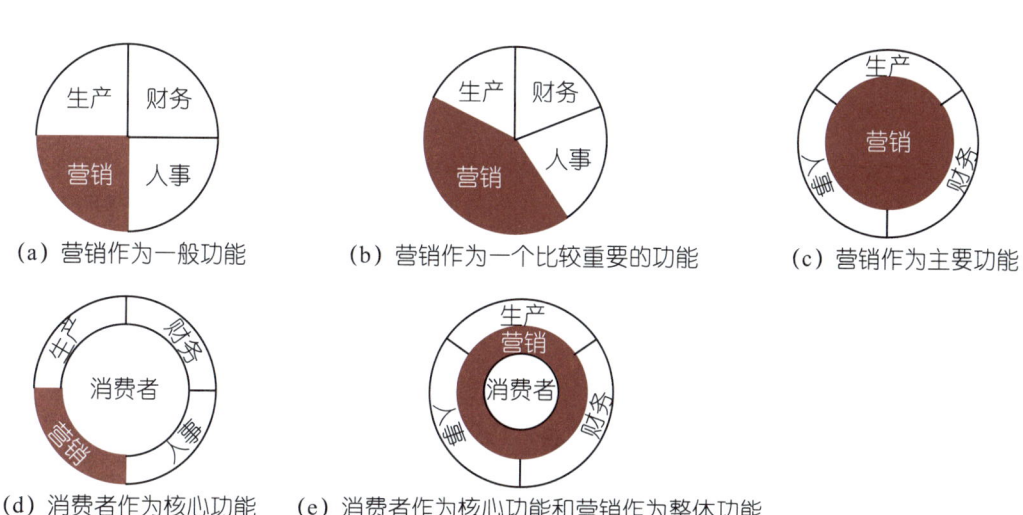

图 2-2　营销在公司中地位作用的演变

在这种结构中，市场营销副总经理必须在最高层决策中占有重要的位置，对企业决策有较大的发言权。

(五) 全方位的营销管理程序

企业要从满足消费者需求这个总目标出发，建立全方位的营销管理程序，将市场营销研究置于企业营销活动的始终，营销控制应体现在各个环节中，在此基础上，建立一套系统的营销管理程序。营销管理程序的主要内容包括计划、执行与控制三部分（如图 2-3 所示）。

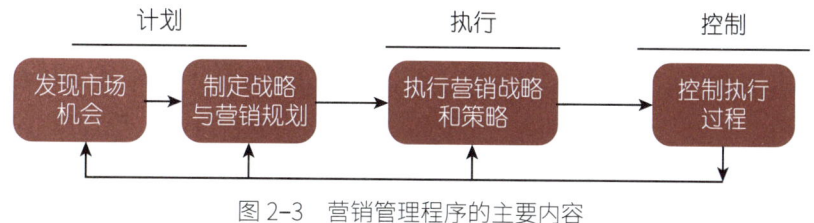

图 2-3　营销管理程序的主要内容

💬 **思考2-9** 在贯彻与实施市场营销观念中，企业应着重做好哪几方面的工作？

名师解忧

第五节 市场营销计划

市场营销计划指的是在对企业营销环境进行分析的基础上按年度制定的企业及各业务单位的营销目标，以及为实现目标而采取的策略、措施和步骤的明确规定和详细说明，是企业的职能计划之一，是整体战略在营销领域的具体化。

在企业战略的统领下，市场营销计划的制订是关键，它是指导和协调市场营销活动、提高市场营销水平的主要工具。

一、市场营销计划的要素

市场营销计划的要素就是市场营销计划的基本内容。一个完整的市场营销计划一般包括八个要素（如图2-4所示）。

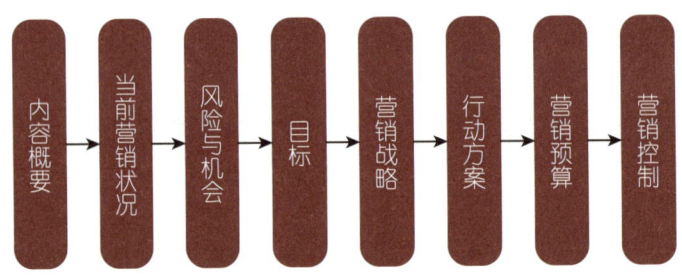

图2-4 市场营销计划的要素

1. 内容概要

内容概要是指对主要营销目标和措施的简短摘要。其可以让使用者迅速了解计划的主要内容，抓住要点。

2. 当前营销状况

当前营销状况是计划正文的第一部分，主要提供有关产品目前营销状况的背景资料，包括市场、产品、竞争、分销及宏观环境等状况的分析。

（1）市场状况。市场状况包括目标市场规模及成长性的有关数据、顾客的需求状况等，如目标市场近年来的销售量及其增长情况，在整个市场中所占的比例等。

(2)产品状况。这部分主要列出企业产品组合中每一个品种近年来的销售价格、市场占有率、价格、成本、费用、利润率等方面的数据。

(3)竞争状况。这部分主要识别出企业的主要竞争者,并列举竞争者的规模、目标、市场占有率、产品质量与特征、价格、营销战略及其他特征,以了解竞争者的意图和行为,判断竞争者的变化趋势。

(4)分销状况。这部分主要描述企业产品所选择的分销渠道的类型及其在不同渠道类型成员中的销售数量和结构,如某产品销售在百货商店、专业商店、折扣商店和邮寄等不同渠道的分配比例。

(5)宏观环境状况。这部分主要对宏观环境的状况及其走势做出简要的介绍,包括人口、经济、技术、政治法律、社会文化诸因素及其变化,从而判断产品或服务的前景。

3. 风险与机会

风险与机会是对计划期内企业的某产品所面临的主要机会和风险、优势和劣势、面临的主要问题进行系统分析和描述。此外,企业还应辨别并明确其在目标和资源各个细目中的有利条件和不利条件、优势和劣势。

提示2-3 参考本章表2-2、表2-3、表2-4。

在以上分析的基础上,企业就可以明确列出面临的问题,从而对企业现实的机会和风险进行科学的预测、分析和判断。

4. 目标

确立目标是企业市场营销计划的核心内容。目标主要有两种,即财务目标和营销目标,这两种目标都需要用量化指标来表述。

(1)财务目标。财务目标应明确对每一个战略业务单位的投资报偿,包括投资报酬率、利润率、利润额等指标。

(2)营销目标。营销目标包括总体和具体部门的销售收入、销售增长率、销售量、市场占有率、品牌知名度、分销范围等。

以上目标的设定既要开拓进取,又要考虑现实性,是经过努力可以实现的。

5. 营销战略

这一部分需简要表述企业拟采用的营销战略,包括目标市场选择和市场定位战略、营销组合战略等。

(1)目标市场选择和市场定位战略。这部分需要明确企业的目标市场,即企业准备服务于哪个或哪几个细分市场,以及如何进行市场定位和确定市场形象。

(2)营销组合战略。这部分需要确定企业在其目标市场上拟采取的具体营销战略,包括产品、定价、分销和促销等方面的战略。

6. 行动方案

在目标和战略既定的前提下应明确具体的实施方案，明确回答如下问题：①要做什么？②何时开始？③何时完成？④由谁来做？⑤成本是多少？

此部分要求尽可能明确、详尽，可以用文字表述，也可以附之于图、表格，从而更清楚、直观地描述，有利于使用者理解和实施。具体到每一个活动，也都要求将任务逐项分解，列出任务及进度表、费用预算表和督查控制表。

7. 营销预算

营销预算即开列一张预计的损益表。收益方要说明预计的销售量和平均实现价格，支出方要说明生产成本、实体分销成本和营销费用细目，明确预期利润率和金额。通常企业各战略业务单位编制出营销预算，送上级审批，之后将其作为材料采购、生产调度、劳动人事及各项营销活动的依据。

8. 营销控制

检查与控制是市场营销计划的最后部分，其目的是监督和调控计划的进程。典型的做法是将营销目标和预算按月或季分别制定。管理者每期都要审查各个单位的业务实绩，找出达到或未达到目标的单位。凡未完成的，要说明原因并提出改进措施，以保证工作受到有效控制，从而达成计划目标。

思考 2-10 在市场营销计划的八个要素中，你认为哪一个最重要？

二、市场营销计划的编制程序

市场营销计划的一般编制程序如图 2-5 所示。

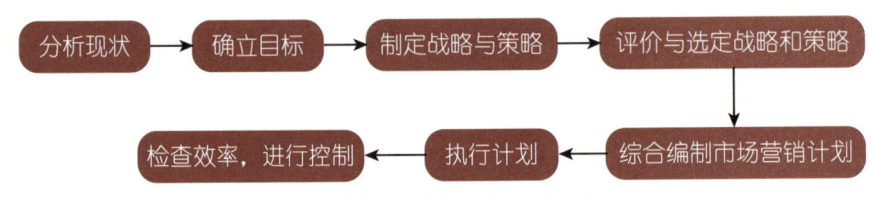

图 2-5 市场营销计划的一般编制程序

（1）分析现状。这包括对企业实力与弱点的分析、营销环境分析、分销渠道分析、促销分析、销售额和营销费用分析等。这是企业编制市场营销计划的基础。

（2）确立目标。销售部门应当把前一计划期的执行情况、对现状的分析和预测结果三者结合起来，提出下一计划期的切实可行的销售目标。

（3）制定战略与策略。目标确立后，一般需要企业各相关部门拟订几个可供选择的战略和策略方案，以便从中进行评价选择。

（4）评价与选定战略和策略。评价各个战略和策略方案，权衡利弊，从中选择最佳方案。

（5）综合编制市场营销计划。由负责营销的副总经理负责，把各部门编制的计划汇集在一起，经过统一协调，形成企业的市场营销计划。

（6）执行计划。计划一经确定，各部门就必须按照既定的战略和策略执行，以求实现营销目标。

（7）检查效率，进行控制。在计划的执行过程中，要按照一定的评价与反馈制度，了解和检查计划的执行情况，评价执行效率。当出现意想不到的变化时，及时修订计划，或改变战略和策略。

小 结　SUMMARY

企业战略是企业以未来为主导，将其主要目标、方针、策略和行动方向构成一个协调的整体结构和总体行动方案，并以战略规划的形式体现。企业战略应具有长远性、全局性、指导性、抗争性、客观性、可调整性和广泛性等特点。企业战略规划是企业战略的重要组成部分，其程序和内容有：规定企业任务；确定企业目标；选择战略方案，确定产品（或服务）投资组合；制订企业新业务计划。

企业任务（或使命）明确后应形成任务报告，任务报告应做到贯彻营销观念，切实可行，鼓舞人心，既高度概括又具体、明确。

企业的目标是战略决策的出发点和依据，确定时应全面考虑企业能力与营销环境之间的关系，要起到应有的作用。

企业选择战略方案，首先要划分和评估战略业务单位。可供选择的战略方案主要有稳定发展战略方案、发展战略方案（包括密集性增长战略、一体化增长战略和多角化增长战略）、紧缩战略方案、抽资战略方案。

企业市场营销管理过程是市场营销管理内容和程序的体现，它包含了五个紧密联系的步骤：分析企业市场机会；研究与选择目标市场；制定战略性市场营销规划；规划与执行市场营销策略；实施与控制市场营销活动。

企业市场营销人员不仅要善于发现"环境机会"，还应有通过对环境机会的评估确定本企业最适当的"企业机会"的能力。

在制定战略性市场营销规划时，可采用SWOT分析法等。

规划与执行市场营销策略主要体现在市场营销组合的实施上。市场营销组合可归纳为产品、价格、渠道和销售促进四个方面的内容。

新观念下的企业关注顾客对最大价值的追求、顾客满意和进行有效的需求管理。涉及顾客价值的概念主要有总顾客价值、总顾客成本和顾客让渡价值。

提高顾客让渡价值的途径，一是通过改进产品、改善服务、提高员工水平和提升企业形象来提高顾客购买总价值，二是通过降低商品售价、方便顾客购买、减少顾客体力和精力的付出等来降低顾客购买总成本。

顾客满意是指顾客将产品或服务满足其需要的感知效果与其期望之间进行比较所形成的感觉状态。"全面顾客满意"是企业追求的目标。

市场营销观念的真正贯彻体现在：全员具有市场营销观念；全面理解满足需求；全面利润观点；全新的企业内部结构设置；全方位的营销管理程序。其中任意一项及包含的内容都不可忽视。

市场营销计划的要素一般包括：内容概要；当前营销状况；风险与机会；目标；营销战略；行动方案；营销预算；营销控制。

市场营销计划的编制程序有：分析现状；确立目标；制定战略与策略；评价与选定战略和策略；综合编制市场营销计划；执行计划；检查效率，进行控制。

思考题 EXERCISES

1. 企业战略的特点是什么？
2. 企业的战略规划包括哪些主要内容？
3. 企业市场营销管理过程包括哪些步骤？
4. 什么是市场营销组合？
5. 什么是顾客价值与顾客满意？

第二篇
分析和发展市场营销机会

第三章 市场营销环境分析

> 适者生存，不适者淘汰。
>
> ——查理·达尔文

学习目标 LEARNING TARGET

1. 概述企业与市场营销环境的关系。
2. 阐述市场营销宏观环境的主要内容及其对企业市场营销的影响。
3. 阐述市场营销微观环境的主要内容及其对企业市场营销的影响。
4. 说明企业对营销环境机会与威胁的识别。
5. 掌握企业对环境影响的对策。
6. 指出企业应对不同需求状况采取的策略。

引 言 INTRODUCTION

作为影响企业营销活动的首要因素，市场营销环境被越来越多的企业关注。它既可以给企业带来市场机会，也可以形成某种环境威胁。能否密切关注、全面正确地认识市场营销环境，监测、把握各种环境力量的变化，识别和规避环境变化带来的威胁，尽可能地利用环境变化带来的机会，是关乎企业生存的问题。如何认识企业及其与市场营销环境之间的关系，使企业及时、准确地把握市场营销环境的动态，采取适当的对策，是研究市场营销决策管理的基础。

本章导入

第一节　企业与市场营销环境

企业作为国民经济的基本单位，与市场营销环境有着相互制约、相互依存的关系。必须重视并且善于分析企业与市场营销环境的关系，保持企业与市场营销环境的适应，这样才能使企业在动态的市场营销环境中生存和发展。

一、企业——市场营销活动的主体

任何企业都可以通过市场营销来创造及交换产品或价值，获得企业所需物资等。市场营销因此被视为企业的基本功能。

企业通过市场营销活动与各方发生经济联系。商品经济的基本属性决定了企业通过等价交换与其他企业、个人发生经济联系。如果把企业喻为商品经济的细胞，那么，一个单独的细胞与其他细胞之间，以至与整个肌体之间的联系是纷纭多变、千丝万缕的，而企业正是通过市场营销活动，每时每刻都在处理这些极其复杂的关系。

企业活力的增强和发挥有赖于自身的市场营销活动。企业正是通过各种市场营销方法、手段，及时对外界的变化做出反应，调整自身，影响或改变外界因素，在动态环境下保持活力。此外，企业应担负的社会责任中的绝大部分是通过企业的市场营销活动来完成的。

二、市场营销环境——企业赖以生存的条件

市场营销环境泛指一切影响、制约企业营销活动的最普遍的因素。任何企业的营销活动都是在一定的动态环境中进行的，对环境的研究是企业营销活动的最基本课题。市场营销环境可分为宏观环境与微观环境。宏观环境，也称总体环境、一般环境或间接环境，是指对企业营销活动影响较大的社会性力量与因素，包括政治环境、经济环境、自然环境、文化环境、科技环境和法律环境；微观环境，又称个体环境、作业环境或直接环境，是指与企业营销活动（营销管理功能之外的力量和因素）直接发生关系的组织与行为者的力量和因素，包括企业内部环境、供应商、经销商、购买者、竞争者等。

一个企业的全部营销活动，实质上是在它所生存的社会生态环境中进行的，会受到环境变化的影响和干扰。企业必须能够随着环境的变化不断做出适应环境变化的反应，即调整自身的组织、战略和策略等一切可以控制的因素，以达到自身发展与周围环境的平衡，企业与环境构成"企业生态环境系统"，而其中企业自身应是这个系统的

中心（如图 3-1 所示）。

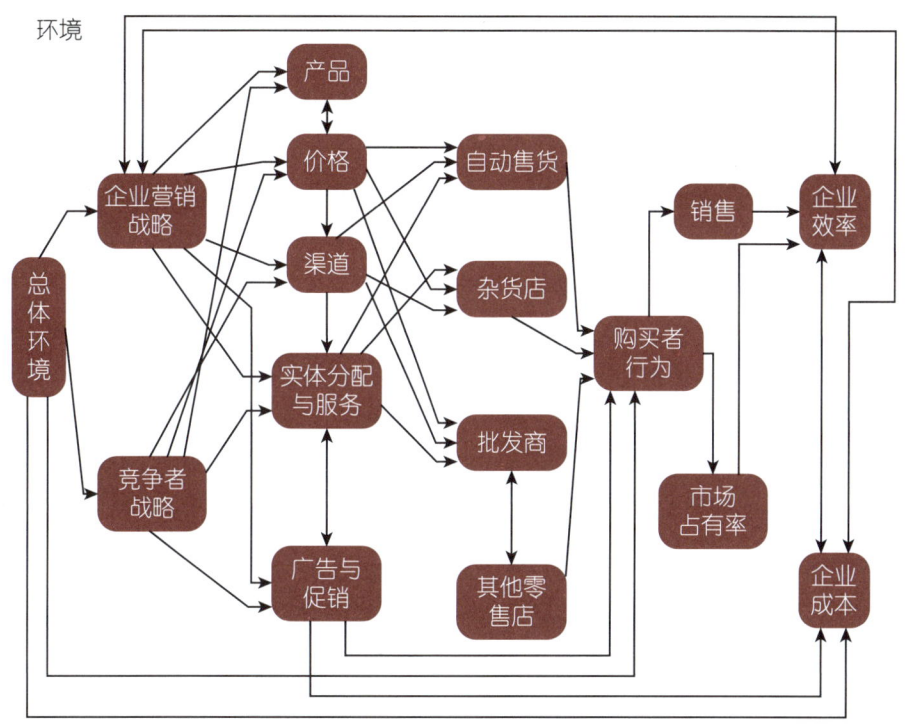

图 3-1　企业生态环境系统

企业市场营销环境包含的内容广泛、复杂，表现为各因素之间存在的交叉作用，其中宏观环境和微观环境相互影响，宏观环境和微观环境中的各个因素也互相影响。

企业与市场营销环境的关系中最应引起重视的是市场营销环境的动态性和企业对营销环境的适应性。市场营销环境在不断地发生变化，尽管根据其变化及对不同企业的影响程度不同，可分为较稳定的环境、缓慢变化的环境和骤然变化的环境，但变化是绝对的。从总体上说，变化的速度呈加快趋势。每一个企业的生存发展过程，就是其与周围环境的各种力量保持着一种微妙的平衡关系的努力过程。一旦环境发生变化，平衡便被打破，企业必须积极地适应这种变化，寻求新的平衡。

企业与市场营销环境的关系

强调企业对其市场营销环境的不可控，强调企业对所处的环境反应和适应，并不意味着企业只能消极、被动地改变自己以适应环境。企业既可以各种不同的方式来提高自身适应环境的能力，避免来自市场营销环境的威胁，也可以在变化的环境中寻找新机会，并可能在一定条件下改变环境。

现代市场营销理论特别强调企业对环境的能动性和反作用，认为企业与周围环境的关系，不仅有反应、适应的必要，更有积极创造和控制的可能。

> **小贴士**
>
> 　　美国著名教授菲利普·科特勒在深入剖析国际市场营销态势及企业面临的困难，总结西方企业特别是美国、日本的一些国际市场营销成功的企业经验的基础上，首先提出了大市场营销理论。大市场营销理论的具体内容是在原有营销策略的四个"P"的基础上，增加了两个"P"，即权力（power）和公众（public）。大市场营销理论认为，面对世界范围的贸易保护主义、不断增高的国际贸易壁垒，市场营销障碍重重，在这样的营销环境中，首先应当打破壁垒才能进入市场。而要做到这一点，就必须综合运用企业可以控制的手段及各种公共关系、社会学和心理学的技能和方法，影响造成营销障碍的人或组织，使之改变做法。大市场营销理论首先注意到各方面的利益及需求，正是通过满足这些利益和需求，争取了有关方面的支持，市场营销环境才发生了变化。这种能动的思想，不仅对开展国际市场营销活动有重要的指导作用，对国内跨地区的市场营销活动也有重要的意义。能否创造性地适应和积极地改变环境，对我国的企业至关重要。

思考 3-1　企业对市场营销环境的变化和威胁是束手无策的吗？为什么？

> **小贴士**
>
> 　　《孙子兵法·虚实篇》中说：故兵无常势，水无常形。能因敌变化而取胜者，谓之神。商战如兵战，市场无常势，决策者只有善于随机应变，才能在市场竞争中取胜。

　　面对市场营销环境的变化，企业的应对策略能否成功，关键在于企业对环境变化趋势的正确判断和对企业机会的适时把握。为此，企业应注意做好以下工作：

　　（1）重视和加强对市场营销环境变化的监测。在现代企业中，许多企业对市场营销环境变化的监测和研究的重视是前所未有的，不仅建立专门的组织和委派专职人员进行持续不断的长年监测，而且明确分工，由企业内部的一名高层决策人员负责该项工作。通过建立并有效运行这种"早期警戒"（"预警"）系统，为企业对市场营销环境变化的趋势可以进行系统的、全面的和比较客观的分析并采取相适应的对策打下了较坚实的基础。

　　（2）重视和增强企业战略的可调整性。企业要努力通过自己的努力，建立一个适合本企业或组织发展的战略目标体系。此目标体系应当留有充分调整的空间和余地。遇有环境变化，能够及时地变化和采取适当的对策。

第二节 市场营销环境的变化与企业的适应

对市场营销环境的认识和分析，是企业满足消费者的需求、制定适当的企业战略和策略、有效地开展企业市场营销活动的基础工作。企业除应设专门人员进行环境的监测及资料的收集外，还应掌握市场营销环境的基本内容与分析环境的方法。

一、市场营销宏观环境的分析

对**市场营销宏观环境**的研究，包括政治环境、经济环境、自然环境、文化环境、科技环境、法律环境六个方面。

（一）政治环境

政治环境是指企业市场营销活动的外部政治形势和状况，一般分为国内政治环境与国际政治环境。

1. 国内政治环境

国内政治环境一般包括政府的各项方针政策的制定和调整。政府的方针政策往往通过规定、条例、决定、命令等形式体现出来，企业不仅要认真研究，领会其实质，了解和接受国家的宏观管理，而且要随时了解和研究各个不同阶段的各项具体的方针政策及其变化的趋势。

2. 国际政治环境

国际政治环境一般分为政治权力和政治冲突两部分。政治权力是指一国政府通过正式手段对外来企业权利予以约束，包括进口限制、外汇控制、劳工限制、国有化等。政治冲突主要是指国际上重大事件和突发性事件对企业营销活动的影响，包括直接冲突与间接冲突两类。企业在向境外扩展，如在国外办厂、开店、设立分支机构或考虑目标市场时，必须深入研究国际政治环境，及时掌握国际政治环境的动向，为企业在国际市场上取得营销成功提供保障。

> **小贴士**
>
> 当前我国的出口产品在国际市场上受到大量的技术标准、卫生检疫、商品包装和标签规定的限制。企业如若确定开拓国际市场，首先要了解和研究这些限制，改进产品和经营方式，以适应国际营销环境。

（二）经济环境

经济环境是指企业市场营销活动所面临的外部社会经济条件。经济环境一般包括经济发展状况、人口与收入、消费状况、储蓄与信贷状况，以及与市场营销活动相关的其他行业状况。

1. 经济发展状况

经济发展状况主要指一个国家或地区总的经济发展水平和发展状况。在经济全球化的条件下，国际经济状况也是市场营销活动的重要影响因素。应重点分析两个方面的内容，即经济发展阶段和经济形势。处在不同经济发展阶段和经济形势不同的国家或地区，呈现出不同的市场需求特征，进而影响企业的市场营销活动。

> **小贴士**
>
> 改革开放以来，中国经济经历了40余年的高速增长，1979—2019年，不变价国内生产总值年均增长9.4%、远超世界平均增速（2.9%），国内生产总值占世界比重，也从1.8%提高至16%左右。[①]

> **小贴士**
>
> 美国学者罗斯托的经济成长理论，将世界各国经济发展归纳为五种类型：①传统经济社会；②经济起飞前的准备阶段；③经济起飞阶段；④迈向经济成熟阶段；⑤大量消费阶段。凡处于前三个阶段的国家称为发展中国家，而处于后两个阶段的国家称为发达国家。

2. 人口与收入

（1）人口的数量和变化趋势。人口的数量和市场的容量有着密切的关系，在某一个国家、某一个地区开展市场营销活动首先要了解所在国家和地区的人口总量。

（2）从不同角度划分人口的构成。可从以下几个方面进行考虑：

第一，不同年龄结构层存在生理与心理上的差别。例如，自1999年我国已进入老龄化社会。"银发潮"的到来，已经引起企业重视。

第二，不同性别的消费者除了具有对产品或服务的不同需求，还存在购买习惯与购买行为上的较大差别。

第三，人口的职业构成、文化构成、受教育程度、宗教构成等，是形成不同需求

---

① 中华人民共和国国家统计局. 中国统计年鉴. 北京：中国统计出版社，2020.

和购买方式的重要因素。向最终消费者提供产品或服务的企业应对此有足够的重视，以便较好地满足不同职业、文化、受教育程度和宗教信仰不同的消费者的需求。

（3）人口的密度和地理分布。这是企业确定目标市场和渠道分布的前提。人口的密度是指一定时间内一定地区的居住人数与该地区的土地面积之比。

在人口密度高的地区开展市场营销活动，促销活动就需要相对集中。地理状况不同，地理位置不同，人们对商品的需求和生活习惯就不同。如温带和亚热带的居民在对商品的需求和生活习惯上有着明显的差别，这些差别表现在衣、食、住、行各个方面。在考虑地理分布时，还要注意地理位置和自然资源之间的关系。

（4）收入。市场需求总是指有支付能力的购买者的需求。收入水平表现在市场上就是实际购买力的高低。收入水平越高，市场的容量就越大。收入指标是由一系列指标构成的。研究收入的具体指标有：①国民收入。国民收入是指一个国家物质生产部门的劳动者在一定时期内（通常为一年）新创造的价值的总和。②人均国民收入。在理解国民收入指标的基础上，用国民收入总量除以人口总数，计算出人均国民收入。这个指标大体上反映了一个国家的经济发展水平。③人均国民生产总值。企业常常通过计算人均国民生产总值来对未来的市场需求做出判断。如根据人均国民生产总值，推测在不同的人均国民生产总值阶段人们相应地消费哪一类消费品或服务。在一定的经济发展水平阶段形成的消费水平和结构呈现出一般规律性。④个人收入。个人收入指个人从各种来源所得的收入。⑤个人可支配收入。个人可支配收入是指在个人收入中扣除税款和非税性负担之后所得的余额。目前在我国居民中，最典型的非税性负担是保险金的支出。⑥个人可任意支配收入。个人可支配收入中有相当部分要用于维持个人与家庭生存不可缺少的费用，如房租、水电、食物、燃料、衣着等开支。用个人可支配收入减去这部分必要的支出，就是个人可任意支配收入。这部分收入是消费需求变化中最活跃的因素，且比例在增长，是企业研究营销活动时所要考虑的主要对象。

💬 提示3-1 要注意区别货币收入和实际收入。决定消费者购买力的是实际收入。在消费者的货币收入不变时，如果物价下跌，则表明实际收入上升；反之，则表明实际收入下降。还有一种情况，就是即使消费者的货币收入随着物价上涨而增长，但是如果通货膨胀率超过了货币收入增长率，消费者的实际收入也会减少。营销人员应注意实际收入的变动趋势。

3.消费状况

消费状况主要分析营销所在地区居民的消费结构与消费水平，恩格尔系数是一种有效手段。恩格尔定律表明，在一定条件下，当家庭个人收入增加时，收入中用于食物开支部分的增长速度要小于用于教育、医疗、享受等方面的开支增长速度。食物开支占总消费支出总额的比重越大,恩格尔系数越大,生活水平越低;反过来,食物开支占总消费支出总额的比重越小,恩格尔系数越小,生活水平越高。

消费结构的变化是一个长期的过程,恩格尔系数下降的比例,在经济发展水平不高的国家和地区表现出"缓慢性",与经济增长不成等比例变化,这也是恩格尔定律的特点之一。在利用恩格尔定律进行分析时,食物支出的内涵要统一,同时要剔除价格变动因素。

> **小贴士**
>
> 恩格尔定律是19世纪德国统计学家欧内斯特·恩格尔研究得出的人们收入增加后支出的变化规律。虽然随着历史环境的变化,这一定律需要进行补充和发展,但其基本法则在以后西方主要国家的家庭预算研究中普遍得到证实。我国居民的支出结构和需求结构在近几年也朝着这个趋向变化,如娱乐、健康、教育、旅游等支出的比例在大幅度上升。据国家统计局调查显示,2019年,全国居民恩格尔系数为28.2%,同比下降0.2个百分点,其中城镇为27.6%,农村为30.0%。

4. 储蓄与信贷状况

储蓄是指城乡居民将可任意支配收入中的一部分储存待用。较高的储蓄率会推迟现实的消费支出,加大潜在的购买力。截至2019年底,我国城乡居民储蓄余额已经达到77.6万亿元人民币。

消费信贷是指金融或商业机构向有一定支付能力的消费者融通资金的行为。其主要形式有短期赊销、分期付款、消费贷款等。消费信贷的规模与期限在一定程度上影响某一时限内现实购买力的大小,也影响提供信贷的商品的销售量。

5. 与市场营销活动相关的其他行业状况

与市场营销活动相关的其他行业(如交通、公共事业、动力、通信、银行、保险等部门和行业)的运转情况及发展趋势都会给企业市场营销活动带来影响,不仅关系到所需的产品或服务的内容,还会影响企业各项营销措施的制定与执行。

(三)自然环境

自然环境是指各类影响社会经济活动的自然要素或物质资源。自然环境的特征及其变化对企业营销也有着重要的影响。企业想要避免由自然环境变化带来的威胁,最大限度地利用环境变化可能带来的市场营销机会,就要不断分析和认识自然环境变化的趋势。

当前自然环境变化的趋势主要有以下几个方面:①全球性的某些自然资源的短缺,

国内某些自然资源的匮乏、能源供应短缺等。如水资源的短缺在许多工业城市表现突出，对不同的企业造成威胁的程度有高有低，但也给了一些行业新机会，如节水用具的开发和制造、循环用水器具的开发前景诱人。②环境污染程度日益加剧。我国严重的环境污染问题也日益引起政府和有关企业的重视，政府对自然环境的管理和生态环境的治理正在不断加强。

(四) 文化环境

这里所说的文化，是指广义的文化，即人类社会历史实践过程中所创造的物质财富和精神财富的总和，它包括价值观念、宗教信仰、教育水平、道德规范、民风民俗等，也就是人们创造的用以表现人类行为的有意义的符号及具有历史继承性的人类行为模式。文化既有有形的部分，也有无形的部分。如服饰、建筑物等是文化中的有形部分，价值观念、宗教信仰、审美观念等是文化中的无形部分。文化既有物质方面的内容，也有精神方面的内容。文化对人们的影响是多层次、全方位、渗透性的，对人们的消费心理、消费习惯有着深远的影响。文化因素与经济因素相比较，其作用显得更加重要。

营销人员对文化环境的研究一般应从以下几个方面入手：教育状况、宗教信仰、审美观念、语言、亚文化群等。

1. 教育状况

教育指按照一定的目的和要求，对受教育者施以影响的有计划的活动，是传授生产和生活经验的必要手段，是影响企业市场营销活动的重要因素。教育不仅影响劳动者的收入水平，而且影响消费者对商品的鉴赏力、消费心理、购买的理性程度和消费结构等，进而影响企业营销策略的制定和实施。

通常分析教育状况可利用现成的统计指标，如某国家、某地区人们的受教育程度、文盲率，在校大、中、小学生的人数和比率，受过教育的人的性别构成，等等。

2. 宗教信仰

宗教是构成文化因素的重要方面。基督教与伊斯兰教、佛教并称为世界三大宗教，基督教主要传播于欧洲、美洲和大洋洲；伊斯兰教主要传播于亚洲、非洲，其中以西亚、北非、中亚、南亚为主；佛教主要传播于亚洲的东部和东南部。不同的宗教有自己独特的对节日礼仪、商品使用的要求和禁忌。从事市场营销活动的人员要问"俗"知"禁"，不仅要了解不同国家和地区的人们的宗教信仰，还要了解他们的禁忌。

3. 审美观念

审美观念通常是指在审美活动中审美主体所持态度和看法的总称。处于不同时代、不同民族、不同地域的人们有不同的审美观念，这将影响人们对产品或服务的看法。营销人员必须根据营销活动所在地区的人们的审美观设计产品，提供服务。对此一般从以下几个方面进行分析：

（1）对产品的要求。来自不同的国家、民族和区域，文化素养不同的人有着不同的欣赏角度，对事物的褒贬有着明显的差别。这些差别表现在对产品实体的色彩、形状、标记、形态和式样等方面。

（2）对促销方式的要求。对促销方式的要求主要表现为对广告和其他促销方式的特殊要求与禁忌。对各种事物的审美角度不一致，会使广告的创意和设计受到限制，在某些地区被认为是美好的东西在其他地区可能会遭到抵制。

4. 语言

语言是人类表达思想和进行交际的工具。企业在进行国际、国内市场营销活动时，要看到这种差异以及其对消费者购买行为的影响，以便针对不同的语言群体制定相应的策略。而这一切的前提是企业营销人员必须熟练掌握市场营销活动所在国家或地区的语言。在语言环境的适应方面应做到：

（1）顺利地与各方面沟通。首先，要与目标市场的消费者沟通，并通过各种促销方式诱发消费者的购买行为；其次，为开展营销活动，企业要同营销国家或地区的政府部门、公共团体、中间商、代理商以及为营销活动服务的机构沟通。

（2）准确地翻译。要了解不同国家或地区的语言特点与规律，利用各种文字表达上的特点，避免表达出有争议甚至忌讳的意义。还要善用隐喻、偏好等因素，如利用有些地区语言谐音的意义，给消费者留下良好印象，促进产品的销售。

（3）制定适当的策略。尽管在国际市场营销中，企业利用当地经销商与代理商是一种好方法，可以充分发挥他们熟悉语言文化的优势，但不能因此而放弃对本企业营销人员的必要的语言方面的培训。

5. 亚文化群

所谓亚文化群（也叫次级文化），通常是指在较大的社会集团中的较小的团体。这种较小的团体既遵从较大的文化，也有着自己独特的信仰、态度和生活方式。亚文化群的概念是相对而言的。相对于中国人的概念，北方人可被看作一个亚文化群，而对北方人来说，东北人、华北人、西北人等概念又可被视作不同的亚文化群。亚文化群还可以按年龄、兴趣爱好（如乒乓球迷、足球迷）和其他特征来划分。这种不同的社会团体对人们有着巨大的影响。

研究文化环境要注意不同亚文化群对于各自的价值观、行为规范所形成的对产品或服务的特殊要求。在国际市场营销和跨地区营销中，许多企业有失败的教训，也有成功的经验。

在国内市场营销活动中，也应考虑到不同亚文化群的不同需要。我国是地域广阔、人口众多的多民族国家，不同地区、不同民族的人们在漫长的历史进程中形成了各具特色的次级文化，由此产生了对产品或服务的不同要求。各民族在婚丧、礼仪、社交、服饰、建筑风格、食物及节日庆典等方面有各自的形式与特点，这些不仅直接影响特定的消费者产品或服务的需求的构成，而且对企业的促销方式有不同的要求和限制。企业在用亚文化群分析需求时，可以把每一个亚文化群视为一个细分市场，分别制订不同的营销方案。

提示 3-2 文化对人们行为的影响具有较长期的持续性。市场营销人员必须深入了解和研究目标市场的文化环境并努力适应该环境，而不可试图轻易改变一个社会的核心文化。在开辟新市场或开展出口贸易时，这一点尤其重要。

（五）科技环境

科学技术是社会生产力的新的和最活跃的因素。科学技术的发展为企业不断创造市场机会，同时也在创造新行业时淘汰旧行业。企业必须以高度的热情了解科技发展的新趋势。科技发展、技术创新对经济和社会的发展已经开始并将继续产生深远影响。为了迎接新技术的挑战和防范新技术带来的冲击，有远见的政府和企业，在研究和开发新产品上投入了大量的资金。

> **小贴士**
>
> 2019年5月，华为集团在全球拥有接近18万的员工，各地的研发人员共占公司员工总数的45%，即约8万的人员都在从事研发工作。雀巢公司在瑞士、美国、英国、法国、德国和新加坡等11个国家建有研发中心，年投入超过4亿美元。我国台湾一家只有600名员工的生产图像扫描仪和激光打印机的厂家，研究开发人员占员工总数的20%，研究开发投入的费用占其销售总额的10%以上。该厂的新产品常常先于同行其他企业至少6个月推出，成为市场的领先者。

企业分析科技环境，首先应认识到许多新技术的产生和推广都会给某些行业带来新的市场机会，同时也会给某些行业造成环境威胁。西方经济学创新学派的代表熊彼特认为"技术是一种创造性的毁灭"力量。晶体管诞生后，晶体管行业很快取代了原有的电子管行业。大规模集成电路发明后，又直接威胁了晶体管的生产与经营。尽管这些毁灭是积极和充满生机的，但对个别企业来讲，不主动认识和预见科技环境可能出现的变化，则会面对潜伏的生存危机。

思考 3-2 互联网的普及给哪些行业带来了机会？

名师解忧

(六) 法律环境

如果企业了解法律，熟悉法律环境，就既能够保证自身严格依法办事，不违反各项法律，有自己的行动规范，又能够运用法律手段保障企业自身的利益。市场营销活动中正当的竞争是在法律保障下进行的，在法律允许的范围内企业可以发挥自身的管理能力、技术能力以及营销水平。企业要重点了解和研究经济方面的法律及法规。

对法律环境的研究，除了要研究各项与国际国内市场营销活动有关的法律、法令、条例以及有关竞争的法律、环境保护和资源管理方面的规定，还要了解参与法律的制定和执行的政府部门的职能与任务。

在国际市场营销中，首先要熟悉两大类法律：①与市场营销活动有关的法律；②有关限制竞争的法律法规。此外，还要了解与法律的制定和执行有关的监督、管理和服务于企业市场营销活动的政府部门的职能及其管理内容和方式。企业决策者应该对以上方面的法律规定的方向性内容有大致了解，不一定需要熟知详细内容，解决相关问题时，可以请企业专门的法律顾问或委托律师事务所协助完成。

二、市场营销微观环境的分析

市场营销微观环境包括企业内部环境、购买者、供应商和经销商、竞争者等，其与企业形成了协作、服务、竞争与监督的关系，直接制约企业为目标市场服务的能力。

(一) 企业内部环境

企业内部环境是指企业内部各个部门、各个管理层次之间的分工是否科学、协作是否和谐。企业领导中心、各部门、各个分支机构的配合及各自工作的效果和效率，直接影响企业的产品销售乃至整个市场营销活动的成败。因此，企业的生产能力、财务能力、员工的素质、研究和发展的状况以及企业在公众中的印象等，构成了企业内部环境的主要内容，影响和决定着企业为消费者提供产品或服务的能力与水平。

(二) 购买者

购买者包括消费者市场、生产者市场以及中间商市场、政府市场等的购买者，他们是企业营销活动服务的对象。因此，认识购买者的基本特征、购买能力、购买方式、购买规模、分布等，有着极其重要的意义。

(三) 供应商和经销商

企业要想通过市场营销活动在满足目标市场消费或购买者需求的同时达到自

身获利的目标，必须与一系列相关企业联合行动，从供应到销售，形成一个链条式的系统，即供应商→生产商→经销商→消费者（或购买者）。这个"链条"上的每个环节都是影响企业营销的重要和直接的因素。可以从以下几个方面对供应商进行分析：

（1）供应商的数目。
（2）供应商的规模、所在行业及地理分布。
（3）供应商对所供应产品的依赖程度。
（4）对本企业的供货量占其全部产品数量的比例。

对经销商的分析与对消费者或购买者的分析是相对应的，主要有：

（1）经销商的数目。
（2）与本企业的交易额占其总经营额的比重。
（3）经营规模和经营的覆盖范围。
（4）经销商的性质及本身的主要特点。

（四）竞争者

在任何市场上，每个企业都要面对现实的和潜在的竞争者。竞争者的状况将直接影响企业的营销活动，无论是在产品销路、资源方面，还是在技术力量方面，企业和竞争者的实力经常是此消彼长的。因此，企业必须清楚地了解以下内容：

（1）竞争者的数量。
（2）竞争者规模的大小和能力的强弱。
（3）竞争者对竞争产品的依赖程度。
（4）竞争者所采取的营销策略及其对其他企业策略的反应程度。
（5）竞争者获取优势所依仗的特殊原材料的来源及供应渠道。

由于微观环境包括的内容涉及面广，本书其他章节对其中大部分内容已做专门论述，本章就不再细述。

名师解忧

💬 思考 3-3　为什么市场营销微观环境包括企业内部环境？

第三节　企业应对环境影响的对策

综上所述，企业的生存与发展既与其生存的市场营销环境密切相关，又取决于企业对环境因素及其影响所采取的对策。在相同或相似的环境下，不同企业所采取的对策会造成市场营销结果有天壤之别。

企业对市场营销环境及其变化的对策的制定，是建立在对自身所处的营销环境及其变化的客观、准确的判断和分析的基础之上的。任何企业都必须在对自身相关环境进行认真的认识和分析、辨明营销环境的变化趋势及其对企业可能造成的影响之后，有针对性地确定和调整自己的战略和策略。

一、营销环境机会与威胁的识别

市场营销环境的变化对企业可能产生的影响主要有两种：第一种是出现企业新营销环境机会。所谓营销环境机会，是指由于环境变迁而形成的对企业营销管理富有吸引力的领域。利用营销环境机会获得成功的企业为数众多，无论是在经济迅速发展或是经济缓慢增长的情形下都有营销环境机会。即使在人们一致认为西方经济增长缓慢的二十世纪七八十年代，仍有不少像苹果电脑公司那样出色的企业。第二种是对企业造成新的营销环境威胁。所谓营销环境威胁，是指由于环境的变迁而形成或可能形成的对企业现有经营的冲击和挑战。其中，有些冲击和挑战是共性的，任何企业都身处其中，如能源危机、利率的急剧上升及严重的金融危机等；有些环境因素对不同产业的影响程度不同，如政府颁布新的出版法，对出版业有较大的影响，对部分商业也有某些直接或间接的影响，但对钢铁公司的轧钢厂经营的影响就微乎其微。除此之外，即使处于同一行业、同一营销环境中，不同企业的抗风险能力不同，所处竞争地位不同，对环境变化趋势的理解和认识不同，所受影响的程度也不尽一致。有时，表面上看来是营销环境威胁，实际上孕育了新的发展机会。如能源危机引发了对新能源的需求；工业和生活垃圾的增加污染了环境，加大了企业处理垃圾的负担，但产生了对垃圾处理技术的需求；人口老龄化对一些企业的购买力产生了不利影响，但创造出了老年用品产业的市场机会；等等。即使处于同一营销环境中，不同的企业由于营销水平的差异，对营销环境影响的分析会有不同的判断和结论。

二、环境威胁的减轻与回避

面对环境变迁对企业可能造成的威胁，企业常用的对策有三种：对抗策略、减轻策略、转移策略。

（一）对抗策略

对抗策略也称抗争策略，即企业试图通过自己的努力限制或扭转环境中不利因素的发展。这通常被认为是一种积极的、主动的策略。如通过各种方式促使（或阻止）政府通过某种法令或与有关权威组织达成某种协议，以抵消不利因素的影响等。

(二) 减轻策略

减轻策略也称削弱策略,即企业试图通过改变自己的某些策略,达到降低环境威胁对企业的负面影响程度的目的。如环境变化导致企业某些主要原材料价格大幅度上涨,致使本企业的产品生产成本增加,在企业无条件或不准备放弃目前的主要产品的经营时,采取的方法一是寻找替代品来代替原来的原材料,二是设法通过提高产品的市场销售量、扩大市场份额来减轻产品生产成本上升对企业经营利润的影响。除此之外,还可以根据情形,部分地改变自己的营销策略来加以应对。

(三) 转移策略

转移策略也称转变策略或回避策略,即企业通过改变自己受到威胁的主要产品的现有市场或转移投资方向来避免环境变化对企业的威胁。这实际上包含两种不同的"转移":

1. 企业原有销售市场的转移

某企业在 A 地市场发展受到阻碍,将目标市场转移到 B 地,以避开环境变化形成的威胁。如美国卷烟销售在本国市场受到限制,几家大的卷烟制造商首先将它们的主要目标市场由本国转移到发展中国家;食品公司原本生产婴幼儿奶粉,随着出生率的下降,市场萎缩,企业把主要目标市场转移到老年人群体中。这两种做法对企业原有的产品或服务基本不做大的改变。

2. 企业投资方向的转移

企业往往不仅仅限于主要目标市场的改变,而常常做自身行业方面的调整,在具体方式上又有区别。第一种方式是变化个别产品项目或个别产品线,以避免危险和威胁,争取主动。采用这一做法时如对策得当,会产生明显的效果。第二种方式是在原有产品或服务经营的基础上,增加新的产品或服务,如增添产品线和扩大企业产品组合的宽度,以适应环境的变化,降低企业营销的风险系数。第三种方式对企业营销管理来说变化最为显著,指企业依据营销环境的变化,放弃自己原有的主营产品或服务,将主要力量转移到另一个新的行业中,以免受到威胁,以此求得发展。如原有的机械设备制造厂,在对市场营销环境的发展做分析后,决定转向生物制品行业。

思考3-4 随着生活水平的提高,人们对养生日益重视,这对哪些行业来说是市场机会?

名师解忧

三、企业对不同需求状况采取的策略

市场需求变化受各种因素变化的影响,通常体现了营销环境直接的、间接的因素中多方面的变化。面对不同的需求状况，企业应采取相应的策略。普遍存在的需求状况和企业通常采取的策略有以下一些。

（一）扭转性营销策略

扭转性营销策略也称转变性营销策略，是指面对"否定需求"或"负需求"时企业所采取的营销对策。例如，在某市场上，绝大多数消费者对该产品或服务持否定和拒绝的态度，如有些地区的居民不喜欢喝牛奶。面对这种情形，企业营销的任务是进行扭转性营销，在对人们"否定"的原因有比较充分的了解的前提下，通过企业自身营销策略的调整，诸如改变产品或服务的设计，降低价格或通过宣传改变这部分人对产品或服务的信念和态度，为自己创造市场条件。

（二）刺激性营销策略

刺激性营销策略也称激活营销策略，是指面对"无需求"时企业所采取的营销对策。在企业的潜在目标消费者群体中，表现出对产品或服务毫无兴趣或漠不关心，称为"无需求"。企业营销的任务是进行刺激性营销，在搞清楚产品或服务与消费者之间的关系后，通过促销宣传的各项活动，设法让消费者了解产品或服务能够带给自己的利益，并通过市场营销刺激来激发消费者的购买兴趣。

（三）开发性营销策略

开发性营销策略也称发展营销策略，是指现实中没有适当的产品或服务能够满足消费者需求时企业所采取的营销对策。潜在需求大、具有强烈购买欲望的消费者感到现有的产品或服务已经不能满足自己的需求了，渴望有新的和更具优越性的产品或服务出现。在确实认清消费者需求及其规模的前提下，企业可通过新产品和新服务项目的开发将潜在的消费者需求变为现实的消费者需求，为自己创造新的市场机会。

（四）恢复性营销策略

恢复性营销策略也称提升营销策略，是指面对产品或服务处在"需求下降"通道时企业所采取的营销对策。此时，企业要准确地衡量潜在市场需求，了解消费者需求下降的原因，通过开发新的产品和服务，或者改变产品的特色，采用更有效的沟通方法刺激需求，以扭转需求下降的局面。

（五）协调性营销策略

协调性营销策略也称同步营销策略，是指面对由于季节、时点等变化而造成的某些产品或服务需求波动时企业所采取的营销对策。某些产品或服务的消费者需求有明显的季节上的淡、旺，这种状况被市场营销学称为"不规则需求"。如秋末冬初，消费者对羽绒制品的购买相对集中，而到了春节以后，羽绒制品基本无人问津。企业营销管理的任务是通过运用灵活的价格策略、推销方法和各种刺激手段，来引导和改变消费者的需求习惯和方式，达到减少需求大幅度波动的目的。

(六) 保持性营销策略

保持性营销策略也称维持营销策略，是指面对产品或服务的需求水平、时间或时点与期望的需求和时间一致时企业所采取的营销对策。市场营销学中将这种状况称为"充分需求"或"饱和需求"。一般来说，这是企业追求的最理想的需求状况和水平。企业通过及时发现消费者的偏好，保持产品质量的稳定，严格控制企业成本，在维持企业自身竞争地位的同时，努力维持现有的需求水平。

(七) 降低性营销策略

降低性营销策略也称低调或限制性营销策略，是指面对超过企业供应能力的产品或服务时企业所采取的营销对策。当实际需求水平大大超过企业的供应能力时，企业将面临巨大的压力。企业营销管理的任务是想方设法暂时或永久性地降低需求水平。一般通过提价、减少促销来"低调"营销，其目的不是杜绝某方面的需求，而是协调市场需求。

(八) 抵制性营销策略

抵制性营销策略也称对抗营销策略，是指面对一些不健康的产品或服务的需求时企业所采取的营销对策。许多产品尽管能够满足个别消费者或者眼前的需求，但从长远的和社会的观点看，是无益甚至有相当大的损害的。市场营销学称之为"有害需求"或"不健康需求"，如毒品、黄色书刊、暴力书刊等都属于此类。企业营销管理的任务是为了消费者的长远利益，通过劝说、宣传等方式使这类产品或服务的消费者放弃这一需求。

思考3-5 请联系实际举出生活中遇到的一个扭转性营销的例子。

小 结 SUMMARY

现代企业是物质财富生产的主要组织形式，是国民经济运行大系统中的子系统。企业的全部营销活动是在社会"生态环境"中进行的，企业的经济活动与任务，通过市场营销活动实施，企业的活力通过营销活动体现，企业通过可以控制的手段与营销策略对外界整体环境做出反应，在动态的环境下保持旺盛的生命力。

企业与市场营销环境的关系最应重视的是市场营销环境的变化与企业的适应。强调企业对市场营销环境的不可控制，并不意味着企业对市场营销环境的无能为力和无所作为，现代营销理论强调企业对市场营销环境的反作用。企业必须重视和加强对市场营销环境变化的监测并加强自身战略的可调整性，从而把握环境变化，不误时机，免遭危机。

市场营销环境泛指一切影响、制约企业营销活动的最普遍的因素，可分为宏观环境和微观环境两部分。宏观环境是指影响企业营销活动的社会性力量和因素，包括政治环境、经济环境、自然环境、文化环境、科技环境和法律环境。微观环境是指与企业营销活动直接发生关系的组织与行为者的力量和因素，包括企业内部环境、购买者、供应商和经销商、竞争者等。

所有环境因素直接或间接，或单独或交叉地对企业构成机会或威胁。企业趋利避害的基础是对市场营销环境及其发展变化的客观认识和分析。

企业对市场营销环境的影响首先要辨清面临的营销环境机会或威胁，以便不失时机地将潜在的机会变为企业发展的机会。应对环境威胁，企业常用的对策有对抗策略、减轻策略和转移策略。这三种策略的适用条件需认真研究。

同时，企业要对微观环境中的消费者需求状况分别或结合采取扭转性营销策略、刺激性营销策略、开发性营销策略、恢复性营销策略、协调性营销策略、保持性营销策略、降低性营销策略和抵制性营销策略。

思考题 EXERCISES

1. 简述企业与市场营销环境的关系。
2. 市场营销政治环境主要包括哪些内容？
3. 分析企业经济环境应从哪些方面入手？
4. 企业文化环境主要包括哪些内容？
5. 企业面临环境威胁的对策有哪些？

第四章 购买行为分析
CHAPTER 4

己所不欲，勿施于人。

——孔子

学习目标 LEARNING TARGET

1. 概述消费者购买行为模式。
2. 阐述消费者购买行为的概念及影响消费者购买行为的因素。
3. 识别并定义消费者购买行为的类型。
4. 明确消费者购买决策过程的五个步骤。
5. 阐述生产者购买行为的特征、类型与购买决策过程。

引 言 INTRODUCTION

企业从市场营销活动的实践中逐渐认识到，营销活动的中心是满足消费者的需求，企业只有在满足消费者需求的一系列活动中才能发展自己。只有分析各类消费者购买行为的产生和形成，探索和研究消费者购买行为的规律性，企业营销策略的制定才有据可依。在现代社会，消费者的购买行为不仅受经济因素的约束，还受消费者个性及来自社会的许多方面因素的制约和影响。因此，企业必须要搞清楚特定的消费者购买行为及其与企业市场营销活动的关系，以便制定相适应的市场营销策略。

本章导入

第一节 消费者购买行为模式

一、消费者购买行为"暗箱"理论

企业要从事有效的营销活动,就必须搞清楚 5 个 W 和 1 个 H,即"什么"(what)、"谁"(who)、"哪里"(where)、"什么时候"(when)、"如何"(how)、"为什么"(why),它简化和概括了分析消费者购买行为的基本内容。

(一)"什么"

企业要了解消费者购买什么、了解什么,要知道消费者"买什么",还要清楚消费者对企业相关信息的知晓情况。这既可以帮助企业掌握市场占有率和不同品牌的销售情况,也可以帮助企业了解消费者的偏好和信息的抵达程度。

(二)"谁"

企业既要了解消费产品的是哪些人,又要明确购买行为中的"购买角色"。消费者是谁,指的是企业的目标顾客是谁;购买角色,即不同的购买行为中不同人的位置和作用。

在许多购买行为中,不同的人扮演着不同的购买角色,有购买者、决策者、影响者、倡议者和受益者。购买者指的是实际完成购买行动的人。决策者指的是对购买行为有最终支配权的人。影响者指的是对购买决策能产生重要影响力的人。倡议者指的是最先发起购买建议与意见的人。受益者是指使用商品的人。

明确购买角色,企业才能掌握消费者心理,才能更有针对性地实施产品、价格渠道以及促销措施。

(三)"哪里"

企业要了解消费者在哪里购买、在哪里使用。在哪里购买,即了解消费者在购买某类商品时的习惯,如购买枸杞的消费者是愿意在超市购买还是相信药店里出售的更有效、更安全。在哪里使用,就是要了解消费者是在什么样的地理环境、气候条件甚至在什么样的场所、场合使用商品。根据消费者使用的特征,企业提供的产品或服务会更加具有适应性。

(四)"什么时候"

企业要了解消费者在具体的季节、时间甚至时点所发生的购买行为。明确消费者什么时候消费哪类产品或服务，对于开发新产品、改进包装和增加服务项目会有重要的意义。

(五)"如何"

企业既要了解消费者怎样购买、喜欢什么样的促销方式，也要了解消费者如何使用所购商品。企业确认了这两个问题之后，不仅可以针对不同产品的用途突出产品的差异，还可以做出适当的促销决策。比如，经销调味品的企业要明确消费者购买酱油后如何使用，是做卤汁还是用作凉拌蔬菜的调料，这样才能提供适宜的产品，不断发现消费者没有被满足的需求，拓宽新产品的领域。

(六)"为什么"

企业要了解和探索消费者的行为动机及影响其行为的因素。消费者为什么喜欢这个品牌的产品而不喜欢其他品牌；消费者为什么单买这种包装、规格的产品而拒绝接受其他种类；等等。只有探明了消费者的行为动机及影响其行为的因素，企业才可以比较全面地了解消费者的需求。

以上六个方面，是企业时常遇到的需要解决的问题。前五个问题是消费者购买行为公开显露的一面，又称外显因素，企业营销人员通常可以通过观察、询问获得较明确的答案。而第六个问题"为什么"，却是隐蔽的、复杂的，也称内隐因素。对营销人员来讲，就像面对着一种摄影器材——暗箱一样，明知道里面不停运作，但不能窥见其动作：购买行为的发生或拒绝接受的行动都是暗箱运转的结果，从外面却看不到内部的活动。这被称为消费者购买行为"暗箱"。许多学者和营销人员试图从不同的角度解开这个谜，但此问题仍在探索之中。对于有关模式，前文已经做了介绍，同时后两节有关内容中还将叙述，这里需要明确的是，把消费者的购买心理视作一个充满问题的"暗箱"，是行为主义心理学的研究成果。

💬 **思考4-1** 研究消费者购买行为"暗箱"对企业的营销活动有什么意义？

名师解忧

二、"市场营销刺激"与"购买者行为反应"模式

考察购买者对企业所策划的市场营销策略、手段的反应，对于营销活动的成败至关重要。营销人员如果能比较清楚地了解各类购买者对不同形式的产品、服务、价格、促销方式的真实反应，就能够适当地诱发购买者的购买行为。作为营销人员，需要在掌握有关购买者行为的基本理论的前提下，通过大量的调查研究，明确企业各种营销活动与购买者反应之间的关系。

营销人员试图利用行为心理学家沃森的"刺激-反应"原理，从各种各样的"市场营销刺激"对购买者购买行为所产生的反应中，推断出"暗箱"中的部分内容及对购买者行为产生的影响。

行为心理学的创始人美国心理学家沃森建立的"刺激-反应"原理，指出人类的复杂行为可以被分解为两部分：刺激和反应。人的行为是受到刺激的反应。通过对这一原理的分析，从营销人员角度出发，各个企业的许多市场营销活动都可以被视作对购买者行为的刺激，如产品、价格、销售地点和场所、各种促销方式等。所有这些，我们称之为"**市场营销刺激**"，这是企业有意安排的对购买者的外部环境刺激。除此之外，购买者还时时受到其他方面的外部刺激，如经济的、技术的、政治的和文化的刺激等。这些刺激，进入购买者"暗箱"后，经过了一系列隐蔽的心理活动，产生了人们看得到的购买者反应：购买还是拒绝，或是需要更多的信息。购买者一旦决定购买，其反应便通过购买决策过程表现在购买选择上，包括对产品、品牌、购物商店、购买时机和购买数量的选择。这一关系可用图 4-1 表示。

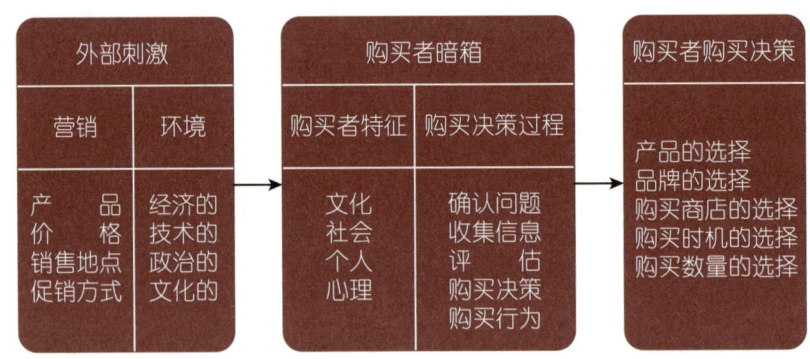

图 4-1 "市场营销刺激"与"购买者行为反应"模式

图 4-1 说明，尽管购买者的心理是复杂的、难以捉摸的，但这种神秘的、不易被窥见的心理活动可以被反映出来而使人们认识到，营销人员可以从影响购买者行为的诸多因素中发现普遍性，由此进一步探究购买者行为的形成过程，并在能够预料购买者反应的情形下，自如地运用"市场营销刺激"。营销人员一定要深入了解购买者的真实动机，"投其所好"，才能在市场竞争中取胜。

小案例 4-1

20 世纪 40 年代，速溶咖啡在美国上市之初，因其味道与营养成分和咖啡豆相近且饮用方便，厂家自信地认为速溶咖啡会很快取代传统的咖啡豆。然而，事与愿违，购买者寥寥无几。后经心理学家调查得知，速溶咖啡营销失败的原因是厂家在做广告时过分强调了它省时、省力的特点，违背了当时的家庭妇女希望树立勤劳、称职、能干这一形象的愿望。可见，导致速溶咖啡营销失败的消费者潜在心理动机是家庭主妇怕被视为懒惰。为此，厂家修改了广告词，删去了易使人产生消极心理的因素，不再强调其快捷与方便，而是突出其具有的新鲜、芳香和味道醇正的特点，从而打开了速溶咖啡的销路，使其很快成为西方国家最受欢迎的咖啡。

第二节　消费者购买行为分析

消费者购买行为是指消费者为满足个人或家庭生活需要而发生的购买商品的决策和行动过程。消费者购买行为的形成是复杂的，但是消费者的特性存在于特定外部环境中，其购买行为的产生受到内在因素和外在因素的相互促进，对其购买行为的产生交互产生影响。营销人员可以通过对影响消费者购买行为的内在因素和外在因素的研究来掌握消费者购买行为的规律。

一、影响消费者购买行为的内在因素

影响消费者购买行为的内在因素是指消费者的个性心理特征，包括动机、感受、态度和学习。

（一）动机

动机与行为有直接的因果关系，动机导致行为。消费者购买行为发生的直接原因是动机。消费者动机是很复杂的，可以把它们概括为两部分：生理动机和心理动机。生理动机是指生物学意义的欲望，如口渴时对水的需要、疲倦时对睡眠的需要等；心理动机则与社会环境有密切关系，如对安全、认可和尊重的需要等。消费者购买行为是由动机支配的，而动机又是由需要决定的。因此，研究动机要同研究需要结合起来（如图4-2所示）。

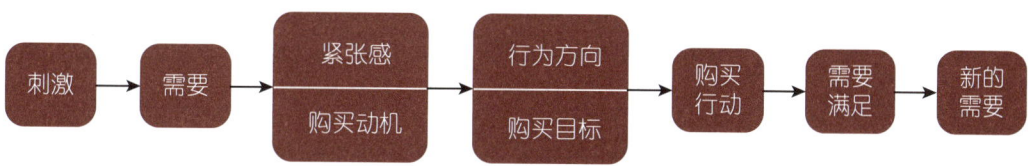

图4-2　消费者需要与购买行为

通过上节的讨论，我们已明确消费者需要的产生是消费者受到刺激的反应。人们在受到刺激，需要形成但未得到满足之时，便产生一种精神上的紧张感，这种紧张感促使人们产生行动的念头，会通过能够满足需要的行为来有意地减少这种紧张感。在消费者购买行为中，这种紧张感和随之产生的念头或欲望，就是购买动机。购买动机形成后，行为方向就产生了，即购买目标、方向明确后，才有具体的购买行动。购买行动完成后，紧张感消失，需要得到了满足。但是，随即又出现了新的需要，新的紧张感出现，新的购买动机产生，新的满足需要的行为发生，如此循环往复，在消费者购买行为中不断出现。

如上所述，消费者购买行为是由动机推动的，而动机又是某种需要的反映，或者说是一种被刺激起来的需要。在对需要与动机的分析中，行为学者、心理学家曾提出许多分析方法，其中美国著名心理学家**马斯洛的需要层次理论**对消费者购买行为分析有重要的参考价值。马斯洛指出，人类的需要可以由低到高排列成不同的层次，即生理需要、安全需要、社会需要、尊重需要、自我实现需要（如图4-3所示）。其中，生理需要、安全需要属于生理和物质方面的需要，社会需要、尊重需要、自我实现需要主要是心理的、精神方面的需要。

1. 生理需要

生理需要是指人类最基本的需要，如人饥饿和口渴时对食物、水的需要，寒冷时对御寒衣物的需要等。

2. 安全需要

安全需要是指人们要求人身安全得到保障，基本生活条件免遭损害和威胁。安全需要最常见的是人们对保证安全、保健、保险的需要以及就业方面的需要。

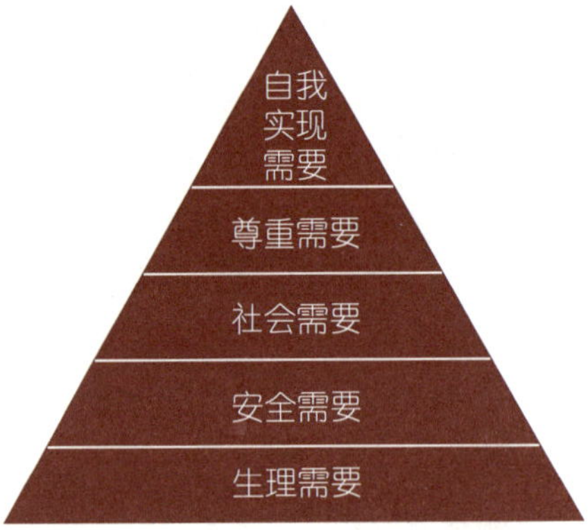

图4-3 马斯洛的需要层次理论

3. 社会需要

社会需要是指人类互相交往的愿望和归属感。人们常常希望自己被某些群体所承认和接纳，并给予他人和得到他人的爱护。社会需要是情感方面的需要。

4. 尊重需要

尊重需要是指人类对自尊心、荣誉感的追求和维护。人们希望得到他人的重视和尊重，希望自己具有一定的身份和地位。

5. 自我实现需要

自我实现需要是指人类的成就欲，人们对获得成功的渴望，对自己仰慕的哲学观点的追求，对某种理想的追求，等等。需要层次理论认为这是人类最高级的需要。

马斯洛的需要层次理论的要点归纳起来有以下几个方面：①肯定了人是有需要的。②把人的基本生存需要置于需要层次结构的最底层，强调它们的满足是其他需要发展的基础。③在不同时期,各种需要对行为的支配力量不同。当最重要的需要得到满足后,这个需要便不再是激励因素,失去了对行为的刺激作用,人们会转而追求下一个需要。④需要层次越高,可塑性和变异性越大、越长久。⑤高层次需要的具体表现形式更丰富,与他人和社会的关系更密切。

根据以上分析可知,市场营销活动可满足不同需要层次,营销人员面临的主要问题是找出什么是动机,以及其怎样影响消费者购买行为。掌握需要层次理论,不仅能帮助营销人员深入、细致地分析消费者需求,针对不同的需要层次设计不同的产品或服务,还对企业促销方案的制定和实施有重要作用。

提示 4-1 同一种产品也可针对不同的需要层次进行宣传。如微波炉,针对生理需要,强调它的效率,快速烘烤解冻能满足充饥的需要;针对安全需要,宣传用它比用明火或其他灶具更安全,且对食物无污染;针对尊重需要,宣传它能做出家人或亲朋喜欢的美味佳肴;针对自我实现需要,则强调美味的烘烤食物是由操作者自己快速完成的。

思考 4-2 假设你是一家电脑公司的营销人员,你将怎样运用马斯洛的需要层次理论分析潜在消费者?

(二) 感受

感受是指消费者在其了解的范围内,通过眼、耳、鼻、舌、身接受外界色、形、香、味、触等的刺激或心理对环境产生的反应,是个体对于社会和物质环境的最简单的、最初的理解。消费者一旦有了购买动机,便会付诸行动,但如何行动还要看他对外界刺激物或情境的反应,即感受的影响。比如,甲和乙两个消费者同时去逛一家服装店,都有购买服装的动机,但结果是,甲认为这家店很好,选购了不少衣服,乙却空手而归。这说明,处在同样情境和同样刺激物下的消费者,由于感受不同,购买决策和购买行为大为不同,这主要是由于每个人的先天禀赋和后天经验的不同,吸收、组织和理解由感官所接受的信息有所不同造成的。感受有四个特征。

1. 感受的选择性

一个人在熟悉的范围内不可能感受到所有的刺激物。有三种情况影响感受:①选择感受。消费者在从早到晚接触的大量信息和刺激中,忽略绝大部分,选择的只是极少部分。②选择曲解。有时即使信息已被消费者注意和接受,但其发生的影响与发布者的初衷不一定相同。原因在于接收者在对所接收信息的加工处理过程中,不自觉地加进了个人的看法,就造成了受到相同刺激的不同人会有不同的感受。③选择记忆。这是指人们对于所获得的信息绝大部分都遗忘了,只记住那些和自己的意见、观点一致的信息。如记住自己所喜爱的产品的特点、优点,而忘却其他同类产品的优点。

2. 感受的有组织性

感受对每个人都是有意义的，它不是杂乱无章的感觉，是人们选择、组织与理解感官所接收的输入信号的复杂过程。

3. 感受受外在刺激的影响

尽管不同的人对同样的客观事物会有不同的感受，但外界刺激本身有助于决定人的感受。如时装表演队的服装展示与摆在货架上的服装展示，消费者对两者的感受有明显的差别。

4. 感受受个人因素的影响

消费者个人因素影响其感受，如个人需求、理解信息的能力、心情、记忆力、经验和价值观等，都影响信息的接收。

营销人员要认识以上特点，通过改进包装、装潢，加强广告宣传等来强化刺激。要注意排除和避免易出现的感受障碍，使本企业的产品或服务被更多的消费者感受到并正确理解。

（三）态度

态度通常是指一个人对某些事物或观念长期持有的好或坏的评价、情感上的感受及行动倾向。人的行为是其态度、所处环境、本人性格和场合相互作用的函数。消费者态度对消费者购买行为有很大的影响。营销人员研究"态度"，应主要从以下方面入手。

1. 消费者态度的形成

对于消费者的态度是如何形成的，社会心理学认为态度是情境、他人倾向以及个人性格特征相互作用的结果。具体到消费者的态度，有三个主要来源：一是消费者本身与产品和服务的直接接触；二是受其他消费者（如亲友或其他人）的直接或间接的影响；三是家庭教育与本人的生活经历。

2. 消费者态度的内容

消费者的态度包含三个相互联系的成分，即信念、情感和意向。信念是指人们认为确定的、真实的事物，它来自知识、见解，也来自信任。在实际生活中，消费者不是根据知识，而常常是根据见解和信任做出购买决定。情感是指在消费者对产品或服务的情绪上的反应，如对产品或广告喜欢还是厌恶。情感往往受消费者本人的心理特征与社会规范的影响。意向是指态度的动作倾向，具体是指消费者采取某种方式行动的倾向，是倾向于采取购买行动，还是倾向于拒绝购买。对于营销人员来讲，要研究消费者态度的形成，利用市场营销策略和手段，让消费者了解企业和产品，帮助消费者建立起对本企业的正确的信念，培养消费者对企业产品或服务的情感，让本企业产品或服务尽可能适应消费者的意向，使消费者的态度向有利于企业的方面转变。

> **提示 4-2** 态度使人们对相似的事物产生相当一致的行为。态度是难以改变的，

企业应设法适应消费者的态度，而不要去勉强改变消费者的态度。当然，如果改变一种态度所耗费的昂贵费用能得到补偿，则另当别论。例如，日本本田公司的摩托车进军美国市场时，曾面临公众否定的态度，把它同负面活动联系在一起。要扩大市场，就必须设法改变公众的态度。该公司以"你可在本田车上发现最文雅的人"为主题，大力开展促销活动，广告画面上的骑车人是教授、美女等，从而逐渐改变了公众对摩托车的态度。

(四) 学习

学习是指在相似的情况下，由过去的行为所引发的行为改变。换言之，学习是指由于经验所引起的个人行为的改变。通常消费者是在购买实践中不断积累各种经验或留下各种印象，这些经验或印象又会影响人们下一步的购买行为。强调学习是通过驱策力、刺激、诱因、反应和强化的相互影响、互相作用而进行的。这种理论是建立在"刺激－反应"理论基础上的。驱策力即诱发人们行动的内部刺激力量，假设一个人口渴是一种驱策力，饮料就可能是诱因，反应就是口渴者对某种饮料的反作用，而强化与得到满足的程度有直接关系，如口渴者饮用某品牌饮料认为味道好，他对这种饮料的反应（或印象）就会强化，以后再遇到相同的诱因时就会产生相同的反应，即采取购买行动。如果反应被反复强化，久而久之，就会成为习惯。从以上分析可以看出，消费者一方面从广告中学习，获取知识；另一方面从个人或周围人的购买经验中学习。企业要通过各种途径给消费者提供信息，相同产品的广告应确定最强烈的驱策力。对饮料而言，驱策力是口渴；对新潮服装而言，驱策力是追求时尚。选择产生最强大驱策力的诱因，可以将人们的驱策力激发到马上行动的程度。同时，企业产品或提供的服务要始终保持优质，这样消费者才有可能通过学习建立起对企业品牌的偏爱，形成购买本企业产品的习惯。

> **思考 4-3** 试举一个自己因经验引起购买行为改变的例子。

二、影响消费者购买行为的外在因素

影响消费者购买行为的外在因素如下。

(一) 个人与家庭

消费者个人的特征对其购买决策有着直接影响，这些特征包括年龄、职业、经济状况、个性、家庭生命周期阶段、生活方式及价值观等。人们对食物、服装、家具和娱乐的选择通常与上述因素有关。家庭是影响消费者购买行为的一个重要因素。家庭从小就影响着一个人的生活情趣、方式、个人爱好和习惯，这常常体现在对产品或服务需要的评价、要求和购买习惯上。

在一次购买行动中，不同的家庭成员可能充当不同的角色。在做购买决策时，有不同的家庭决策类型：丈夫决定型、主妇决定型和共同决定型。不同商品的决策人也不相同。如对于日用消费品，主妇决定的情况较多，而对于高档耐用消费品，一般是男主人或男女主人共同决定的较多。在耐用消费品中，不同的家庭权威也有所侧重。如购买汽车，男主人决策的较多，而购置新家具，女主人似乎有更多的发言权。企业需明确不同家庭成员所起的作用，使促销措施引起发起者的注意，诱发主要影响者的兴趣，使决策者了解商品、解除顾虑、建立购买信心，使购买者购置行动方便。

消费者购买行为常常受家庭生命周期的影响。家庭生命周期是按照婚姻状况、年龄、子女的数量及成长状况来划分的，一般可分为四个阶段：未婚阶段——年轻的单身者；育儿阶段——有子女的年轻夫妇；寂寞家庭阶段——子女自立后的夫妇；鳏寡阶段——丧偶的老年人。在不同的社会文化背景下，各个阶段的长短与构成差异很大。在我国，除了有很多的核心式家庭（夫妇二人与他们的子女二代之家）外，还有相当数量的直干型家庭（夫妻上有父母、下有儿女的三代之家）和一定数量的扩大式家庭（传统的以父母为核心的、两个以上子女结婚后仍与父母同住之家）。企业经营者要看到不同家庭生命周期阶段的不同购买重点，根据不同的家庭、不同的家庭生命周期阶段的实际需要，开发产品和提供服务。

思考 4-4 一个处在育儿阶段的家庭在购买行为上有什么特点？

（二）相关群体

相关群体是指能直接或间接影响一个人的态度、行为或价值观的团体。它既包括社会的、经济的团体，也包括职业的团体。

1. 相关群体的分类

研究消费者购买行为可以用不同的标准对相关群体加以分类。相关群体可分为参与群体与非所属群体。

（1）参与群体，是指消费者置身其中的群体，按其作用又可分为主要群体与次要群体。能直接对人产生影响的群体称为主要群体，如家庭、来往密切的朋友、邻居、同事等，这类群体对消费者的爱好、兴趣、价值观影响最大。次要群体是指对人产生影响作用稍小的团体，如出于某种兴趣和信念而组合在一起的各种专业协会、宗教团体等。由于他们直接交往，同一团体中的人作为消费者也相互受到影响，但由于沟通的频度低于前一类群体，所产生的作用和影响稍小。

（2）非所属群体，是指消费者置身其外，但对其购买行为有影响的群体。非所属群体有两种情况，一种是向往性群体，另一种是回避性群体。向往性群体（或期望附属的群体）是指消费者渴求成为其中一员的群体，消费者虽不在其中，但对此群体羡慕、向往、追随。此类被人仿效的群体有时是个人,主要有各方面的名人等。与向往性群体相反,回避性群体指的是某种群体的价值观、行为遭到某些消费者的拒绝或抵制,消费者往往认为这种群体与自己的身份、教养、爱好不相符,甚至相冲突,这类消费者从各方面极力与这种群体划清界限。由不喜欢某一类人到抵制这类人经常使用的产品和这类人所代言的产品或服务。如某品牌的葡萄酒被认为是女性饮用的,男性消费者就会拒绝饮用。经营者若想争得男性消费者市场,就得下功夫去通过各种活动改变这一印象。

2. 相关群体对消费者购买行为的影响

相关群体对消费者购买行为的影响主要有以下几方面:

(1) 相关群体向消费者展示新的生活方式和消费模式,供人们选择。

(2) 相关群体能够影响人们的态度,帮助消费者在社会群体中认识消费方面的"自我"。

(3) 相关群体的"仿效"作用,使某群体内的人们的消费行为趋于一致。

(4) 相关群体中的"意见领袖"(或意见领导者),有时有难以估量的示范作用。

企业在利用相关群体的影响开展促销活动时,除考虑以上诸方面外,还要注意不同的产品受相关群体影响的程度不同。产品能见度越高,受影响越大;产品越特殊,购买频率越低,购买者越容易受其他人的影响,如选购高档家具、贵重首饰和高档化妆品比选购日用品更易受相关群体的影响。消费者对某产品的了解越少,受相关群体的影响就越大,如选购滋补药品、高档照相机比选购洗衣粉更易受相关群体的影响。

小贴士

互联网的发展和普及,使得"网民"的数量越来越多。他们在网上形成了虚拟的社交圈,也相互影响着彼此。

(1) 亲朋好友与同事。"网民"消费者在网上得知亲朋好友或同事最近的消费动态以后,会受影响做出消费举动。比如看到朋友在拍卖网站购买手机,价格较低,自己也可能考虑去拍卖网站买上一部。

(2) 网友消费行为的影响。虽然网友之间存在地理位置等方面的差异,但是相同的话题、兴趣可使他们在相同主题的网站、论坛、聊天室或微博、微信上成为朋友,共同讨论关心的话题。比如得知同是读书爱好者的网友最近买了一本感觉不错的新书,自己也想买上一本。

必须注意的是,消费者群体中的意见领袖和他们对消费潮流的"领导"作用。意见领袖既可以是群体内观念领先的人,也可以是群体外引导一个年龄段或一个群体的人。在互联网环境中,意见领袖及其消费行为对群体成员的影响力不仅被放大,而且扩散得更快。

💬 **思考 4-5** 下列相关群体中，哪一种群体最具影响力？
A. 家庭　　B. 朋友　　C. 邻居　　D. 同事

(三) 社会阶层

社会阶层是指一个社会按照其社会准则将其成员分为相对稳定的不同层次。这是影响消费者购买行为的重要因素。同一社会阶层中的人有相似的社会经济地位、利益和价值观取向。

在不同的社会形态下，社会阶层的划分依据不同。在现代社会，一般是根据职业、收入水平、财产数量、受教育程度、居住区域等因素，将人们划分为不同的社会阶层。同一社会阶层的人，其生活习惯、消费水准、消费内容、兴趣和行为以及接触大众媒介的方式相近。营销人员要针对不同社会阶层的爱好，通过适当的信息传播方式，在适当的地点，提供适当的产品或服务。

(四) 文化状况

文化是社会精神财富的结晶，它使人们建立起一种是非观念，从而影响消费者购买行为。文化状况有时对消费者购买行为起决定性作用，企业必须予以充分的重视。关于文化状况的分析见本书第三章关于"文化环境"的分析。

💬 **提示 4-3** 这里所说的文化是指整个社会的文化背景和传统文化。人们的风俗习惯、伦理道德、价值观念和思维方式等无一不受传统文化的制约，受家庭和社会潜移默化的影响，因而它是影响人们欲望和行为的重要因素。每一个文化群体内部又包含若干亚文化群，如民族群体、宗教群体、种族群体、地理区域群体等。处在不同亚文化群中的消费者，其消费习惯和需求往往有很大差异，所谓"百里不同风，十里不同俗"。营销人员在选择目标市场和营销方案时，必须了解和考虑目标市场的文化背景，尤其不要犯了民族的禁忌。

三、消费者购买决策过程

分析一般消费者的购买决策过程，明确消费者购买行为的主要类型，掌握消费者购买决策过程的主要步骤是企业采取相应的营销对策的基础工作。

(一) 消费者购买行为的主要类型

现代营销学认为，消费者满足需求的购买行为应被视作一种"解决问题的活动"。如消费者购买自行车，并非为买一种由金属和橡胶组成的具有机械性能的物件，而是为在方便、经济的前提下，解决自己的交通出行问题。由于消费者需要解决的问题难易程度不同，不同商品的购买行为的复杂程度有明显的区别。**消费者购买行为的主要类型**如下：

1. 经常性购买

经常性购买也称惯例化的反应行为，是一种简单的、频度高的购买行为，通常是指购买价格低廉的、经常使用的商品，如日常生活用品等。消费者对商品的规格、型号都比较熟悉，不会花很多时间和精力去搜寻。企业除了研究消费者的爱好外，还要保证商品的质量和一定的存货水平，保持价格的相对稳定，注意对现有消费者的"强化"工作，还要利用成功的商品陈列和别出心裁的促销方式吸引潜在的消费者。

2. 选择性购买

选择性购买也称有限地解决问题。这种购买行为较经常性购买复杂。消费者对于这类商品有过购买经历，有些基本知识，但是由于对新的商标、品牌不熟悉而有风险感。如消费者在购买一台新型号的电视机时，总要想方设法获取此型号电视机质量方面的信息，购买行为比较复杂，企业应适时地向消费者传递有关新型号商品的信息，增加消费者对新产品的了解和信任，促使其下决心购买。

3. 探究性购买

探究性购买也称广泛地解决问题。消费者对自己需要的商品一无所知，既不了解其性能，又不清楚选择标准和使用方法。此类商品一般价格高，购买频率低，这种购买行为最复杂。如第一次选购轿车的消费者，在购买前需要对商品进行全面了解。企业要了解潜在消费者在哪里，对潜在的目标消费者提供较全面的信息，既要介绍一般商品知识，又要突出宣传本企业商品的特点，使消费者在了解大类商品的基础上，建立起对企业商品的信心。

思考 4-6 消费者购买保险属于哪类购买行为？为什么？

消费者购买决策过程

（二）消费者购买决策过程的主要步骤

消费者购买决策过程的主要步骤为：需求确认、信息寻求、方案评价、产品购买、购后行为（如图 4-4 所示）。

图 4-4 消费者购买决策过程的五个步骤

1. 需求确认

消费者首先确认自身需要解决的"问题"，即存在某种需求。这种需求既包括对商品本身的需求，也包括对价格、商标等方面的需求。消费者需求方面的问题一般来源有以下几种：

（1）商品不足，如消费者发现酱油瓶里所剩酱油不多，消费者必须决定他现有商品欠缺的程度。这类问题主要针对个人或家庭的基本生活用品。

（2）新的信息，如市场上出现了新产品，或不同的商品新的型号，新的服务形式，会促使消费者重新考虑现有的购买习惯。

（3）需求扩大，消费者感到缺少他的朋友、亲戚、同事已经拥有的某类商品。出现问题后，无论消费者是忽略还是立即着手去解决这些问题，他都已经确认了问题的存在。

2. 信息寻求

信息寻求要付出代价，有时也可能白费时间。消费者的信息来源包括消费者的个人经验、相关群众影响、大众媒体等方面，企业要注意利用以上诸因素为消费者提供信息，同时还要考虑影响消费者获取信息的因素。

（1）经验。如果一个消费者对他想买的商品有较为全面的了解，如收藏家对一件稀世珍品很了解，那他最需要得到的是商品在哪里的信息。

（2）现成资料。如果有了现成资料，消费者就不必亲自去几家商场了解商品的价格，而是可以利用现成信息。

（3）通过信息寻求获得满足。有些消费者对寻求商品信息的过程很感兴趣，这就是营销人员常见到的某些消费者可以在一个中型百货商店里待几个小时的现象。

（4）对产品价格的认识。对不同的商品，消费者信息寻求的迫切程度不同。此外，同样的商品由不同的人寻求，寻求的信息的程度也不一样，如邮票对普通邮寄者与集邮者的价值不同。

3. 方案评价

在比较复杂的购买行动中，消费者对已经到手的信息进行评价、比较，以做出购买决定。一般而言，消费者评价的标准主要集中在以下三个方面：

（1）产品属性。这是指产品所具有的能够满足消费者需求的特性。在价格条件不变的前提下，产品的属性越多，就越能吸引消费者购买。

（2）品牌信念。这是指消费者对某品牌产品的属性和利益所形成的认识。

（3）效用要求。这是指消费者对某品牌产品每一属性的效用功能应当达到何种标准的要求。

在购买过程中，消费者会有意无意地运用一些评价方法对不同的品牌进行评价和选择。企业应不断开发满足消费者不同需求的产品，并设法使自己经营的产品的品牌、特点给消费者留下印象，以便消费者选择。

4. 产品购买

消费者在广泛收集信息并认真比较、评价的基础上，形成了对某种产品肯定或否定的态度。肯定态度一旦形成，消费者就会做出购买决定并实施购买。消费者购买决定的内容是多方面的，包括产品种类、产品品牌、购买时间、购买地点、购买数量、购买方式等。

5. 购后行为

企业必须重视消费者购买产品以后的行为，它关系到产品的市场和企业的信誉。判断消费者购后行为有两种理论：一种叫"预期满意理论"，即认为消费者对产品的满意程度取决于其预期希望得到的实现程度，现实的产品与期望的距离越大，消费者的不满意程度就越高。另一种叫"认识差距理论"，即认为消费者购买产品后都会有不同程度的不满意感，原因在于消费者看到了产品本身存在的缺点，市场上同类产品越优，消费者对已购产品的不满意程度就越高。对产品不满意的消费者此时可能再度收集该产品的信息，以寻找安慰，这在购置耐用消费品时尤其明显。但当消费者不满意的程度很高时，他会决定再也不买某企业的产品。

这表明消费者的购买活动先于购买而发生，后于购买而结束。售货现场的交易过程不过是消费者购买决策过程中的一步，企业必须研究整个购买过程。

企业在市场营销过程中要详细、真实地介绍产品，使消费者对产品有一个全面的了解，以免期望过高而产生不满意感。交易过程结束后，营销人员还应关心消费者购后的反应，如可以通过调查表、追踪服务等方式了解消费者对产品的意见和建议。这样既可使企业日后对产品的改进有据可依，也可使消费者有"安全"感，以消除和弥补一些消费者因到手产品有缺点而产生遗憾，使他们确信自己的选择。

💭思考 4-7　企业应该怎样对待消费者投诉？

名师解忧

第三节　生产者购买行为分析

这里研究的购买者行为，主要是指有别于生活资料的生产资料的购买者行为。在组织市场购买者购买行为中，一般分为生产者的购买、中间商（转卖者）的购买和政府部门的购买。这里主要讨论作为生产者的购买行为。

一、生产者购买行为的特征

生产者购买行为是指一切购买产品或服务，并将之用于生产其他产品或服务，供销售、租赁给他人消费以获取利润的一种决策和行动过程。

> **提示 4-4** 生产者市场主要由以下产业构成：①农、林、渔、牧业；②采矿业；③制造业；④建筑业；⑤运输业；⑥通信业；⑦公用事业；⑧银行、金融、保险业；⑨服务业；等等。

生产者购买行为的模式、影响因素以及购买程序与消费者购买行为既有相同之处，也有明显的差别。**生产者购买行为的特征**可归纳如下：

（1）购买者数目少。与消费者市场的购买相比，生产资料的购买者数目较少。在消费者市场上，商品的供应者面对数量较大的购买者，而生产资料的购买者是为一个组织或团体所采购，购买者较少。如生产电冰箱压缩机的企业的购买者可能是某地区的十几家电冰箱生产厂家，而这十几家电冰箱生产厂生产的电冰箱在消费资料市场上的购买者却有成千上万。

（2）交易量大。生产资料的订货金额通常比消费品大。由于生产上的要求，交易频度低，因此一次进货量就很大。

（3）区域相对集中。生产资料的购买者往往集中于少数地区。如美国的纽约、加利福尼亚、宾夕法尼亚等州，工业生产资料的购买者就很集中。我国的沈阳、长春等地，制造业的生产资料购买者也比较集中。

（4）需求受消费品市场的影响。生产企业对生产资料的需求，常常取决于消费品市场对这些生产资料的制成品的需求，这些需求也称"派生性需求"或"引申需求"。如生产厂家对皮革的需求，取决于消费品市场上人们对皮鞋、皮包、皮箱等皮革制品的需求。如果消费者需求减退，最终会影响生产皮革制品企业对皮革的需求。有时，消费者需求的少量增加能使有关生产资料购买者的需求大幅度增加，这种规律性在西方经济学中被称为"加速理论"。

（5）需求缺乏弹性。生产资料的购买者对产品或服务的价格变动反应不大。在工艺、设备、产品结构相对稳定的条件下，生产资料的需求在短时期内尤其缺乏弹性。

（6）需求受社会影响较大。此类购买虽然受价格的影响较小，但受整个社会技术发展状况和经济状况变化的影响很大。

（7）专业性采购。由于对生产资料（特别是主要设备）有技术方面的特殊要求，企业一般需要经过良好的训练、具备专业知识和有一定采购经验的采购员。

（8）需要专门服务。由于生产资料技术强，且关系重大，供应者售前、售后对用户的服务非常重要，供应者不仅要为用户提供全面的产品目录和说明书，还要设置安装、维修等多种服务项目。

（9）直接采购。生产资料的购买更多地采用直接采购的方式，尤其对那些价格高、技术性强的机器设备和专门原材料，一般厂家会与用户直接见面。

（10）品质与时间的要求。对生产资料的品质要求要高于对消费品的品质要求，对供货时间、生产资料的购买要求也比较严格。供货时间赶前或错后都会直接影响购买者的生产经营活动,甚至会给购买者造成重大损失。

(11) 购买决定受多数人影响。生产资料的购买,常常是由买方企业中的各方面人员共同决定的。如购买电子计算机,可能需采购人员、信息处理人员、专家、财务负责人、使用部门和主管副厂长经过讨论分析后再做出购买决策。因此,较之消费品的购买者,他们是理性的。

思考 4-8　为什么说对生产资料的需求受消费品市场的影响?

名师解忧

二、生产者购买行为的类型

由于企业采购的目标和需要不同,**生产者购买行为的类型**主要有以下三种。

(一) 直接续购

直接续购指购买方企业为满足生产活动的需要,按常规方式订货。由采购部门按以前的订货目录向原来的供货方继续订购过去采购的同类产品。采购人员一般仅根据原供货方的商品品质是否合乎要求做出采购决定,与以往相比不做大的变更。针对这种情况,营销企业必须以优质的商品和良好的信誉保持原有的用户,并努力开拓市场,抓住机会争取更多的新客户,与新老客户建立稳定的购销关系。

(二) 修正重购

修正重购是指购买方企业部分地改变要采购的商品的规格、质量、价格或供应方。此类购买情况比较复杂,生产资料供应企业要做好市场调查和预测,掌握用户需求变化的趋势,增加产品系列,开发用户需要的品种,并通过劳动生产率和企业经营管理水平的提高降低成本和价格,以保持原有的客户,并通过满足不同的需求争取新客户。

(三) 新购

新购是指购买方企业第一次采购某种生产资料。新购企业需要了解所购商品的信息资料,需要更多的人参与购买决策,购买行为较慎重。争取新购的难度较大,但如果供货方人员训练有素,能适时地提供有用的信息,并能够通过实事求是的介绍减少购买方的风险,仍可争取到新的机会。

以上三种类型中,第一种直接续购属于惯例化购买,一般由采购部门负责,依照例行手续进行,购买方企业只需根据经验衡量、选择供应方,这对于有许多供购关系的老企业较容易,但对于新的企业来说,加入很困难。新的企业主要通过向购买方宣传并使之相信所提供的产品的特点、条件的优势来争取客户。第三种新购是最复杂的购买情况,购买方企业要决定产品的规格、价格、交货条件和时间、付款条件、订购数量、可接受的供货方以及选中的供货方等，购买方企业的决策参与人和其他影响因素的作用也最大。第二种修正重购则介于两者之间。

三、生产者购买决策过程

生产资料的购买，多数为理性购买。生产资料的购买者采购设备、原料由企业生产的需要决定，不受个人对商品的情感左右。

（一）影响生产者购买行为的因素

提出价值分析绝不意味着生产资料购买的唯一决定因素是经济因素，事实上，社会因素、心理因素和其他多种因素都会对购买行为产生影响。**影响生产者购买行为的因素**归纳起来有四个方面，即环境因素、组织因素、人际因素和个人因素（如图4-5所示）。

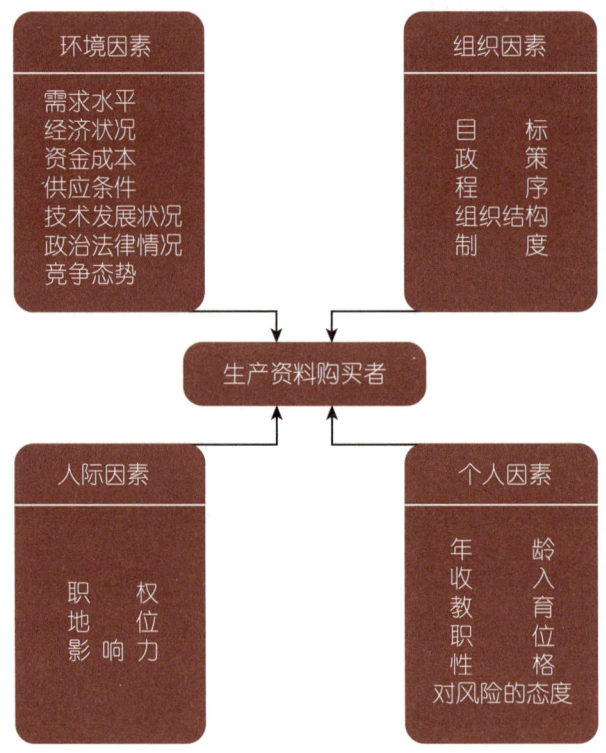

图4-5 影响生产者购买行为的因素

1. 环境因素

环境因素是指企业外部因素的影响。企业的购买活动通常要受到环境因素的影响，除需求之外，政治的、经济的、技术的、资源的影响也相当大，如石油危机对工业品购买的影响。这些环境因素对企业来说往往无法控制，因此决定了市场方向，也决定了各个企业的购买行动计划。

2. 组织因素

组织因素是指企业自身的采购目标、政策、程序、组织结构和内部工作制度对购买行为的影响。作为提供生产资料的企业必须明确购买企业上述各方面的情况，如从对目标的研究进而分析需求的特征，是季节性需求还是常年性需求，是购买企业本身的需求还是派生的需求等。又如，制度中的信息传递制度、工作流程制度、报酬制度等。这五个组织因素交互影响，通过组织的作用，确定购买方在制定购买决策中的期望、目标、态度、设想和使用的资料，是影响生产者购买行为的重要因素之一。

3. 人际因素

人际因素是指企业中人事关系对购买行为的影响。生产资料的购买，常常由企业各层次不同的部分组成的"采购核心"所决定。"采购核心"一般包括使用者、影响者、采购者、决策者及控制者。生产资料营销人员首先要辨认哪些部门的什么人担任什么样的角色，同时还要明确不同角色在购买决策过程中显示的权威、职权及影响力，以便采用相应的营销策略。

> **小贴士**
>
> "采购核心"的五个成员如下：
>
> （1）使用者。即所要采购物品的实际使用者，通常采购的要求是他们首先提出来的，他们在规格、型号的决定上有直接影响。
>
> （2）影响者。即企业内外直接或间接影响采购决策的人，其中技术人员是特别重要的影响者。
>
> （3）采购者。即具体执行采购任务的人员，他们负责选择供应商并与之谈判签约。
>
> （4）决策者。即企业里有权决定采购项目和供应者的人。在日常的采购中，采购者就是决策者；在复杂的采购中，决策者通常是企业的主管。
>
> （5）控制者。即可控制信息流向的人员，他们可控制外界与采购有关的信息流入企业。

采购核心的规模大小和成员多少不是固定不变的，因采购产品的不同而有所不同。即使在采购同类物品时，各成员所起的作用也会因购买行为类型的不同而有所不同。企业必须明确以下问题：谁是主要的采购参与者？他们对哪些决策有影响？影响的程度如何？每一参与者的评估标准如何？同时还必须经常了解采购核心参与者角色和地位的变化。

4. 个人因素

与消费品购买行为相比，生产资料购买行为更具"理智成分"，但是，所有组织的购买行为都是在组织与个人相互影响的基础上产生的一种个人行为。只有个人才可以确定问题和采取行动。参与购买决策的个人，在购买决策中又难免受个人情感的影响，尤其当产品的质量、价格、服务差别不大时，情感因素往往起重要作用。而个人情感又是由购买者个人年龄、收入、受教育程度、职位、性格及对风险的态度所影响和决定的。因此，生产资料营销活动的对象应当是决策的参与者，而不应当被视作一个企业。

思考 4-9 怎样认识影响生产者购买行为的因素？

(二) 生产者购买决策的主要阶段

生产者采购生产资料的过程一般可分为以下八个阶段。

1. 确认需求

确认需求即认识需求和提出满足需求的办法。首先明确购买方购买生产资料的原因，是补充存货量，还是新产品的开发带来的对新设备和原材料的需要，或是发现以往的采购不合乎要求，等等。需求明确后提出满足需求的办法。供货方可以通过加强对本企业产品的宣传争取客户。

2. 决定需求项目的特点和数量

确定需购产品的特点，对非标准化产品尤其重要。购买方企业的"采购核心"要反复研究、权衡，提出项目和产品特点方面的要求及需购数量。供货方应尽可能地利用熟悉产品性能和市场行情的优势为购买方提供帮助。

3. 详细说明需求项目的特点和数量

购买方要在确定产品性能特点的基础上，确定产品的具体规格和技术要求，一般由价值分析工程小组进行价值分析。供货方可针对用户价值分析中关心的问题，介绍本企业产品的品质、性能和特点。

4. 寻找和判断潜在的供应来源

购买方按照要求寻找最适当的供货方，往往通过查询工商企业名录、电子计算机资料和本企业购货记录，以及吸取其他企业的经验来进行。供货方要通过各种媒介绍企业和产品，资料应做到全面和尽可能详细，并在经营中始终注重产品质量和企业信誉，以便与客户建立良好的关系，增加被选中的机会。

5. 接受和分析供货方的报价

购买方先选出少量供货方，由采购人员征得这些供应企业的报价单，分析报价单。

供货方应重视报价工作，应力争全面反映本企业产品的特性，以便促使购买方考虑接受本企业的报价。

6. 评议报价和确定供货方

购买方不仅要进一步审查报价单，还要考虑初选中的供货方的技术能力、交货条件及服务水平。依据供货方的特点及要求的重要程度，列一个"特点评价表"帮助分析，内容包括技术服务能力、产品质量、供货方的声誉、产品价格、交货速度、付款条件、产品线状况、与本企业的关系、企业效率与销售人员能力、产品说明书等。通过逐项打分评价，确定最理想的供货方。

7. 安排订货程序

供货方确定之后，购买方往往通过订单的形式向供货方订货。许多产品，如日常必要的维修用产品等，购买方与供货方往往签订一个"一揽子"合同，而不用定期发订单的方式。这样，供需双方建立一种固定关系，对双方有利，特别是供货方可以保持一个稳定的市场。

8. 执行情况的反馈和评价

购买方将使用部门和有关部门对所供应产品的意见进行收集和全面评价。评价结果直接影响用户对供货方的态度，决定是否向此供货方重复购买。供货方必须在产品出售过程中随时了解用户的反应，不断改进所提供产品的质量、性能、规格、型号等不适合需求的部分，争取信任，以稳定与客户的关系。

思考 4-10 生产者采购生产资料的过程一般可分为哪几个阶段？

上述八个阶段中，新购型企业一般要依次通过各阶段，并可能增加一些具体步骤，而其他类型的企业可能缩减一些步骤。此决策过程不是可随时套用的万能公式，应根据具体情况做相应的变化与调整。

小 结 SUMMARY

企业的营销主动权，来源于对购买者的购买欲望、购买规律以及整个购买过程中购买者活动的特点的深刻了解，企业只有在满足消费者需求的一系列活动中才能发展自己。为此，企业必须分析各类购买者购买行为的产生和形成，探索和研究消费者购买行为的规律性。

企业要从事有效的营销活动，必须搞清楚 5 个 W 和 1 个 H，即"什么"（what）、"谁"（who）、"哪里"（where）、"什么时候"（when）、"如何"（how）、"为什么"（why）。对于其中的"为什么"，营销人员是难以捉摸的，就像面对着一种摄影器材——"暗箱"一样。企业把消费者的购买心理视作一个充满问题的"暗箱"，在此基础上研究种种已知的市场营销影响因素和消费者反应之间的关系。美国心理学家沃森建立的"刺激－反应"原理对研究"市场营销刺激"与"购买者行为反应"有一定的意义。

消费者购买行为是指消费者为满足个人或家庭生活需要而发生的购买商品的决策和行动过程。

影响消费者购买行为的因素可分为内在因素和外在因素。内在因素即消费者的个性心理特征，包括动机、感受、态度和学习。马斯洛的需要层次理论对消费者购买行为分析有着重要的参考价值。外在因素包括个人与家庭、相关群体、社会阶层和文化状况。所有这些因素都为企业更有效地赢得客户和为客户服务提供了线索。

企业在计划营销活动之前，需要识别消费者购买行为的主要类型。根据不同商品的购买行为的复杂程度，可将消费者购买行为分为三种类型：经常性购买、选择性购买和探究性购买。购买者购买的慎重程度随购买情况的复杂性而增加。

消费者购买决策过程可分成五个连续的步骤：需求确认、信息寻求、方案评价、产品购买和购后行为。营销人员要了解消费者在每一阶段的行为及其对购买决策的影响，为目标市场制订有效的营销计划。

生产者购买产品或服务是为了加工制造其他产品再出售，以获得利润。与消费者市场相比，生产者市场在市场结构、需求特性、购买者成分、购买者决策的类型和决策过程等方面都有自己的特点。生产资料购买者因采购的情境和购买类型的不同而决策各异。西方国家许多生产资料购买企业采用价值分析来确定最佳购买。生产者购买行为可分为直接续购、修正重购和新购三种类型。影响生产者购买行为的因素主要有环境因素、组织因素、人际因素和个人因素。生产者采购生产资料的过程一般可分为八个阶段：确认需求；决定需求项目的特点和数量；详细说明需求项目的特点和数量；寻找和判断潜在的供应来源；接受和分析供货方的报价；评议报价和确定供货方；安排订货程序；执行情况的反馈和评价。

思考题 EXERCISES

1. 马斯洛的需要层次理论的主要内容是什么？
2. 简述影响消费者购买行为的内在因素的主要内容。
3. 影响消费者购买行为的外在因素主要有哪些？
4. 消费者购买行为主要有哪几种类型？
5. 生产者购买行为的特征如何？
6. 简述生产者购买行为的主要类型。

第五章 市场营销信息与市场营销调研

CHAPTER 5

> 没有调查就没有发言权。
>
> ——毛泽东
>
> 拥有最佳资讯体系和市场情报的竞争者，终将成为市场的赢家。
>
> ——菲利普·科特勒
>
> 当今世界已经进入了大数据时代，但这并不能否定深度市场调研的重要性。
>
> ——克·布莱特劳

学习目标 LEARNING TARGET

1. 解释市场营销信息的概念与作用。
2. 掌握市场营销信息系统的定义。
3. 简述市场营销调研的概念和类型。
4. 阐述市场营销调研的程序。
5. 掌握市场营销调研的方法及应用。

引 言 INTRODUCTION

现代社会，市场营销环境的变化更加迅速，企业竞争更加激烈，对市场营销信息的需要比过去任何时候都重要而迫切。企业必须对影响宏观趋势和企业经营的各类因素拥有全面而及时的信息，从中找到企业的商机，规避威胁，使企业的经营活动不偏离市场，不被市场抛弃。营销管理者要及时掌握企业内部和外部的有关信息，如市场需求信息、竞争对手信息、市场商品供应信息等，认识到持续地监控和预测环境对企业的重要意义。

本章导入

第一节 市场营销信息与市场营销信息系统

一、市场营销信息

(一) 市场营销信息的概念

信息是客观存在的,是事物发生、发展而发出的信号。**市场营销信息**是一种特定信息,是指在一定时间和条件下,与企业市场营销有关的宏观环境和微观环境的各种要素发展变化和特征的真实反映,是反映它们的实际状况、特性、相关关系的各种消息、资料、数据、情报等的统称。市场营销信息是社会信息的重要组成部分,反映市场动态,表现市场供求、消费心理、竞争及市场营销活动。它是企业了解市场、掌握市场供求发展趋势,了解用户、为用户提供产品和服务的重要资源,所有的市场营销活动都以信息为基础展开。因此,及时获取准确的市场营销信息是营销成功的关键。掌握及时、准确、可靠的市场营销信息是企业经营管理机构的一项重要任务,是所有市场营销人员的第一要务。

(二) 市场营销信息的作用

市场营销信息的作用如下。

1. 市场营销信息是企业经营决策的前提和基础

信息是有效营销的决定性因素,是企业管理的重要资源,是决策的重要依据,经营者必须基于各种信息制定决策。企业营销过程中,无论是企业营销目标、发展方向等战略问题的决策,还是企业营销组合计划的制订和实施,都必须建立在准确地获得市场营销信息的基础上。拥有正确而及时的信息的企业往往能够恰当选择市场、有效开发产品,成功实施营销计划。

2. 市场营销信息是制订企业营销计划的依据

企业在市场营销中,必须根据市场需求的变化,制订具体的营销计划,确定实现营销目标的具体措施和途径。不了解市场信息,就无法制订出符合实际需要的计划。

3. 市场营销信息是实现营销控制的必要条件

由于市场环境的不断变化,企业在营销活动中必须随时注意市场的变化,进行信息反馈,经营者只有根据反馈的信息对营销计划进行调整和修订,对企业的营销活动进行有效控制，才能有效地开展下一轮经营活动，使企业的营销活动能按预期目标进行。

4. 市场营销信息是进行内、外协调的依据

企业营销活动中，要不断地收集市场营销信息，根据市场和自身状况的变化，来协调内部条件、外部条件和企业营销目标之间的关系，使企业营销系统与外部环境之间、与内部各要素之间始终保持协调一致。

(三) 市场营销信息的来源

市场营销信息的来源可分为内部来源和外部来源。

1. 内部来源

内部来源是指来自企业内部的信息，包括企业营销信息系统中储存的各种数据，如企业历年销售额、销售增长状况、利润率、竞争者的销售额、利润状况、有关市场的各种数据等。这些数据来源于会计记录、统计记录、业务记录、企业的计划和总结、企业的营销策略和市场预测、决策资料、企业的经济活动分析材料等，可以在企业年报、股东大会报告、企业办的企业期刊等中查询。

2. 外部来源

企业外部的营销信息是指来自企业外部的信息，包括政府机关有关经济活动的方针、政策、法令等，政府发布的经济公报、城市经济信息中心、公用企事业单位以及同行企业、科学技术部门的信息等。其主要来自公开出版的各种报刊、书籍、政府的各类出版物、各类咨询公司和信息中心提供的有关数据以及互联网上大量的相关信息。政府出版物指诸如《中国统计年鉴》《中国经济年鉴》以及各省、市的统计年鉴、经济年鉴等；报刊、书籍包括国内外报刊索引以及有关市场营销的杂志、图书等。互联网已成为最大的信息库，网站是企业营销人员了解竞争信息或进行行业和顾客研究的关键工具。这些资料在市场调研中是免费的或至少是收费极低的。

思考5-1 为什么说营销信息是企业经营决策的前提和基础？

二、市场营销信息系统

市场营销信息系统，是由人、机器和程序组成的，为营销决策者收集、挑选、分析、评估和分配其所需要的、及时的和准确的信息综合系统。市场营销信息系统通过企业内部资料、市场营销情报和市场营销调研开发的信息，帮助使用者分析和使用信息，支持营销者做出正确决策。需要明确的是，市场营销信息系统不是一个软件组合，而是一个识别、收集、分析、累积重要信息并向决策制定者进行分配的持续过程。企业的营销决策要做到以市场需求为核心，就必须保持对市场变化的高度敏感。现代营销活动中，每个决策者必须清

市场营销信息系统

楚自己的信息需求是什么，企业应该收集什么信息，如何维护隐私和敏感信息的机密性等。实践证明，企业只有了解市场，掌握确切的相关营销信息，才能提高营销决策的正确性，现代科学技术的发展为企业建立科学的市场营销信息系统提供了良好的条件。

市场营销信息系统通常由内部报告系统、营销情报系统、营销调研系统和营销决策支持系统四个子系统构成，它们各司其职，共同完成企业内外部环境的沟通，形成完整的营销信息流循环过程，如图5-1所示。

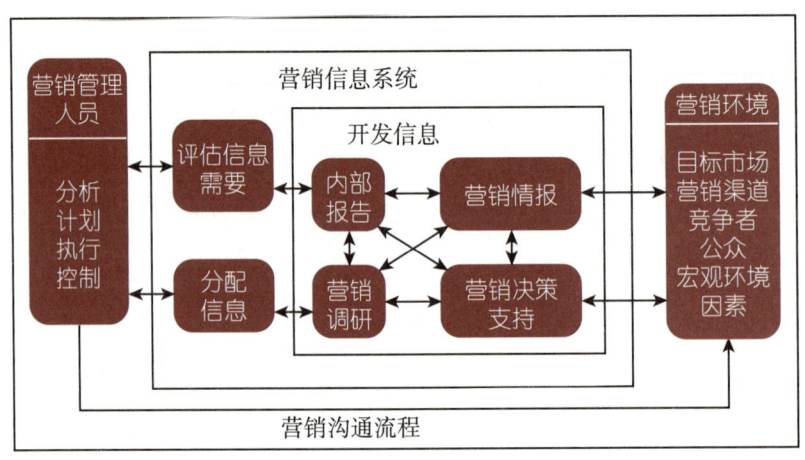

图 5-1　市场营销信息系统

（一）内部报告系统

市场营销人员运用的最基本的信息系统是内部报告系统。其主要功能是向营销管理者及时提供从企业内部收集的关于消费者和市场的相关信息。这包括销售部门提供的关于顾客特点、交易情况以及网站浏览行为的的信息；客服部门提供的顾客满意度或服务方面的信息；财务部门提供的销售额、成本、现金流、存货、应收账款等信息；渠道伙伴提供的销售点交易的数据等。与其他信息来源相比，内部数据通常可以更迅速获得，以帮助决策者把握最佳的决策时机，提高企业的竞争优势。营销管理者要对信息具有一定的相关判断能力，准确、有效地甄别信息，合理利用信息，为企业的营销决策提供准确、可靠、及时、有效的信息。

现代企业一般都有自己的数据库，如顾客数据库、产品数据库、销售人员数据库等，以储存信息，并将不同数据库的信息整合运用。例如，顾客数据库包括每个顾客的姓名、地址、过去的交易记录等。企业可以根据顾客最近购买的产品、购买次数和购买金额给不同的顾客打分，然后将商品目录寄给那些得分最高的顾客。同时，企业还要善于深度分析数据，从而了解被忽略的顾客群、最近顾客的变化趋势和其他有用信息而获取新的创意。

小案例 5-1

百思买公司构建了一个存储量超过 15 000G 的数据库,其中记录了 7 500 万个家庭 7 年的数据。数据库记录了每个顾客与公司的互动信息,从电话呼叫、订货确认、到送货、现金返回,还有地址核对。然后公司利用复杂的算法将超过 3/4 的顾客进行组合与分类。这些类别有"年轻烧友"(Buzz)、"足球妈咪"(Jill)、"职场精英"(Barry)和"居家宅男"(Ray)。公司还利用顾客终身价值模型来测量各交易获利水平和增长或降低关系价值的顾客行为因素,使百思买能够实施精准营销,使用激活顾客的刺激方案提高顾客的主动回头率。

(二)营销情报系统

营销情报系统是指营销人员收集关于企业宏观环境、消费者、竞争对手和市场发展趋势等外部信息的一整套信息来源与程序,用以获得有关营销环境变化的日常信息。通过营销情报,营销人员能够理解消费者环境、评价和追踪竞争者行为、进行环境机会和威胁的早期预警,从而更好地制定营销决策。营销管理者可以通过搜索互联网,阅读出版物,实地观察,舆情监测,瞄准竞争者的产品,以及与顾客、供应商、分销商或其他外界人员交谈,同公司内部的人员谈话,与其他企业经理会谈等获得市场营销情报。

企业增加和提高营销情报的数量和质量的措施主要有:①训练和鼓励销售人员现场观察和及时报告有关信息;②激励分销商、零售商和其他中间商提供情报;③委托外部专业人员或专门机构收集营销情报;④利用政府数据资源;⑤从调研公司和供应商处购买信息。国外一些大企业的情报网几乎遍及全球,如日本丰田公司的情报系统遍布美国的小城镇,丰田汽车无论在哪条公路上发生问题,公司总部当天就能得到情报并及时做出反应。

在线收集营销情报是目前一个非常重要的情报来源。各电子商务网站和企业网站都是寻求消费者和竞争对手信息的重要渠道。例如,淘宝网的评价体系、分销商和销售代理的意见反馈网站、各地的消费者投诉网站、公共博客等。企业应该配备人员负责浏览、监控相关网站和社交媒体网站,从中提炼所需要的信息。必须注意的是,企业应该通过合法情报来源利用可以公开获得的信息,不能为了获得情报而违反法律或公认的道德准则。

小案例 5-2

亚马逊的竞争情报部门定期从竞争性网站购买产品,分析和对比它们的配货、速度和服务质量。

小案例 5-3

当可口可乐的监测软件发现推特（Twitter）上一条抱怨不能在"MyCoke"奖励方案中自由兑换的微博被转发了上万次时，可口可乐迅速地在推特主页发出道歉并表示愿意帮助解决这个问题。那个最初投诉的消费者得到奖品后，将他的推特头像换成了手拿可乐的照片。

思考 5-2 企业内部资料主要包括哪些内容？

（三）营销调研系统

营销调研系统是设计、收集、分析和提供与特定的营销问题相关的数据资料的信息系统。它的主要任务是：针对企业面临的明确且具体的问题，对有关信息进行系统的收集、分析和评价，并对研究结果提出正式报告，供决策部门使用，用于解决这一特定问题。

营销调研系统与内部资料和营销情报最本质的区别在于：它的针对性很强，是为解决特定的具体问题而从事信息的收集、整理和分析工作。企业在营销决策过程中，经常需要对某个特定问题或机会进行重点研究。如开发某种新产品之前，或遇到了强有力的竞争对手，或要对广告效果进行研究，等等。显然，对这些市场问题的研究，无论是内部资料还是营销情报都难以胜任，在这种情况下，管理者需要进行有针对性的市场调研。

（四）营销决策支持系统

营销决策支持系统是指借助各种数理分析模型和信息处理技术，帮助市场营销管理人员分析复杂的市场营销问题的信息系统。该系统包括一些先进的统计程序和模型，借助这些程序和模型，企业可以从信息中发掘出更精确的调查结果。

第二节 市场营销调研

一、市场营销调研的概念、功能与类型

（一）市场营销调研的概念

市场营销调研也称市场调研、市场调查等，是运用科学的方法，系统地、客观地收

集、整理和分析研究有关市场营销各方面的信息,并提交调研报告,以便帮助管理者了解营销环境,发现问题及机会,为营销管理者制定、评估和改进营销决策提供依据。

(二)市场营销调研的功能

市场营销调研实质上就是取得、分析、整理和报告市场营销信息的过程,是对企业所面临的特定营销环境所提供的机会和挑战所进行的专项调查研究。

市场营销调研的功能主要有三个方面:描述功能、诊断功能和预测功能。描述功能是收集和提供实际的资料。如行业的历史销售趋势是什么?消费者对产品和广告的态度如何?诊断功能是解释数据。如价格的变化对销售量有什么影响?预测功能是设计出遇到问题的应对方案。如怎样利用描述和诊断内容去预测计划的营销决策的结果?

市场营销调研是及时获得市场信息的主要手段,高质量的市场营销调研是营销方案得以成功的基础。市场营销调研可以提高营销决策质量,帮助管理者找出存在的问题。有效的市场营销调研还可以帮助管理者维系客户、了解市场,并对形势的发展趋势有所把握。企业管理者必须重视市场调研工作。一般来讲,企业的市场营销调研预算应该占企业销售额的 1%～2%。大多数大型企业都设有市场营销调研部门,这些部门在企业运行中扮演着关键角色。小型企业通常可以雇用企业外的专业市场营销调研公司实施市场营销调研,也可以积极开拓其他的方式进行市场调研,如利用互联网、观察竞争对手等。

(三)市场营销调研的类型

根据调研目标的不同,**市场营销调研的类型**如下。

1. 探索性调研

探索性调研是指企业对需要调研的问题尚不清楚,无法确定应调查哪些内容,因此只能收集一些有关资料进行分析,再做进一步的调研。其所要回答的问题主要是"是什么"。常用的方法有焦点小组座谈、深度访谈等。进行探索性调研能够为回答调研问题提供充分的信息。

2. 描述性调研

描述性调研是指通过调研如实地记录并描述诸如某种产品的市场潜量、顾客态度和偏好等方面的数据资料的调研。其所要回答的问题主要是"何时"或"如何"。目的是描述或解释某种现象。常用方法有查阅二手资料、观察法、调查法等。

3. 因果关系调研

因果关系调研是指为了确定原因与结果之间的关系进行的调研。如降价 10% 能否使销售额上升 10%。其所要回答的问题主要是"为什么"。一般来说,应先进行探索性调研,再进行描述性调研或因果关系调研。

💬**思考 5-3** 以下几种市场营销调研活动分别属于哪种调研类型？

（1）到电脑专卖店请购买联想笔记本电脑的女士谈谈购买的理由。

（2）请公司的销售员介绍顾客购买本公司产品的行为特征。

（3）请营销专家对本公司某产品的促销方案做一个评价。

二、市场营销调研的过程

市场营销调研的过程一般包括如图 5-2 所示的五个步骤。

图 5-2 市场营销调研的步骤

（一）确定营销问题和调研目标

企业进行市场营销调研的第一个步骤是确定调研工作所要达到的目标。在任何一个问题上都存在着许多可以进行调研的内容，例如，当某企业需要了解某种新型化妆品有多大市场时，可以提出如下问题：消费者喜欢什么样的化妆品？消费者使用化妆品的目的是什么？消费者愿意花多少钱去购买化妆品？如果推出一种抗衰老的护肤品，市场会有多大？消费者愿意到什么地方去购买化妆品？等等。调研的侧重点可以多种多样。这就要求企业营销管理者必须善于稳妥地把握问题，对问题的规定要适当，既不要太宽，也不要太窄。如"消费者喜欢什么样的化妆品"这个问题就有些宽泛，但如果是"北京市 40 岁的女性白领喜欢 ×× 品牌的护肤品吗"则又过于具体。

在明确调研问题之后，管理人员和调研人员应共同确定调研目标。即在探索性调研、描述性调研和因果关系调研三种目标之间做出选择。根据所确定的调研目标，选择调研方式和调研内容。

明确调研目标至关重要。没有明确目标的调研对营销不会有任何帮助。企业常常有这种现象：调查收集回来的数据及据此整理而成的几十页的分析报告被整齐地放在档案袋里，最终被扔在储物间的角落里，再也无人问津，对营销没有起到任何实质性的指导作用。从这个层面上看，市场调研是一项基础性工作，要做真正有效的市场调研，而不能把它当成一个摆设。明确清晰的调研目标是有效调研的前提。

（二）制订调研方案

调研方案就是为实现调研目标而制订的调研计划书，它是调研项目实施的行动纲领，为调研工作顺利进行提供保证。支出最少、效率最高是对一份优质的调研方案的

第五章 市场营销信息与市场营销调研

基本要求。完整的调研方案应该包括以下内容：调研目的、调研类型、调研对象、资料性质、资料来源、调研方法、调研工具、抽样计划、访问方法、调研预算和工作计划等。调研方案要以书面形式表达。表 5-1 列出了在设计调研方案时需做出的决定。

表 5-1 设计一个调研方案所包含的内容

项目	具体内容
调研目的	调研要解决什么问题、调研什么内容
调研类型	进行哪种类型的调研：探索性调研、描述性调研、因果关系调研
资料性质	需要收集什么样的数据
调研方法	如何收集数据：文案调查法、观察法、询问法、实验法
抽样计划	调研中应该包括哪些人：抽样范围、抽样程序
访问方法	电话、邮寄、面谈、互联网
工作计划	组织、进度（时间表）

（三）收集信息

调研方案确定后，就要开始收集信息。根据调查的问题和目的，必须寻找到科学、准确的调研资料。市场营销信息一般来自一手资料和二手资料。一手资料又称原始资料，是为某种特定目的而收集的资料。大部分市场营销调研方案需要收集一手资料，其费用虽大，但比较准确、实用。二手资料是指那些过去为其他目的收集、整理的各种现成的信息资料，又称次级资料，如年鉴、报告、期刊、文集、数据库、报表等。研究人员通常首先借助二手资料来开展调研，如果可以达到目标，就能省去收集一手资料的费用，从而降低成本，提高效率。一个优秀的调研人员应善于利用二手资料来达到目的，只有在现存的二手资料已过时、不准确、不完整甚至不可靠的情况下，才花较多的费用和时间去收集一手资料。市场营销调研既要收集二手资料，也要收集一手资料。这是一个花费最高也最容易出错的阶段。

（四）分析信息

在完成信息收集后，要对收集到的各种信息进行处理和分析，包括将资料分类编号，进行统计分析和编辑整理，对实地调查得来的资料要检查误差，发现记录不完整和数据前后矛盾的地方，应审核情报资料的根据是否充分，推理是否严谨，阐述是否全面，结论是否正确。

研究人员应努力采用一些先进的统计技术和决策模型，以得出更多的调查结果，为营销决策提供更为有效的依据。

（五）撰写调查报告，说明调研结果

调查报告是调研活动的结论性意见的书面报告。撰写调查报告，说明调研结果，是市场营销调研的最后一个步骤。市场营销调研人员或调研部门应当把调研结果、结论、建议等重要信息传递给营销管理部门，为管理者的营销决策提供决策支持，调研结果应当简明、扼要，要有说明、论证和建议，而不只是一系列高深的统计数据模型，应能在企业中起到提供咨询的作用。

调查报告通常由目录、前言、主体和附录等部分构成。主体部分可以包括问题陈述、研究目标、背景、研究方法、抽样设计、调研设计、分析与结果、结论及建议、局限性等内容；附录主要包括调查问卷及说明、数据统计图表及详细计算与说明、参考文献及资料来源索引、其他支持性材料等。

调查报告是调研的重要组成部分，说明调研结果的工作是一项科学性很强的技术工作，除一般的调研人员外，还必须有调查设计和统计方面的专家参与，企业内部管理人员应予以密切配合，提供所需要的参考数据资料。对此，调研部门和管理部门都应予以高度重视。

思考5-4 为什么要首先借助二手资料来开展调研？二手资料的主要来源是什么？

名师解忧

第三节　市场营销调研的方法

为了使市场营销调研实现预定的目标，必须采用科学的调研方法开展调研，调研实施者应当根据调研的目的、任务、被调查对象的特点选择适宜的方法。根据收集资料性质的不同，常见的**市场营销调研的方法**主要有观察法、询问法、实验法、文案调查法等。

市场营销调研的方法

一、观察法

观察法是由调查人员根据一定的研究目的、以不引人注目的方式用自己的感官和辅助工具去直接观察被研究对象，从而获得资料的一种方法。如通过观察消费者购物和使用产品的情形搜集所需数据资料。由于人的感觉器官具有一定的局限性，观察者往往要借助各种现代化的仪器和手段，如摄像头、录像机、条码扫描仪、收视计数器等来辅助观察。因此，又可将其分为人员观察法和仪器观察法两种。人员观察法就是调查人员到商店、家庭、街道等处实地观察，一般是只看不问，不使被调查者感觉到。如调查人员扮成购物者深入购物现场，通过从旁观测、倾听和与销售人员交流，搜集有关数据。调查人员还可以在网上观察消费者，如观察消费者在网上的购物行为，在社交媒体和相关网站上倾听消费者的交谈，观察消费者的反馈，从而获得有价值的营销信息。仪器观察法就是运用电子仪器或机械工具进行观察记录和测量。如 AC 尼尔森公司在可选择的房间里给电视机附加了人员测量设备，记录哪些人观看哪些节目。观察法多是在被调查者不知不觉中进行的，可以客观地获得比较准确的资料，但适用范围有限，不能深入地了解内在因素。在市场调查中观察法被广泛应用。

还有一类特殊的观察法，我们称之为行为资料分析法，即利用商店的扫描数据、顾客数据库等来观察消费者采购行为的踪迹。营销人员通过分析这些数据可以了解消费者的很多情况，如消费者的实际偏好等。

二、询问法

（一）面谈访问法

面谈访问法也称人员访问法，指调查人员以面对面的方式，对被调查者进行访谈，以获取相关信息，包括个人访谈、小组访谈等多种形式。个人访谈的主要方式有：入户访问、拦截式访谈等；小组访谈包括焦点小组访谈、深层访谈、德尔菲法访谈、头脑风暴法访谈等。其优势在于简单、灵活、被调查者可充分发表意见、回应率较高等。但这种方法比较昂贵，还易受到被调查者的偏见或曲解的影响。

1. 个人访谈

个人访谈可以在办公室、家里、街上、商场等进行。与被调查者在家中和办公室进行的访谈一般叫作入户访问，这种方式可以获得高质量的信息，但是访问成本很高。街头、商场拦截式访问的成本低于入户访问，其缺点是很难找到一个理想的调查样本。而且此类调查必须简短。

2. 小组访谈

小组访谈也是一种面对面的访问，是指调查者根据访问目的，随机挑选 6～10 人组成一个专题小组，采用小型座谈会的形式，由一个经过训练的主持人根据事先拟好的提纲，在规定的时间内与参与者交流，从而获得对有关问题的深入了解。参与者通常可以得到一些报酬。在访谈过程中，主持人引导讨论聚焦某个主题，确保不偏离主题，因此又称为"焦点小组访谈"。这种方式的特点就在于一个人的反应可能会启发和激励另外一个人。现在，越来越多的专题小组访谈都是在网上进行的。调查者利用可视会议和互联网技术组织远程会议，大大降低了调研成本。

（二）邮寄询问法

邮寄询问法，是指将事先设计好的问卷或调查表通过邮件的形式寄给被调查者，被调查者填好后在规定的时间内邮寄回来。这种方法通常是在被调查者不愿面谈或其反应可能会受调查人员影响的情况下采取的一种方法。这种方法成本低，但回收率一般较低，且比较迟缓，适合于调查预算低，且被调查者十分分散的情况。随着互联网的普及，越来越多的营销者使用更快速、更灵活、成本更低的电子邮件。

此外，还有一些其他的书面调查方法，如很多自我管理式问卷都类似于邮寄调查问卷。餐馆、旅店及其他服务设施经常在小卡片上印有各种问题，以便顾客评价它们的服务。很多制造商利用其保修单据或用户登记卡，搜集关于购买地点等方面的信息和数据，追踪消费者习惯的趋势。

（三）电话询问法

电话询问法是指调查人员通过电话询问的形式向被调查者询问事先拟定的内容来获取信息资料。这种方法快速、易于控制、交谈自由，其成本和回应率介于面谈访问法和邮寄询问法之间。其缺点在于，谈话双方不能面对面，无法进行产品的有形展示，而且提问的数量有限，被调查者容易敷衍了事，其可以很快给出无效答案或者终止访谈。因此，这种方法不适合深度访谈或开放式问题的访谈。

（四）网上调查法

网上调查也称在线调查，是利用互联网和技术手段在线收集数据信息的调研方式。网上调查形式多种多样，包括网上发布问卷、网上小组讨论、社交网络、网上实验等。网上调查法的特点和优势是覆盖面广、响应速度快、成本低，同时还有着较强的互动性和参与性、调查人员的干预较少等。

网上调查的低成本和便捷性降低了市场营销调研的门槛，广大的中小企业也能方便地使用调查，从而帮助更多的企业提高决策的科学性，减少风险，使这些企业能够快速成长。据中国互联网络信息中心（China Internet Network Information Center，CNNIC）第47次《中国互联网络发展状况统计报告》显示，截至2020年12月，我国网民规模达9.89亿，互联网普及率达70.4%。这使得网络成为有效到达各种消费者群体的有效渠道。借助网络，调查人员可以迅速、便捷地将网上调查问卷同时分发给众多被调查者，几乎即刻就可以收到回应，而且调查人员在收到信息时，可以列表、评价和分享调研数据。目前，网络已经成为主要的数据收集方法，网上调查法正在被越来越多的企业所采用。

网络调查的方式主要有：

1. 网上问卷调查

网上问卷调查就是指在网上发布问卷，被调查者通过网络填写问卷，完成调查。国内现在有很多问卷调查网站，如问卷星、第一调查网、腾讯问卷、蜂鸟问卷等。此外，随着通信工具的发展，微信调查越来越普及，可以在制作好问卷后利用朋友圈转发、公众号推送等方式让用户填写问卷。

2. 网上焦点小组

这种方式是通过视频会议组织远程焦点小组访谈。参与者在家里或是办公室远程进行实时的互动讨论。

3. 网上观察法

这种方式是指调查者在网上观察消费者的行为、倾听其言论或利用网络技术对网站接受访问的情况进行观察、记录或自动监测,然后进行定量分析研究,并得出结论。网上观察法不能直接观察被观察者的神情姿态,但可以对其表现在网络上的行为进行观测,不受空间限制,节省人力成本。比如,企业可以通过跟踪点击率了解网上消费者的行为,包括他们如何访问网站以及如何跳转到其他网站,还可以使用这类信息直接对消费者的产品偏好进行评估。

网上调查也存在自身的局限性。如网上问卷调查,被调查者是在自己的虚拟空间中自填问卷,问卷填写过程缺乏有效的筛选、甄别和监督。被调查者可以隐匿自己的真实身份,如性别、年龄、收入、学历、婚姻状况等基本背景信息,还可以对一些消费行为、态度、认知或看法等随意作答。这样就容易造成线上调研的结果不符合事实的情况,降低了参考价值。因此,线上调研适合对目标人群筛选要求不太高的大众性、广谱性、大规模的常规性调研,如大众消费产品的消费情况、大众消费产品或品牌渗透率、品牌知名度、广告到达率、收视率等方面的调研。对于专门针对某个特种目标人群的定向调研,则需要通过严格的甄别和筛选才能成为合格的被调查者。

> **小贴士**
>
> 四种与调查对象接触方法的优缺点如表 5-2 所示。
>
> 表 5-2 四种与调查对象接触方法的优缺点[1]
>
> | 项目 | 邮寄询问法 | 电话询问法 | 个人访谈法 | 网上调查法 |
> | --- | --- | --- | --- | --- |
> | 灵活性 | 差 | 好 | 非常好 | 好 |
> | 数据质量 | 好 | 一般 | 非常好 | 好 |
> | 对访问者影响的控制 | 非常好 | 一般 | 差 | 一般 |
> | 样本控制 | 一般 | 非常好 | 好 | 非常好 |
> | 数据收集速度 | 差 | 非常好 | 好 | 非常好 |
> | 应答率 | 差 | 差 | 好 | 好 |
> | 成本 | 低 | 一般 | 高 | 非常低 |

---

[1] 科特勒. 阿姆斯特朗. 市场营销原理与实践:16 版. 楼尊,译. 北京:中国人民大学出版社,2015.

💬 **思考 5-5** 网上调查有什么优点？

三、实验法

实验法是通过实验搜集数据的方法，是因果关系调查的常用方法。它是通过在小规模的市场进行实验，采用适当方法收集、分析实验数据资料来了解市场的方法。调查者改变一些因素，这些因素被称为解释变量、自变量或实验变量，观察这些因素的变化对其他因素（因变量）有什么影响。如研究包装或广告对产品销售量的影响，在其他因素不变的情况下，某种包装或广告使用前后销售量的变化，就可看作该包装或广告的效果。经过实验一般可取得可靠的市场信息，对企业营销决策有重要的参考价值。采用这种方法的一个关键是环境因素不变，因此就必须排除或控制没有研究意义的因素，在这个前提下，挑选出被实验者的各个相互对照的小组，使他们受到不同对待，即引入不同的刺激手段，然后观察反应的差异性在统计上是否有意义。随机因素被排除和控制，因此观察效果可与刺激的强度相关，从而得出真正的因果关系。实验法在市场营销调研中应用范围很广，如商品在改变品种、包装、设计、价格、广告等因素时，都可应用这种方法。

实验法比较科学，结果准确，但调查成本较高，实验时间也较长。在实际应用中，主要有实验组事前事后对比试验、控制组与实验组对比试验、控制组事前事后对比试验等方法。

四、文案调查法

文案调查法又称资料查阅寻找法、间接调查法、二手资料调查法或文献调查法。它是通过查找或阅读图书、期刊、统计资料或研究成果等公开发表的资料，从中选取市场调研所需信息的过程。这种方法的优点是方便快捷，节省人力、物力和财力的支出，但其准确性和时效性较差。大多数的市场调查都起始于文案调查。文案调查法是搜集二手资料的主要方法。

市场调查中搜集的二手资料，来源非常广泛，除了企业内部的业务资料、统计资料、财务资料和企业之前搜集的其他资料之外，还有大量的来自企业外部的资料，如统计部门公布的资料；各级各类政府主管部门公布的资料；各种经济信息中心和专业信息机构提供的信息；各行业协会和联合会公布的有关行业情报；市场调查机构发布的统计信息；各种媒体提供的资料；国内外出版单位出版的书籍报刊；在线数据库及研究机构的调查报告；有关生产和经营机构提供的商品目录、广告说明书、专利资料及商品价目表；国内外各种博览会、展销会、交易会、订货会等发放的文件和材料；图书馆的馆藏资料；等等。

二手资料不是当前的数据，而且一般不能完全匹配调研问题，因此，在使用二手资料之前一定要对其自身的准确性和可靠性进行研究和审核，要在数据的切题性、准确性和时效性方面进行评价。

第四节 调查问卷的设计

一、调查问卷的概念

调查问卷又称调查表、调查提纲，由被调查者需要回答的一组问题所构成，用以了解调查对象的反应和看法。调查问卷是收集一手资料的最普遍的工具，直接关系到调查能否达到预期目的。调查问卷需要认真、仔细地设计、测量和调整，然后才可大规模地使用。在设计调查问卷时，营销人员应注意三个问题：一是问题的内容，即问什么问题。所提问题必须是与调研主题密切相关的，即对调研目标有所贡献的问题，同时要避免涉及个人隐私。二是问题的形式，问题的形式有封闭式和开放式两种。封闭式问题即我们所熟悉的选择题，把所有可能的回答都列在题后，被调查者从中选择一个答案，这种方式对信息分析和制表比较有利；开放式问题是用被调查者自己的话来回答问题，这种方式常常能提供更多的信息，其在探测研究阶段特别有用。研究人员在设计问题时，还要注意措辞的简洁、直接和客观。三是问题的排序。所提出的问题应该合乎逻辑次序，引导性的问题应放在前面，回答困难的问题及私人的问题应放在最后，以避免被调查者处于守势的地位。

二、调查问卷的结构

一个完整调查问卷的结构如下。

1. 标题

每一份问卷都有一个研究主题，应依据主题确定问卷题目，开宗明义，使人一目了然，提高答题者的兴趣和责任感，如"海尔洗衣机使用情况调查"。

2. 填写说明

该部分向被调查者说明调查的意图以及问卷的填写方法、交表时间、地点及酬谢方式等。问卷说明应言简意赅，强调调查工作的重要性，消除被调查者的疑虑，并引发消费者的兴趣。

3. 被调查者的基本情况

该部分指被调查者的性别、年龄、民族、婚姻状况、职业、文化程度、收入和所在地区等。获得这些信息有助于对调查资料进行分组和分析。应当根据调查目的和要求确定所填项目，并非多多益善。

4. 主体内容

主体内容是调查者所要了解的基本内容，包括各种问题和答案，是问卷中最重要的部分，应占整个问卷的 2/3 或 4/5。所有要调查的内容都转化为经过精心设计的问题和答案，在问卷中要按逻辑顺序排列。这部分内容设计的水平直接影响整个调查的价值。

5. 结束语

在问卷的最后，要有一个简短的对被调查者的致谢，还可以设置一些开放题，询问被调查者的意见和感受以及对今后工作的建议。

6. 实施记录

在问卷的最后，记录调查的完成情况和需要复查、校订的问题，调查者和核查者均在上面签写姓名和日期。

三、调查问卷设计的步骤与注意事项

（一）调查问卷设计的步骤

调查问卷的设计（1）

调查问卷设计的步骤如下：

（1）确定主题，以便确定所要收集的资料。

（2）确定提问的方式。

（3）确定每个问题的措辞。

调查问卷的设计（2）

（4）确定每个问题的顺序。

（5）从总体上设计调查问卷的结构。

（6）送审与修改。将调查问卷送交有关领导、专家或同行审阅，征求意见，全面修改。

（7）试查。调查问卷修改、整理后，复制 20~30 份，发放到一定范围。然后回收，看看能否获得所需资料，是否还有错误和问题，了解被调查者的态度和反应。

（8）定稿和印制。试查后，若调查问卷需要过多修改，则应修改后再一次试查。如果只需稍加修改，修改后即可定稿、印制并正式使用。

（二）调查问卷设计的注意事项

调查问卷设计的注意事项如下：

（1）调查问卷中的问句的表达要简洁易懂，意思明确，不要模棱两可，避免用"一般""通常"等意思的词语。

（2）问句要保持客观性，避免使用引导性语句，应让被调查者自己去选择答案。

（3）问句要有亲切感，并要考虑到答卷人的自尊。

（4）调查问卷要简短，以免引起填表人的厌烦。全部问题最好能在 15 分钟之内答完，否则被调查者会因时间过长而敷衍答卷，影响问卷调查的效果。

（5）调查问卷中问题的间隔要适当，以便答卷人看卷时有舒适感；印刷要精细、清晰；调查问卷的页数超过一页时要装订好，避免缺页。

（6）调查问卷中安排的问题应先易后难，不要第一个问题就把人难倒。核心问题应放在调查问卷的前半部分。

（7）问句要有时间性。时间太久的问题，不易回忆且不准确。例如，"您今年看过几次我们的广告？"这一问题不易回忆，不是难倒被调查者，就是致使对方胡乱回答。

（8）避免使用术语、缩写或者不常用的字。

（9）避免使用否定性用语。如"请问你从未……吗？"可以改为"请问你曾经……吗？"

（10）避免假设性的问题。

（11）对于敏感问题（如年龄、收入等），可以以区间的方式提供选项。

（12）备选答案中应当列出"其他"选项，以允许被调查者有选项以外的回答。

四、调查问卷中问题的设计

(一) 封闭式问题

封闭式问题是指调查人员事先准备好所有可能的答案，被调查者从中做出选择的问题。这种方法的优点是容易回答，易于统计处理和分析，缺点是问卷设计花费时间较多，且不能得到问题以外的信息。封闭式问题有多种形式，这里重点介绍以下几种：

1. 单项选择法

调查人员就一个问题提出两个答案供被调查者二选一，如是与否、有或无、喜欢与不喜欢等。此种形式的答卷所需答题时间较短，但它使被调查者无法表达意见的程度差别，易于产生误差。例如：

你在喝咖啡的时候要加糖吗？

是（　　）　否（　　）

2. 多项选择法

针对一个问题给出三个或三个以上的答案，被调查者可以任意选择其中一项或几项。例如：

您在选择洗衣机时所考虑的主要因素是（　　）。

A. 品牌　　B. 价格　　C. 外形　　D. 质量　　E. 节水　　F. 维修

3. 李克特量表

李克特量表是由被调查者在同意和不同意的量度之间进行选择。李克特量表是由美国社会心理学家李克特于 1932 年在原有的总加量表基础上改进而成的。该量表由一组陈述组成，每一个陈述有"非常同意""同意""不一定""不同意""非常不同意"五种回答，分别记为 5、4、3、2、1，每个被调查者的态度总分就是他对各题的回答所得分数的加总，这一总分可说明他的态度强弱或他在这一量表上的不同状态。李克特量表是目前调查研究中使用最广泛的量表。例如：

电脑的普及是导致青少年视力下降的主要原因。（　　）
A. 非常同意　　B. 同意　　C. 不一定　　D. 不同意　　E. 非常不同意

4. 语义差别法

语义差别法，又称特征对应评分法。它可以用两种形式表示：

一种为文字形式，例如：

请问您想买一台空调吗？（请在您同意的程度上画"√"）

很想买□　　想买□　　不一定□　　不想买□　　很不想买□

另一种为表格形式，即将每一种答案用相应的分数代表，汇总时，将同样分数的项目统计出来，就可以了解其代表的特征的感受程度。例如：

请您将 ×× 牌啤酒与您认为最好的啤酒进行对比。（请在您同意的程度上画"√"）

项目	理想	较理想	一般	不太理想	不理想
口味	5	4	3	2	1
泡沫	5	4	3	2	1
清纯	5	4	3	2	1
包装	5	4	3	2	1
价格	5	4	3	2	1
购买方便	5	4	3	2	1

被调查者对很多产品的印象并不能用简单的喜欢与不喜欢表达出来，如对食品或酒类味道的回答，不同的消费者有不同的答案，即使说味道好的顾客，对好的反应程度也是不同的。所以用语义差别法可以更精确地体现被调查者的心理感受程度。

5. 顺位法

调查人员为一个问题准备若干答案，让被调查者根据自己的偏好程度定出先后顺序。例如：

请您按照您喜爱的程度对以下品牌的洗发液进行编号，最喜爱者为 1，依此类推。

潘婷□　　飘柔□　　多芬□　　沙宣□

舒蕾□　　海飞丝□　　采乐□　　花王□

6. 比较法

调查人员为一个问题准备若干组项目，请被调查者逐对比较回答。例如：

您认为选择空调最重要的标准是：
A. 品牌☐　　　价格☐
B. 使用方便☐　节电☐
C. 价格☐　　　质量☐
D. 售后服务☐　品牌☐
E. 节电☐　　　安全☐

（二）开放式问题

开放式问题是一种让被调查者自由地用自己的语言来回答和解释有关问题的问题类型，它可以让被调查者充分表达自己的看法。这种提问方式设计问题容易，并可以得到被调查者建设性的意见，但是由于回答费事，可能会遭到拒答，或者收集到的无用信息较多，难以统计分析。其主要方式有：

1. 自由回答法

调查人员提出问题，不准备答案，由被调查者根据问题用文字形式自由表达。这种方式所得的资料较多，但难以整理和统计，主要用于深度谈话和直接访问，在调查问卷中不宜多用。例如：您对××空调满意吗？为什么？

2. 词句联想法

调查人员列出一些词汇，每次一个，由被调查者说出或写下其脑海中涌现的每一个词；或提出一些不完整的语句，由被调查者继续完成。例如：

当您看到（或听到）以下词句时，首先会想到什么？

冰箱……

海尔……

购买商品……

或："谈到购买冰箱，我首先想到的是……"

3. 文章完成法

这种方法与词句联想法属于同一类型。它由调查人员向被调查者提供有头无尾或有尾无头的文章，由被调查者按自己的意愿完成，使之成篇，借以分析被调查者的隐蔽动机。例如：

走进商店，我发现××彩色电视机又多了两种款式，而且价格比以前更便宜。于是我想到了……

4. 图画完成法

调查人员给出有两个人的图画，其中一个人说了一句话，由被调查者以另外一个人的身份完成图中对话，从而了解被调查者的想法。例如，图画中一位男子下班回家后对妻子说："我决定买一台跑步机！"就此调查女士对男士在家健身的看法和态度。

思考5-6 如果以下问题出现在调查问卷中，请修改问题的用词和形式。

（1）你光顾大型百货商场的频率如何？
（2）你最喜欢哪个品牌的产品？
（3）你月收入多少？都做什么用了？多少钱用于购买食物？多少钱用于购买服装？
（4）工作之余，你最喜欢的娱乐活动是什么？
（5）你通常读什么样的杂志？

小结 SUMMARY

市场营销信息是企业经营管理的一项重要资源，是企业在市场上取得竞争优势的重要砝码。掌握及时、准确、可靠的市场信息并对信息进行科学有效的处理和运用，是现代企业的一项重要任务。市场营销调研是现代企业不可缺少的工作，是取得、分析、整理和报告市场信息的过程。

市场营销信息是一种特定信息，是企业所处的宏观环境和微观环境的各种要素发展变化和特征的真实反映。它可分为内部信息和外部信息两大部分。市场营销管理者通过营销信息系统分析、收集所需要的信息，适时分配信息，对营销环境及其各组成要素加以监视和分析，帮助其从事市场营销的分析、计划、执行和控制。现代信息技术的突飞猛进给企业管理和市场营销带来了深刻变化，每一个企业都必须重视对现代信息技术的运用，为企业经营服务。

市场营销调研是取得和分析整体市场营销信息的过程。有效的市场营销调研一般包括五个步骤：确定营销问题和调研目标；制定调研方案；收集信息；分析信息；撰写调查报告，说明调研结果。市场营销调研的方法主要有观察法、询问法、实验法、文案法等。

市场营销调研人员收集一手资料有三种常用的工具：调查问卷、定性测量和测量设备。调查问卷的设计应考虑到调查问卷的结构、设计步骤、卷中问题的形式等。

思考题 EXERCISES

1. 什么是市场营销信息？市场营销信息的作用是什么？
2. 市场营销调研主要有哪些步骤？
3. 市场营销调研主要有哪些方法？
4. 一个完整的问卷通常由哪几个部分构成？

第三篇
开发与掌控市场营销战略

第六章 市场竞争战略

> 知己知彼，百战不殆；不知彼而知己，一胜一负；不知彼，不知己，每战必殆。
>
> ——《孙子兵法·谋攻》
>
> 在战争中第二名可没有获奖（拿奖金）的份。
>
> ——欧马·布莱德利

学习目标 LEARNING TARGET

1. 解释分析竞争者的步骤和方法。
2. 阐述两种企业竞争战略的特点。
3. 阐述企业选择竞争战略需考虑的因素。
4. 说明市场领先者、市场挑战者、市场跟随者、市场补缺者的竞争策略。

引言 INTRODUCTION

优胜劣汰，是自然法则，也是市场竞争法则。正是在激烈的竞争中，企业得到了发展，人们的需要得到了满足，社会经济得到了进步。当前，竞争机制在我国市场上发挥着日益重要的作用。企业要获得成功，仅了解顾客是不够的，还必须对竞争者的情况了然于胸。在营销竞争中，知彼知己才能取得竞争优势。因此，准确的竞争者分析和恰当的市场竞争战略与策略，对企业具有特别重要的意义。

本章导入

第一节 分析竞争者

在市场竞争中取胜的首要条件就是要充分了解竞争者。了解竞争者对市场竞争态势的判断，预测竞争者可能采取的策略行动，估计竞争者对本企业市场竞争行为可能做出的反应等，是企业制定竞争战略和策略的前提。

对竞争者的充分了解有赖于深入的分析，而深入的分析又有赖于掌握大量的关于竞争者的可靠信息。

分析竞争者的步骤如下。

一、辨认竞争者

对于企业，广义的竞争来自多个方面。企业与顾客、供应商之间，都存在某种意义上的竞争关系。狭义地讲，**竞争者**是那些生产经营与本企业产品相似的或可替代的产品、以同一类顾客为目标市场的其他企业。任何企业，只要没有在市场上形成独占，就会有竞争者。

虽然竞争者客观存在，但是企业不能轻易地发现所有的竞争者。一般来说，企业能够直接感受到现实竞争者的存在，却往往不能准确地把握哪些企业是自己潜在的竞争者。而潜在的竞争者或许要比现实的竞争者更具有威胁性。企业可从以下两个方面来辨认竞争者。

（一）从行业角度辨认竞争者

企业首先需要从本行业出发来辨认竞争者。提供同一类产品或服务的企业，或者提供可替代产品的企业，构成一个行业，如食品行业、运输行业等。同行业企业的产品具有相似性和可替代性，因此，彼此间就形成了竞争的关系。在行业内部，如果一种产品的价格发生了变化，就会引起相关产品的需求量的变化。因此，企业需要全面、透彻地了解本行业的竞争状况和发现强劲的竞争者。

（二）从市场角度辨认竞争者

企业应当从市场需求的角度来辨认竞争者。这样，凡是满足相同的市场需要或者服务于同一目标市场的企业，无论是否属于同一行业，都可能是企业的潜在竞争者。例如，电影可能是以同属于影视业的电视为主要的竞争者。但是从市场的观点，特别是从满足消费者的需求来看，消费者感兴趣的是满足其对欣赏影视作品的需要。因此，网络视频构成了对电影行业的竞争威胁。从满足消费者需求的角度来辨认竞争者，可以开拓思路，更广泛地认识企业现实的和潜在的竞争者。

为了更好地辨认竞争者，企业应当同时从行业和市场两个方面，结合产品细分和市场细分来进行分析。假设市场上同时销售5个品牌的某产品，而且整个市场可以分为10个细分市场。如果某品牌打算进入其他细分市场，就需要估计各个细分市场的容量、现有竞争者的市场占有率，以及各个竞争者当前的实力、在各个细分市场的市场目标与策略。

思考6-1 选择一个你熟悉的产品，辨认其竞争者。

二、判断竞争者的目标和战略

明确了企业的竞争者，就可以进一步判断每一个竞争者的市场目标、竞争战略及其特点，并据以有针对性地制定本企业的竞争战略。

（一）竞争者的市场目标

诸多原因使考察竞争者的市场目标具有特别重要的意义，既可以了解竞争者目前的市场地位、经营状况和财务状况以及其对自己的状况是否满意，又可以推断这个竞争对手的战略发展动向以及其对外部环境因素的变化或其他企业竞争战略的反应。

不同竞争者目标组合的侧重点不同，如生产经营能力、筹资能力、盈利能力、市场占有率、现金流量、研究与开发能力等。企业必须了解每个竞争者的市场目标侧重点，对其竞争行为的反应做出正确的估计。例如，一个以"技术领先"为主要目标的竞争者，将对其他企业在研究与开发方面的进展做出强烈的反应，而对价格方面的变化相对不敏感。

通过密切观察和分析竞争者的市场目标及其行为的变化，可以为企业行为提供方向。例如，当发现竞争者开辟了一个新的细分市场时，也许意味着新市场机会的产生；当发现竞争者试图打入自己所处的市场时，就意味着新市场威胁的产生，需要认真对待。

（二）竞争者的竞争战略及其特点

掌握竞争者的竞争战略及其特点，对本企业制定竞争战略意义重大。竞争者可能采取不同的竞争战略，也可能采取类似的竞争战略。一般来说，竞争企业采取的竞争战略越相似，竞争就越激烈；同行业中竞争企业越多，竞争就越激烈；市场越是由少数企业所控制，竞争企业之间就越有可能达成某种默契与妥协，以形成竞争的均势。不过，一旦控制了市场的少数大型企业之间爆发了竞争，竞争的程度就更高，结果就更为惨烈。

根据竞争企业所采取的竞争战略的特点，可以将竞争者划分为不同的战略群体。将采取类似竞争战略的企业，划分为同一战略群体。如在零售行业中，豪华百货公司采取面向高档市场的高价战略，而一些连锁商店采取的是面向工薪阶层的低价战略，就分属于不同的战略群体。同一战略群体的竞争者一般采用类似的竞争战略，相互竞争激烈。然而，在不同的战略群体之间也存在竞争。首先，属于不同战略群体的企业可能具有相同的目标市场，相互之间存在争夺市场的竞争。其次，不同战略群体中的企业之间差异的不明确性，使顾客混淆了企业之间的差别。再次，企业战略的多元性，使不同战略群体中的企业的战略发生了交叉。最后，某一战略群体中的企业可能改变或扩展自己的策略，加入另一战略群体的行列。

三、评估竞争者实力

在市场竞争中，需要了解竞争者的实力，把握其优势与劣势，做到知己知彼，有针对性地制定正确的市场竞争战略。竞争者的情况可以通过一系列的指标得到反映，这些指标包括销售量、销售额、市场占有率、利润率、经营成本、技术与设备能力、研究与开发能力、员工素质、企业领导者的变动、资金结构与资金来源、负债率、现金流量、经营策略的发展趋势等。

获取有关竞争者优势与劣势的信息是一项十分困难的工作。实践证明，掌握竞争对手的相关信息是一项具有挑战性的工作。竞争对手有意隐瞒或散布虚假信息，常常会误导企业。一般可以通过市场调研的方式了解竞争者的优势与劣势。通过将竞争企业与本企业的情况进行比较，往往可以对竞争者的优势与劣势做出判断。此外，可以借助某些二手资料来进行了解，还可以通过某些合法的手段来掌握竞争者的某些内部情况，对其优势与劣势做出正确的判断。应当指出，竞争者的优势与劣势，主要是通过竞争者在市场上的表现来判断的。

在了解竞争者优势与劣势的基础上，企业可以制定有针对性的竞争策略，以避其锋芒，攻其弱点，出其不意，利用竞争者的错误来争取市场竞争的优势。

关于竞争者的优势与劣势的分析通常包括以下几个方面：

（1）产品，包括产品在市场上的地位；产品的适销性；产品系列的宽度与深度。

（2）销售渠道，包括销售渠道的广度与深度；销售渠道的效率与实力；销售渠道的服务能力。

（3）市场营销，包括市场营销组合的水平；市场调研与新产品开发的能力；销售队伍的培训与技能。

（4）生产与经营，包括由规模经济、经验曲线、设备状况等因素决定的生产规模与生产成本水平；设施与设备的技术先进性与灵活性；专利与专有技术；生产能力的扩展；质量控制与成本控制；区位优势；员工状况；原材料的来源与成本；纵向整合程度。

（5）研究与开发能力，包括企业内部在产品、工艺、基础研究、仿制等方面所具有的研究与开发能力；研究与开发人员的创造性、可靠性、实现能力等方面的素质与技能。

（6）资金实力，包括资金结构；筹资能力；现金流量；资信度；财务比率；财务管理能力。

（7）组织，包括企业组织全体成员价值观的一致性与目标的明确性；组织结构与企业策略的一致性；组织结构与信息传递的有效性；组织对环境因素变化的适应性与反应程度；组织成员的素质。

（8）管理能力，包括企业管理者的领导素质与激励能力；协调能力；管理者的专业知识；管理决策的灵活性、适应性、前瞻性。

四、估计竞争者的反应模式

在不同市场观念的指导下，由于竞争者的战略目标、优势和劣势不同，其对于市场上的降价、促销、新产品的推出等可能做出不同的反应。企业要研究竞争者的市场观念，估计竞争者的市场反应和可能采取的行为，为企业的市场策略提供决策依据。一般情形下，竞争者的市场反应可以分为以下几种类型。

（一）迟钝型竞争者

某些企业对市场竞争措施的反应不强烈，行动迟缓。这可能是由于竞争者受到自身在资金、规模、技术等方面的限制，无法做出适当的反应；也可能是由于竞争者对自己的竞争力过于自信，不屑于采取反应行动；还可能是由于竞争者对市场竞争措施重视不够，未能及时捕捉到市场竞争变化的信息。

（二）选择型竞争者

某些企业对不同的市场竞争措施的反应是有区别的。例如，大多数企业对降价这样的价格竞争总是反应敏锐且强烈，力求在第一时间采取报复措施进行反击，而对改善服务、增加广告、改进产品、强化促销等非价格竞争措施则不太在意，认为对自己不构成直接威胁。

（三）强烈反应型竞争者

许多企业对市场竞争因素的变化十分敏感，一旦受到来自竞争者的挑战，就会迅速做出强烈的市场反应，进行激烈的报复和反击。这种报复往往是全面的、致命的，甚至是不计后果的。这些强烈反应型竞争者通常是市场上的领先者。因此，一般企业轻易不敢或不愿挑战其在市场上的权威。

(四) 不规律型竞争者

不规律型竞争者对市场竞争因素的变化所做出的反应通常是随机的，往往不按规律行事，所谓"不按常规出牌"，让人不可捉摸。例如，不规律型竞争者在某些时候可能会对市场竞争因素的变化做出反应，也可能不做出反应；其既可能迅速做出反应，也可能反应迟缓；其反应既可能是剧烈的，也可能是温和的。

思考6-2 一般情形下，竞争者的市场反应有哪几种类型？

第二节 企业竞争战略

在市场经济条件下，企业之间的竞争战略主要有价格竞争与非价格竞争两种基本形式。

一、价格竞争——成本优势战略

价格竞争就是生产经营同种产品的企业为获取超额利润而进行的竞争。一般认为，消费者进行购买的唯一目的是从他的货币资源中获得最大的满足，其购买行为服从"经济的合理性原则"。商品的价格越高，市场需求量就越小；商品的价格越低，市场需求量就越大。企业可以通过降低商品的价格，来扩大自己商品的销售量。对需求弹性较大的商品，价格较小幅度的降低，就可能引起市场需求量较大的增加。率先降低商品价格的企业，有可能获得较大的市场份额。

企业进行价格竞争的条件是成本的降低。在利润动机的驱使下，企业尽可能地采用新技术和扩大生产规模，降低成本，以获取超额利润。要想在价格竞争中居于有利的地位，企业就必须努力降低生产经营成本。在市场价格竞争中，企业的价格竞争优势，实际上就是企业的成本竞争优势。

因此，传统的观念认为，企业经营管理的中心任务是提高生产效率和降低生产经营成本，市场竞争的法宝是以最低的价格占领最大的市场份额。

作为企业市场竞争的基本形式，价格竞争战略有着不可替代的促进产业升级、排挤低效率竞争者的作用，但也可能引发企业所不愿意看到的结果，即轮番降价造成的价格战，造成企业利润率的普遍下降，使企业正常的生产经营难以为继，在一定时间和范围内影响了企业的研究开发与创新。为了避免恶性竞争的价格战可能带来的副作用，越来越多的企业寻求通过非价格竞争战略进行市场竞争。

二、非价格竞争——多种竞争战略

非价格竞争就是通过产品差异化进行的竞争。非价格竞争战略种类很多，只要是不属于价格竞争战略的，都可以纳入非价格竞争战略的范畴。

（一）高质量竞争战略

高质量竞争战略是以优质的产品和高水平的服务赢得消费者青睐，并取得竞争优势。优质高价是此类竞争战略的特点。此类战略往往依靠具有领先水平的技术、设备，由独特的工艺、先进的管理水平支撑。采用此竞争战略的企业需要产品有较长的市场表现和自身付出艰苦的努力。一旦在消费者心目中形成优质产品或服务的印象，企业往往成为产品质量可信任的代名词，这时，企业长期为优质所做的努力将会得到加倍甚至更多的回报。

（二）差异优势竞争战略

差异优势竞争战略是企业通过差异化进行的竞争。企业通过改变产品的某些属性或培植产品的新特点，形成本企业产品与竞争企业产品之间的某些差异，以吸引更多的消费者。差异优势竞争战略有着宽广的途径。只要精心培育并制造能表现出来的且被接受的方方面面的差别，就有条件形成差别优势。如品牌信誉、包装改进、提供服务及保证的便利、分销改善、促销新颖等，都可以保证企业差异优势竞争战略的实施，使消费者对企业的产品的印象有所差异。无论这种差异是真实的差异，还是观念上的差异，只要这种差异有利于促进消费者购买该企业的产品，就达到了实施差异优势竞争战略的目的。

（三）集中优势竞争战略

集中优势竞争战略是通过充分认识自己的优势、集中发挥自身优势取胜的竞争战略。采取此类战略的企业，着眼于企业人力、物力、财力的集中充分发挥，而把其他条件一律降到次要的位置。其中保持企业的核心业务和优势地位常常是企业最关注的。有的企业为达到此目的不惜出售企业的部分财产。通常采用集中优势竞争战略的企业实行业务收缩和专门化的策略。

总之，非价格竞争被人们认为是企业竞争手段的进一步发展，是价格竞争的转化形式和企业市场竞争的高级形式。与价格竞争相比较，非价格竞争较为隐晦、间接，不容易招致竞争企业的直接报复，能够收到较好的市场竞争效果。因此，在不忽视价格竞争的同时，许多企业将非价格竞争作为企业的竞争战略。

思考 6-3 非价格竞争主要有哪几种战略？各有什么特点？

三、竞争战略的选择——进攻、防御或回避

企业在对市场竞争形势做出正确估计、明确谁是市场的主要竞争者、竞争者拥有何种优势与劣势、竞争者的市场策略有何特点、竞争者的市场反应行为属于什么模式的基础上，就可以制定和选择自己的竞争战略：是进攻，还是防御或者回避；谁是合适的进攻对象，谁是主要的威胁者；应当采用哪些具体的竞争手段；如何选择合适的竞争市场和出击时机；等等。企业选择竞争战略需考虑的因素如下。

(一) 进攻目标的价值

对于任何一个企业来说，以进攻策略来引发市场竞争的激化是一个需要慎重对待的重大战略问题，应做到战则必胜。因此，在选择市场竞争的进攻目标时首先必须正确地判断进攻目标的价值。通常情况下，大多数企业都会以弱势企业作为进攻的目标。进攻较弱的竞争者容易获得成功，且风险较小，可以减少实现竞争目标的时间和成本，往往能够收到事半功倍的效果。但是，以弱势竞争者为进攻目标不容易获得大的战果，带来的利润机会也往往较少。因此，也有一些企业愿意以较强的竞争者为进攻目标，认为可以通过战胜强有力的竞争对手而获得更大的市场份额和更多的利润，也有利于企业市场声誉的迅速提高。在许多情况下，强大的竞争者也总会有自己的弱点。只要准确地抓住了竞争对手的弱点，即使是强大的竞争对手，也可能不堪一击。所以，强大的竞争对手反而可能成为最有价值的进攻目标。

(二) 进攻目标与本企业的相似性

在市场竞争中，往往"同性相斥"。也就是说，企业通常以与本企业相似的竞争者为进攻目标。因为业务上的类似，企业可以迅速将被击败的竞争者的资源转化为自己的资源，提高自己的盈利能力与市场份额。但是，在某些情况下，彻底击败与自己类似的竞争者于自己反而不利。例如，有时企业千辛万苦赢得了竞争的胜利，却不能享受到自己的胜利果实。被击败的竞争者可能会卖给出价更高、实力更强的竞争者，使企业不得不面临更强大的竞争者，导致竞争环境恶化。

(三) 竞争者的存在对企业的必要性

从策略的角度看，市场上竞争者的存在往往是必要的和有益的。这不仅表现为竞争者的存在为企业的创新与提高效率带来了压力，还表现为：首先，竞争者的存在有

助于增加市场的总需求量，分担和降低市场开发成本和产品开发成本，成为市场上出现的新产品和新技术的创新源泉之一，并有助于市场接受新产品和新技术。其次，竞争者的存在可以为市场，特别是某些细分市场提供多样化的产品，增加产品的差异性。此外，竞争者的存在甚至有助于提高行业中的企业与政府有关行政部门或员工谈判时的谈判能力。因此，即使是从企业自身出发，市场上竞争者的存在也是符合企业利益的。

当然，竞争者的存在并不总是符合企业利益。一般来说，可以将竞争者的竞争行为分为良性竞争行为与恶性竞争行为。良性竞争行为符合行业的商业习惯与行规，通常是按照行业中合理成本加上平均利润率定价。良性竞争行为可以刺激同行业企业降低生产和经营成本，提高效率，增加产品和服务的差异性，形成正常合理的市场占有率和利润水平，有利于整个行业和市场的稳定与发展，也符合企业和消费者的根本利益。恶性竞争行为则不遵守任何行规，具有强烈的冒险性和破坏性。进行恶性竞争的企业往往采用不正当的甚至不合法的竞争手段，如不计成本地低价倾销、做虚假广告、诽谤攻击同行业竞争者等，以打乱行业的均衡，提高自己的市场占有率。

为了掌握及时、准确的竞争者情报，企业需要建立自己的市场营销信息系统。首先，根据市场竞争策略决策的情报信息需要，确定主要的市场竞争者及其相关信息的主要来源。其次，通过企业自己的营销人员、经销商、代理商以及其他市场调研手段，掌握主要竞争者的情报信息。在广泛收集信息的基础上，对竞争者的策略做出准确的分析和判断，制定本企业的竞争战略。

第三节　企业竞争策略

在进行市场分析的基础上，企业必须明确自己在同行业竞争中所处的地位，结合企业的策略目标、资源和环境，以及企业在目标市场的预期地位，制定正确的市场竞争策略。根据企业在市场上竞争地位的不同，**企业市场竞争定位的类型**有：市场领先者、市场挑战者、市场跟随者和市场补缺者。企业应在对市场上的竞争者做全面分析的基础上，对自己做出恰当的竞争定位，并据此判断竞争策略。市场领先者、市场挑战者、市场跟随者和市场补缺者分别适合不同的竞争策略，下面将逐一进行分析。

一、市场领先者及其策略

市场领先者是指在行业中的同类产品市场占有率最高的企业。绝大多数行业中都有一个公认的市场领先者。

市场领先者的行为在行业中有着举足轻重的作用，其价格变动、新产品开发、营销渠道的覆盖以及促销的力度都处于主导地位。这种占主导地位的企业通常显示的优势有：拥有众多的品牌忠诚者且品牌忠诚者的忠诚度高；拥有合理设置的广阔、高效的营销渠道；反应敏锐且善于总结和积累市场营销经验；等等。市场领先者是行业中的"标尺"，明确市场领先者的状况，才能清楚地辨识行业中的市场挑战者、市场跟随者、市场补缺者的不同市场地位。

> **小贴士**
>
> 美国汽车行业中的通用汽车公司、软件行业中的微软公司、软饮料行业中的可口可乐公司、推土机制造业中的卡特比勒公司、剃须刀市场中的吉列公司以及快餐业中的麦当劳和商业零售业中的西尔斯等都是市场领先者。分布在各行各业的市场领先者，在行业内一定时间的竞争中形成了它们各自的领先者地位。

市场领先者不是天生的，绝大多数情形下也不受法律保护，因此决定了绝大多数的市场领先者都面临着同行业竞争者的挑战。其他企业时时在向市场领先者发出挑战并不断发现和攻击它的弱点。稍有不慎，市场领先者就会降至第二位、第三位甚至更低的位次。因此，市场领先者不能高枕无忧，必须随时保持高度的警惕，以保持自己的优势地位并保证自身策略的正确无误。市场领先者通常采取的策略有：扩大市场需求总量；保护原有市场占有率；提高市场占有率。第一种策略和第三种策略一般被认为是进攻型策略，第二种策略被认为是防御型策略。

（一）扩大市场需求总量

市场需求总量的扩大无疑有益于该行业中的所有经营者，但由于市场领先者在市场中所占份额最多，当总市场扩大时其受益最大。因此，寻找扩大市场需求总量的途径对市场领先者是至关重要的。市场领先者通常通过三种途径扩大市场需求总量。

1. 发现新的购买者和使用者

每一种产品都有吸引消费者购买的潜力，但由于消费者不了解、产品价格不合适或产品性能方面的缺陷等会导致消费者拒绝购买。企业通常可从以下三个方面找到新的购买者和使用者：①市场渗透策略，如香水制造商可以设法说服不用香水的女性使用香水；②市场开发策略，如香水制造商说服男性使用香水；③地理扩展策略，如香水制造商把香水销售到其他国家。

> **小案例 6-1**
>
> 美国强生公司婴儿洗发香波的扩展，是不断发现新的购买者和使用者的成功范例。当美国的出生率下降时，强生公司将目光转移到成年人身上，决定向成年人发起广告攻势，结果在不长的时间里，强生便成为洗发香波中的领先品牌。

2. 开辟产品的新用途

产品提供者常常为自己的产品开辟新用途，以达到扩大需求的目的。例如，杜邦公司将最初用来做降落伞的尼龙纤维，先后用于生产丝袜、衬衫及轮胎等，使产品销路长盛不衰。

3. 增加产品的使用量

使原有消费者更多地消费某产品的办法有许多，但最常用的有两种：一是促使消费者在更多的场合使用该产品；二是增加使用该产品的频率和增加原消费中的使用量。

(二) 保护原有市场占有率

被挑战者取而代之是市场领先者面临的主要威胁所在。因此，市场领先者在努力扩大市场总需求量的同时，必须时刻警惕竞争者的挑战，以保护自己现有的市场阵地。市场领先者必然是众多竞争者攻击的主要目标，市场领先者对这一情形十分清楚。如可口可乐公司时时提防百事可乐公司，通用汽车公司从不敢放松对其竞争对手福特汽车公司各项策略的关注。

面对进攻，市场领先者为保住自己的市场领地最具建设性的反应是不断创新，以壮大自己的实力。市场领先者应当成为本行业中在新产品开发、服务水平的提高、销售渠道的高效通畅以及降低产品成本等方面的名副其实的领先者。市场领先者可采用军事上的进攻原则，发现敌方的弱点，找准进攻的时机，主动出击。事实说明，进攻是最有效的防御。市场领先者最有效、最积极的防御策略是发动进攻，不断开发更具特色、更能满足消费者需求的新产品或提供新的、更高水平的服务，以保持自己的领先地位。

当市场领先者不准备或不具备条件组织或发起进攻时，至少也应做到严守阵地，填补空白，堵塞漏洞，绝不能暴露自己某一单薄的侧翼，使竞争者发现自己明显的薄弱环节后乘虚而入。市场领先者在这方面经常犯的错误是，不愿意为堵塞漏洞而付出，其结果是"机会损失"，使企业遭受严重的打击。

> **小案例 6-2**
>
> 美国通用汽车公司曾不愿意在生产小型轿车上投入,结果日本汽车制造商利用这一机会在美国汽车市场长驱直入,通用汽车公司因此造成的"机会损失"巨大。

市场领先者必须审慎地考虑,清楚地判断出哪些是自己必须不惜代价去固守的"要塞",哪些是无碍全局的可以放弃的阵地,有对非策略要地的舍弃,才有可能合理地集中使用防御力量,最终守住阵地。防御的策略目标是减少受攻击的可能性,设法把攻击转移到对企业威胁最小的区域并削弱其攻势。

通常可供市场领先者选择的防御性策略有以下六种。

1. 阵地防御

阵地防御就是在企业现有阵地周围建立防线。这是一种静态的和被动的防御,是防御的基本形式,但是不能作为唯一的形式。如果将所有力量都投入这种消极的防御中,最后将可能导致失败,如第二次世界大战中法国的"马奇诺防线",企业应引以为戒。对企业来说,单纯采用消极的静态防御,只想固守自己目前的市场和产品,是"营销近视症"。例如,当年亨利·福特坚守其T型车的市场阵地,导致企业陷入"营销近视症",造成了严重的后果,使得当时强大无比的福特汽车公司从顶峰跌至濒临破产的边缘。

> **小案例 6-3**
>
> 可口可乐公司虽然已经发展到年产量占全球软饮料半数左右的规模,但仍然积极从事多角化经营,如打入酒类市场,兼并水果饮料公司且涉足塑料制品和海水淡化设备等产业。

很显然,清醒的市场领先者已经或正在摒弃将全部资源用于守住自己的现有产品和阵地的消极防御的做法。

2. 侧翼防御

侧翼防御是指市场领先者除守住自己的阵地外,还建立一些基地或前哨,以保护现有的薄弱防线和必要时作为反攻基地。尤其是用以保卫自己较弱的侧翼,防止竞争对手乘虚而入。

3. 先发防御

先发防御是一种"以攻为守"的积极防御策略,即在进攻者尚未动作之前,防御者先主动攻击并挫败进攻者。这种策略主张用较小的预防措施实现较大的防御效果。其具体做法有三种：一是当某一竞争者的市场占有率对本企业可能形成的威胁达到某一危险高度时，就对它发起一次攻击，以挫败它向本企业进攻的锐气，迫使其放弃进攻的意图或推延发起进攻的时间；二是采用游击战，在不同方位对不同的竞争者给予打击，使大多数竞争对手惶恐不安；三是对市场上的所有竞争者全面出击，使竞争者人人自危，如日本精工表公司把它的2 300多个款式的手表分销到世界各地，对竞争者造成全方位的威胁。

是否采用先发防御策略应视企业和竞争状况而定。企业如果拥有很高的品牌声誉和较高的技术屏障，经过分析，认为自己足以承受可能面临的攻击的话，就应该沉着应战，不轻易进攻。如美国亨氏公司对汉斯公司在番茄酱市场上的进攻，就置之不理，静观其变，最终使汉斯公司在付出了巨大代价之后败下阵来。

4. 反攻防御

当竞争者对市场领先者发动降价或促销攻势，无论是侧翼防御还是先发防御，市场领先者都必须做出反击，而不应被动承受。市场领先者应主动反攻入侵者的主要市场阵地，可实行正面回击策略，也可以向进攻者发起侧翼包抄或钳形攻势，以切断进攻者的后路。当市场领先者在它自己的"疆土"上遭到攻击时，有一种很有效的方法——"围魏救赵"，即反击攻击者的主要领地，迫使其撤回力量守卫大本营。

> **小案例 6-4**
>
> 柯达公司曾经使用过"围魏救赵"策略。当日本富士公司在美国市场上向柯达公司发起攻势时，柯达公司所采取的手段是以牙还牙，即进攻日本市场，迫使富士公司削减其在美国市场的力量。

5. 运动防御

运动防御是在防御目前阵地的基础上，把自己的势力范围扩展到新的领域，而这些新扩展的领域可能成为未来防御和进攻的中心。市场扩展可通过两种方式实现：

（1）市场扩大化。就是企业将其注意力从目前的产品上转移到有关该产品的基本需要和与该项需要相关联的整套科学技术的研究与开发上。例如，把"石油"公司变成"能源"公司就意味着该企业的市场范围扩大了。但这种市场的拓宽不能覆盖面过大，否则将导致企业通常易犯的两大错误的发生：目标过大无法实现和企业力量的过分分散。特别需要注意的是，市场扩展必须有一个适当的方向的限度。

（2）市场多角化。就是向与企业现行产品或服务不相关的其他领域扩展，实行多角化经营。例如，美国两家大型的烟草公司，看到社会及各方面对吸烟的限制在日益增长，便在寻找烟草替代物的同时，转向其他产业，如生产啤酒、果酒、软饮料和速冻食品。

6. 收缩防御

收缩防御即放弃某些疲软的市场战线，把力量集中用于主要的市场战线。这是一种"集中优势兵力""以退求进"的策略。一些市场领先者意识到，它们已不可能固守所有的阵地，或在所有的阵地上全面防御得不偿失，竞争者可能分布在不同的战线蚕食其力量。在这种情况下，实行收缩防御是明智之举。

小案例 6-5

飞利浦公司的业务领域曾经遍及照明、消费电子、家庭小电器、半导体和医疗系统等多个领域。2003年，飞利浦公司进行战略转型，将发展重点确定为医疗保健、时尚生活及核心技术三大领域，以突出其核心竞争能力。这种有计划的收缩，可以使企业的力量更集中，从而加强对主要市场的争夺和防御。

(三) 提高市场占有率

提高市场占有率是指市场领先者设法通过提高企业市场占有率的途径来增加收益、保持自身的成长和领先地位。市场占有率是与投资收益率相关的最重要的变量之一，市场占有率越高，投资收益率也越大。有关研究报告显示，市场占有率高于40%的企业，其平均投资收益率将达到30%，相当于市场占有率低于10%的企业的3倍。因此，许多企业以提高市场占有率或争取市场份额第一位或第二位为主要目标，达不到第一位或第二位的目标，宁可撤出此市场。美国通用电气公司因为其在计算机和空调市场上占有率达不到市场领先者的程度，便决定放弃这两项业务。我国电视机制造企业也经历和面临着一场市场占有率争夺战，几家大企业正是通过努力提高市场占有率来保持市场领先地位。

小案例 6-6

IBM公司为了恢复其市场占有率，在三个多月的时间里投入1亿美元来扩大某产品的市场占有率；在新加坡市场上，它同计算机制造商签订协议，在计算机上预装这种软件，从而使其市场占有率增加了1倍。

市场领先者必须全面掌握各项策略，既要善于从扩大市场需求总量入手，守住自己的市场阵地，防御挑战者的进攻，又要善于在保证收益增加的前提下，通过提高市场占有率使企业长期占据市场领先地位。

思考6-4 五粮液集团的"五粮液"品牌在我国高档白酒市场居于领先者地位。为了有效防止竞争者的进攻，五粮液集团开始生产不同品牌、不同档次的白酒，如"五粮春""尖庄""京酒"等，从各个层次进行防御。请问五粮液集团采用的是哪种防御策略？这种策略的特点是什么？

二、市场挑战者及其策略

市场挑战者和市场跟随者是指那些在市场上处于第二位、第三位甚至更低地位的企业。这些处于次要地位的企业有两种选择：一是在市场上居于次要地位，但不安于现状，向市场领先者挑战，争取取而代之，这就是市场挑战者；二是安于次要地位，参与竞争但不扰乱市场局面，力争在"共处"的状况下求得尽可能多的利益，这就是市场跟随者。每一个处于市场次要地位的企业都要根据自己的实力、环境机会与风险，决定竞争策略是"挑战"还是"跟随"，然后选择适当的进攻策略。以下是市场挑战者所采取的策略。

(一) 确定策略目标和挑战对象

策略目标与挑战对象密切相关，对不同的对象有不同的目标和策略。一般来说，挑战者可在下列情况中选择。

1. 攻击市场领先者

采取这种策略的风险很大，然而一旦成功，企业的市场地位将会发生根本性的改变，因此也颇具吸引力。市场挑战者往往需要全面、细致地调查研究市场领先者的弱点和失误，辨明在它的产品提供或服务乃至销售策略中存在着哪些还未被满足的消费者需求，并针对上述条件结合自身状况考虑本企业是否有条件做得更好。当情况清楚后，就可选择市场领先者的弱点和失误作为自己进攻的目标。

> **小案例 6-7**
>
> 为了向亚洲主要金融市场东京发起挑战，新加坡采取的策略是向顾客收取更低的费用、向顾客提供选择性更大和更优质的服务等。此外，很多制造商中的挑战者通过开发出超越市场领先者的新技术、新产品，来夺取市场阵地。

小案例 6-8

施乐公司开发出更好的复印技术，用干式复印代替湿式复印，从 3M 公司手中夺走了复印机市场的领先地位。后来，佳能公司也采用同一途径，通过开发出更方便的台式复印机夺走了施乐公司所拥有的数量可观的市场份额。

思考 6-5 以上两例有什么不同？

2. 攻击市场挑战者或追随者

市场挑战者对一些与自己势均力敌的企业，可选择其中经营不善发生亏损者作为进攻对象，设法夺取它们的市场阵地。相对于攻击市场领先者来说，这种策略风险较小，同时成功的影响也相对较小。但若几番出师大捷或胜多败少，也可以对市场领先者造成威胁，甚至有可能因此改变企业的市场地位。

3. 攻击地区性小企业

对一些地区性小企业（尤其是经营不善、财务拮据的小企业）发动攻击，从夺取属于它们的顾客到吞并这些小企业本身。例如，美国有几家主要的啤酒企业之所以能发展到目前的规模，就是靠攻击一些小企业来实现的。我国现在的电冰箱生产厂，通过适时地吞并市场上的"小鱼"或"虾米"，将小规模的"同行"驱逐出市场，改变了自己的市场地位。

策略目标的选择取决于进攻对象的确定，如果以市场领先者为进攻对象，其目标可能是夺取市场领先者手中的某些市场和市场份额；如果以小企业为对象，其目标可能主要是将小企业驱逐出市场。但无论在何种情况下，如果要发起攻势、进行挑战，就必须遵守一条军事上的原则：每一项行动都必须直接指向一个明确的、肯定的和可能达到的目标。企业在做这方面的决策时，应十分谨慎，以提高成功的可能性。

在选择进攻对手和目标的决策中，企业应在充分掌握竞争对手信息的基础上，做出全面、系统的分析。在此分析中，应能够明确回答以下问题：

（1）竞争者是谁？
（2）竞争者的销售额、市场占有率和财务状况如何？
（3）竞争者的目标和设想是什么？
（4）竞争者所采取的策略是什么？
（5）竞争者的实力和弱点是什么？
（6）竞争者对环境和发展可能的反应及战略的变化是什么？

(二) 选择进攻策略

明确了策略目标和挑战对象后，市场挑战者需要考虑的是采取什么进攻策略，即如何对竞争者进行攻击。有五种策略可供选择。

1. 正面进攻

正面进攻就是集中全力向竞争者的主要市场阵地正面发动进攻，即进攻对手的强项而不是它的弱点。采用此策略需要具备一定的条件，如进攻者必须在提供的产品（或服务）、广告、价格等方面大大超过进攻目标，才有可能成功。正面进攻的胜负取决于双方力量的对比，从一定意义上讲就是一种实力的较量。正面进攻的另一种做法是投入大量研究与开发经费，使产品成本大幅度降低，从而有条件地以降低价格的手段向竞争者发动进攻。这是持续实行正面进攻策略最可靠的基础之一。一种价格挑战的策略是挑战者通过巨额投入来实现更低的生产成本，然后以此向竞争者发起价格攻击。

在市场领先者已经占据了市场的某些制高点的背景下，依照军事上的原则，进攻者想要发起进攻至少需要三倍的进攻力量，如若与防守者力量旗鼓相当，多半会失败。

2. 侧翼进攻

侧翼进攻就是集中优势力量攻击竞争者的弱点，其思路就在于任何强大的防守者总有相对薄弱的防线。因此，进攻者有时可采取"声东击西"的策略，佯攻正面，实攻侧面或背面，以使防守者措手不及。具体可采取两种策略：一种是地理性的侧翼进攻，即在全国或全世界寻找竞争者力量薄弱地区的市场，在这些地区市场发动进攻。例如，向国际商用机械公司挑战的某些竞争者就是选中该公司力量相对薄弱的中等偏小城市开始进攻的，结果夺取了部分市场份额。另一种是市场细分性侧翼进攻，即寻找还未被领先企业覆盖的产品或服务的细分市场，在这些小市场上迅速填空补缺。侧翼进攻是一种最有效和最经济的策略，比正面进攻有更多的成功机会。

3. 围堵进攻

围堵进攻是一种全方位、大规模的进攻策略。当市场挑战者拥有优于竞争者的资源，并确信围堵计划的完成足以打垮对手时，可采用这种策略。

小案例 6-9

日本精工表公司已经在各个主要手表市场的销售中取得成功，并且以品种繁多、不断更新的款式获得越来越高的知名度。该公司在美国市场上提供了约 400 种流行款式，其营销目标是在全球制造并销售大约 2 300 种手表。美

> 国一家竞争对手的副总裁不无羡慕地说:"精工表公司通过流行的款式、特性、使用者偏好以及一切可以鼓励消费者的手段来实现它的目标。"

4. 迂回进攻

迂回进攻是一种最间接的进攻策略,即完全避开竞争者的现有阵地而迂回进攻。具体做法有三种:一是发展无关的产品,实行产品多角化;二是以现有产品进入新地区的市场,实行市场多角化;三是发展新技术、新产品,以取代现有产品。

5. 游击进攻

游击进攻主要适用于规模较小、力量较弱的企业,其目的在于以小型的、间断性的进攻干扰竞争者的士气,不断削弱竞争者的力量。小企业无力发动正面进攻或有效的侧翼进攻,只有向某些角落发动游击式的促销或价格攻势,才能达到目的。游击战的特点是不依仗个别战役的结果决出战局的最终胜负,如果要想击败对手,还需要发动更强大、更猛烈的攻势。

上述市场挑战者的进攻策略是多样的。一个挑战者不可能同时运用所有策略,但也很难靠采取单一的某种策略取得成功。通常是设计并实施一套策略组合即整体策略来达到改善自己的市场地位的目的。例如,美国百事可乐对可口可乐来说是一个典型的挑战者,它在1950—1960年发动了多次大型攻势,销售量增长了四倍。

但是,并非所有居于次要地位的企业都能充当市场挑战者,常规的做法是,没有充分把握就不要贸然进攻市场领先者,采用跟随策略更为稳妥。

思考6-6 怎样理解市场挑战者的进攻策略?

三、市场跟随者及其策略

风险和实力的限制使绝大多数企业不热衷于市场挑战者策略,而更愿意采用市场跟随者策略。对企业来说,产品模仿有时像产品创新一样有利。因为开发一种全新产品要投入巨大的人力、物力、财力,并且需要持续较长的时间才能取得成功,而处于市场跟随者地位的企业仿造或改良这种产品,虽然不能取代市场领先者,但因不需大量的资源投入,也能够较轻松地获得可观的利润,其盈利率有时甚至高于全行业的平均水平。

在资本密集的同质性产品行业,如钢铁、原油和化工行业中,市场跟随者策略是大多数企业的选择,这主要是由行业和产品的特点决定的。这些行业的主要特点是:第一,产品的同质程度较高,产品差异化和形象差异化的机会较低;第二,服务质量和服务标准的趋同;第三,消费者对价格的敏感程度较高;第四,行业中任何价格挑崊都有可能引发价格大战；第五，大多数企业准备在此行业中长期经营下去。因此，企业之间需要保持相对平衡的状态，尽量不采用从对方的目标市场中拉走顾客的做法。于是在行业中形成这样一种格局，大多数企业跟随着市场领先者，各自在自己的势力范围内互不干扰，自觉地维持共处局面。

小案例 6-10

日本有些企业模仿新产品的速度很快。例如，宝洁公司在 20 世纪 80 年代曾成功推出最新配方洗发和护发合一的洗发香波。该产品在美国 10 年内没有模仿者，而进入日本市场后，6 个月内竟出现两个竞争品牌（花王和联合利华日本公司），在随后的 6 个月，市场上又出现了加有漂洗功能的三合一新配方和更多的二合一产品。这些日本企业大都密切关注市场及新产品的出现和发展，善于发挥自己的优势。

不限于对市场领先者新产品的模仿，而且注重在他人新产品基础上进一步的完善，日本企业的这一突出特点值得借鉴。

市场跟随者在不同情形下有自己的策略组合和实施方案，例如，每个市场跟随者必须懂得如何稳定自己的目标市场，保持现有的顾客，并努力争取新的消费者或用户；必须设法创造独有的优势，给自己的目标市场带来某些（如地点、服务、融资等）特有的利益；还必须尽力降低成本，并保证提供较高质量的产品和维持较高的服务质量。市场跟随者不是盲目、被动地追随市场领先者，它的首要思路是发现和确定一个不致引起竞争性报复的跟随策略。以下是三种常被市场跟随者选择的策略。

（一）紧密跟随策略

这种策略的突出特点是"仿效"和"低调"。跟随企业在各个细分市场和市场营销组合中，尽可能仿效市场领先者，以至于有时会使人感到这种跟随者好像是挑战者，但是它从不激进地冒犯市场领先者的领地，在刺激市场方面保持"低调"，避免与市场领先者发生直接冲突。

（二）距离跟随策略

这种策略的突出特点是适当地保持距离。市场跟随者在市场的主要方面，如目标市场、产品创新与开发、价格水平和分销渠道等方面追随市场领先者，但仍与市场领先者保持若干差异，以形成明显的距离。这样的市场跟随者对市场领先者既不构成威胁，又因为市场跟随者各自占有很小的市场份额而使市场领先者免受独占的指责。这类企业常通过兼并同行业中的小企业来发展自己。

(三) 选择跟随策略

这种策略的突出特点是追随和创新并举。市场跟随者在某些方面紧跟市场领先者，而在另一些方面又别出心裁。首先，这类企业不是盲目跟随，而是择优跟随，在对自己有明显利益时追随市场领先者，在跟随的同时还不断地发挥自己的创造性，但一般不与市场领先者直接竞争。有些采取这类策略的市场跟随者可能会发展成为市场挑战者。

虽然市场跟随者的市场占有率大幅度低于市场领先者，但绝不意味着这类企业的盈利水平低。研究显示，许多市场跟随者的市场占有率不到市场领先者的1/2，但其盈利水平高于市场领先者和市场挑战者。

思考6-7 市场跟随者策略的核心是什么？

四、市场补缺者及其策略

所谓市场补缺者，是指精心服务于总体市场中的某些细分市场，避开与占主导地位的企业竞争，只通过发展独有的专业化经营来寻找生存与发展空间的企业。每个行业中几乎都有些占据市场"边角"的小企业，它们专注于市场上被大企业忽略或不屑的某些细小部分，拾遗补缺，通过专业化经营来获取最高的收益，在大企业的夹缝中生存和发展。这种市场补缺者的位置和策略不仅是小企业常常选择的策略，对某些大企业中相对独立的较小部门也有意义。大企业中的这些部门也常常设法寻找一个或几个既安全又有利润的补缺基点。补缺者的活动范围和利润空间在有些大企业看来似乎微不足道，但事实上，许多能盈利的企业是在稳定的、低速成长的市场上发展的。尽管各个不同的补缺者有不同的补缺基点，但其取胜的关键在于专业化的生产和经营状况。

(一) 补缺基点的特征

一个最佳的补缺基点应具有以下特征：
（1）有足够的市场潜量和购买力。
（2）有利润增长的潜力。
（3）对主要竞争者不具有吸引力。
（4）企业具有占据该补缺基点所必需的资源和能力。
（5）企业已有的信誉足以对抗竞争者。

（二）市场补缺者策略

作为市场补缺者，企业往往从自己的优势或擅长点出发，根据不同的分类进行专业化营销。首先是根据顾客的分类进行专业化营销，如根据顾客的规模、性质、行业、地域等标志分类进行专业化营销；其次是根据产品的分类进行专业化营销，如产品的档次、质量、价位、产品线及产品项目的特点、产品属于中间产品还是最终产品等；此外，还可以根据服务项目、配送渠道乃至顾客的订单进行专业化营销。

既然是进行针对市场的拾遗补缺，企业的任务首先是要善于发现和尽快占领自己的补缺市场，并不断扩大和保护自己的补缺市场。在一定的意义上，发现补缺市场的过程就是一个创造市场的过程。市场就是需求。补缺市场是指客观存在的、没有被满足的消费者（或用户）的需求。发现补缺市场就是发现潜在的需求，并使之成为现实的需求，从而为自己创造出一个新的市场。企业的创新能力越强，就能够发现越多的潜在需求，创造出更多的补缺市场。

市场补缺者面对的主要风险是企业既定的补缺基点的枯竭或遭受攻击。避免这一状况的主要做法是，确定多个补缺基点，提高企业的抗风险能力，增加企业的生存机会。

思考6-8 市场补缺者取胜的关键是什么？

小 结 SUMMARY

市场竞争是市场经济的基本特征，任何企业都无法回避竞争。市场竞争取胜的首要保证是充分了解竞争者。企业首先要用以行业和市场相结合为基础的分析方法辨认竞争者。在此基础上企业须判断竞争者的战略和目标、评估竞争者实力、估计竞争者的反应模式等，确定自己的竞争定位，选择自己的竞争战略。

市场竞争战略主要有两种形式，即价格竞争和非价格竞争。随着竞争的发展，企业的竞争越来越多地转向非价格竞争。非价格竞争是指通过产品差异化进行的竞争，主要有高质量竞争、差异优势竞争和集中优势竞争三种战略。

根据企业不同的竞争地位，可将其划分为市场领先者、市场挑战者、市场跟随者和市场补缺者四种类型，它们各自有适宜的营销策略。

市场领先者通常采取三种策略：扩大市场需求总量；保护原有市场占有率；提高市场占有率。

市场挑战者首先要确定自己的策略目标和挑战对象，然后要选择适当的进攻策略，如正面进攻、侧翼进攻、围堵进攻、迂回进攻、游击进攻。

市场跟随者可选择的策略主要有紧密跟随策略、距离跟随策略、选择跟随策略。

市场补缺者往往也可通过敏锐的洞察力和灵活的策略获得较好的效益，其采取的策略主要是实行专业化营销。

思考题 EXERCISES

1. 企业竞争战略主要有哪两种形式？
2. 企业分析竞争者需要哪些步骤？
3. 竞争者的市场反应可分为哪几种类型？
4. 在具体的竞争策略选择中，通常需要考虑哪些因素？
5. 简述市场领先者、市场挑战者、市场跟随者和市场补缺者的主要竞争策略。
6. 简述补缺基点的特征。

第七章 目标市场营销
CHAPTER 7

只要存在两个顾客，那么，这个市场便是可以被细分的。
——菲利普·科特勒

市场细分做得好，就像已经接受了顾客的订单一样。
——佚名

学习目标 LEARNING TARGET

1. 明确市场细分的概念、作用及有效市场细分的条件。
2. 能运用市场细分的原理对消费者市场和生产者市场进行细分。
3. 阐述三种目标市场策略的含义、优缺点及影响其选择的因素。
4. 阐述市场定位的概念、过程及定位策略。

引 言 INTRODUCTION

市场细分、目标市场选择及市场定位常常被人们在营销实践研究中合并讨论，简称为STP（segmenting, targeting, positioning）策略，是市场营销理论发展到20世纪50年代提出的重要概念，它表现出极强的生命力，提出之时即被理论界和企业界所接受，直至今日仍被广泛应用。这三者是企业营销机会选择和确定过程中三个相互联系、不可分割的环节。其中，市场细分是目标市场选择和市场定位的基础。

本章导入

第一节 市场细分概述

一、市场细分的概念

市场细分（market segmentation）是指按照消费者需求的差异性，把某一产品（或服务）的整体市场划分为不同子市场的过程。每一个子市场都由一群具有相同或相似的需求、欲望、购买行为或购买习惯的消费者所构成，属于不同子市场的消费者群体之间具有明显的差别。

市场细分的应用范围广泛，市场上任何产品或服务倘若包含两个以上的消费者便可以细分，即可以分为有意义的购买群体。企业可针对不同子市场上消费者的喜好和要求，有针对性地做出产品或服务的抉择。因此，在细分市场时，不仅要看到不同群体对产品或服务本身的需求不同，而且要考虑其他相关因素。

通常在市场上，不是所有的产品或服务对消费者产生的需求的反应都是一致的。对于有些产品或服务，消费者的需求差异十分明显，这就产生了辨别同质性市场和异质性市场的必要。

同质性市场是指某产品或服务的消费者所表现出的需求、欲望、购买行为以及对企业营销策略的反应相同或相似，如普通食盐市场、原油市场等。反之，某产品或服务的消费者所表现出的需求、欲望、购买行为以及对企业营销策略的反应差异明显且不易改变，这样的市场被称为异质性市场。如服装市场、家具市场均属比较典型的异质性市场。更确切地讲，市场细分就是把异质的整体市场划分为若干个相对同质的子市场的过程。

同质性市场或异质性市场是不断发展的范畴，在社会消费水平提高、科技进步及价值观念等的不断变化之中，一些同质性市场开始向异质性市场转化，使异质性市场有逐渐增多的趋势。

凡是在市场细分过程中被划出来的"次级市场"（或称次级群体），都可被认为是这个总体市场的子市场。

思考 7-1 市场细分是按照产品的特点来划分市场的吗？

二、市场细分的依据与作用

（一）市场细分的依据

市场细分的依据如下。

1. 市场产品供应是多元的

市场产品供应是多元的,这是市场能够细分的前提条件。在现代市场上,众多的生产者具有不同的生产能力和经营能力,向市场提供各具特色的商品,使出现在市场上的商品有不同程度的差异。

2. 构成总体市场的消费者是多样的

不同的个体既有差异性也有同类性。差异性表现为不同的消费者有各自的购买欲望和需求,因此总体市场才有"分"的必要和可能;个体消费者还表现出一定的"同类性",即作为消费者的个体之间又有需求和行为近似的一面,正是这个特性,使市场细分能够把类似的消费者聚成一个个子市场,使市场细分作为一种实用的科学方法成为可能,使同类性中有差异,差异性中体现同类性。只有既看到消费者个体间的同类性,又看到不同个体之间的差异性,才能使企业市场细分的方法具有适用性。

市场细分不仅可以反映出不同消费者的不同需求,还可以使企业发现消费者尚未被满足的需求,对于企业来说,满足这方面的需求是其追求的营销目标。

(二) 市场细分的作用

市场细分的作用如下。

1. 有利于企业发现和比较市场机会

通过市场细分过程,企业可以深入了解不同子市场中消费者的不同需求,因此更容易发现新的营销机会,形成新的目标市场。另外,还可使企业比较不同细分市场(或子市场)中的需求情况和企业的竞争者在各个细分市场中的地位,在充分了解竞争态势的前提下,确定自身适当的位置。

2. 有利于企业有效地分配人力、物力和财力

通过市场细分,企业营销人员能更清楚地知道各细分市场的消费者对不同营销措施和策略的反应及差异,据此对企业的人力、物力和财力进行全面分派、使用,这样不仅可以避免企业资源的浪费,而且可以使有限的资源用在最恰当的地方,发挥最大的功效。

3. 有利于企业自身的应变和调整

通过市场细分过程,企业比较容易发现购买群体的反应,获得较快的信息反馈,可因此调整产品结构和营销目标,提高企业的应变能力。

三、有效市场细分的条件

在明确消费者需求的差异性是市场细分的基础后,如何认识差异,怎样细分消费者市场,除选择和把握最能反映消费者需求特征的标准外,还需要注意以下五个方面**有效市场细分的条件**。

(一) 要做到分片集合化

市场细分的过程应从最小的分片开始，根据消费者的特点先把总体市场划分为一个个较小的片，然后把相类似的小片集合到一起，形成一个个较大的片。这个集合后的相对大一些的片（子市场）必须特征明确，每个片必须有各自的构成群体、共同特征和类似的购买行为。

(二) 细分后的子市场要有足够的购买潜力

这既要求细分后的子市场具有与企业营销活动相适应的规模，又要求子市场不仅具有现实的购买力，还要具有相当的购买潜力，这样的子市场才有发展前途。

(三) 细分后的子市场要有可接近性

这主要指企业能够有效地集中营销力量作用于所选定的目标市场的程度。可接近性不高有多种情形：第一，消费者的差异清晰可见，但企业无法或不便在此类子市场上应用各项营销策略和手段；第二，子市场虽然有较大价值，但是不便或没有条件将企业的产品或服务送抵至消费者；第三，企业的信息难以通过恰当的媒体传递给子市场中的消费者。

(四) 市场细分要有可衡量性

市场细分的可衡量性主要体现在两个方面：其一，作为细分的标准应该是能够得到的，有些消费者特征虽然重要，但是不易获取或不易衡量，也不宜作细分的标准；其二，细分后子市场的人数、购买量及潜在购买力应该是可以衡量的，否则，细分则无意义。

(五) 市场细分要有相对的稳定性

每一个分片划定之后，要有一个相对的稳定期，具体期限的要求根据市场的变化和产品的特征而定，否则，市场风险大，细分的成本也高。

思考 7-2 有效的市场细分为什么必须具备一定的条件？

第二节 市场细分的标准和方法

市场细分的一般原理无论对消费者市场还是生产者市场都是普遍适用的，只是依据各自的特征，在所应用的细分标准和方法上有所区别。

一、消费者市场细分的标准和方法

(一) 消费者市场细分的标准

消费者市场细分的标准是一系列变量的组合。企业通常选择其中与消费者的购买关联性最强的因素作为市场细分的标准。常用的消费者市场细分的标准主要有以下方面。

消费者市场
细分的标准

1. 地理环境因素

按照消费者所处的地理位置、自然环境来细分市场，具体包括国家、地区、城市规模、气候及人口密度等。处于不同地理位置的人们，对于产品有着不同的喜好和需求，对价格、销售渠道和广告宣传等营销措施的反应也有明显的区别。例如，防暑降温、御寒保暖之类的消费品可按不同气候带细分市场，家用电器、纺织品之类的消费品可按城乡细分市场。

地理环境因素易于辨别和分析，是企业细分市场时首先应考虑的因素。按照地理环境因素细分市场，对于分析和研究不同地区消费者的需求特点、需求总量及其变化趋势具有一定的意义，有利于企业开拓区域市场。但是，地理环境因素是一种相对静态的变量，处于同一地理位置的消费者仍然会存在很大的需求差异，因此企业还需要同时依据其他因素进一步细分市场。

2. 人口和社会经济状况因素

人口和社会经济状况包括消费者的年龄、性别、家庭规模、收入、职业、受教育程度、宗教信仰、民族、家庭所处生命周期阶段这些具体项目。这些人口变量与需求差异性之间存在密切的因果关系。因此，企业十分重视利用人口和社会经济状况这类因素细分市场。在具体运用中注意不要只用一两个变量作为依据。如单按收入细分，最贵的商品应该由收入最高的人来购买，这显然不客观，常常要考虑相关的标准。

小案例 7-1

美国福特汽车公司曾经按年龄和收入来细分市场，设计了一种跑车，说是为"收入低的年轻人"设计的，可是产品上市后，很多高收入的中年人甚至老年人踊跃购买。这时，福特汽车公司表示应该"纠正我们的目标市场"，消费者应是"心理上的年轻人"。

3. 心理因素

这是指按照消费者的心理特征来细分市场。心理因素十分复杂，包括消费者的生活方式、个性、购买动机、价值取向等变量。

近年来，越来越多的企业，尤其是服装、化妆品、家具、餐饮、娱乐等行业的企业都十分重视按照人们的生活方式来细分市场，如把消费者分为"传统型""新潮型""节俭型""奢靡型""严肃型""活泼型""乐于社交型""爱好家庭生活型""宅型"等。

消费者的个性更多地与品牌形象、品牌个性有关，按消费者个性细分市场，可以为产品赋予品牌个性，以符合对应的消费者个性。这大多运用于汽车、摩托车、化妆品、香烟、酒类和保险等产品上。

按购买动机细分市场，也是细分市场的常用方法。在购买动机中普遍存在的心理现象主要有求实心理、求安心理、喜新心理、求美心理、仿效心理、成就心理、慕名心理、友谊心理等。企业针对购买动机不同的消费者，在产品中突出能满足他们某种心理需要的特征或特性，并相应设计出不同的营销组合方案，这样往往能取得良好的经营效果。

4. 购买行为

还可以按照消费者的购买行为特征细分市场。随着经济的发展，购买行为作为细分的变量越来越重要。许多消费者的购买行为取决于非经济因素的影响。购买行为包括消费者进入市场的程度、购买或使用的时机、购买的着眼点、购买频率、购买数量、偏爱程度及敏感因素等方面。

按消费者进入市场的程度，通常可以将消费者划分为常规消费者、初次消费者和潜在消费者。一般而言，资金雄厚、市场占有率较高的企业，特别注重吸引潜在消费者，争取通过营销战略，把潜在消费者变为初次消费者，进而变为常规消费者。而一些中小企业，特别是无力开展大规模促销活动的企业，主要吸引常规消费者。

在常规消费者中，不同消费者对产品的使用频率也很悬殊，可以进一步细分为"大量使用者"和"少量使用者"。根据某啤酒公司的调查，某一区域有32%的人消费啤酒，其中，大量使用者与少量使用者各为16%，但前者购买了该公司啤酒销售总量的88%。因此，许多企业把大量使用者作为自己的销售对象。

消费者对产品的偏好程度是指消费者对某品牌的喜爱程度，据此可以把消费者市场划分为四个群体，即绝对品牌忠诚者、多种品牌忠诚者、变换型忠诚者和非品牌忠诚者。在"绝对品牌忠诚者"占很大比重的市场上，其他品牌难以进入；在"变换型忠诚者"占较大比重的市场上，企业应努力分析消费者品牌忠诚转移的原因，以调整营销组合，加强品牌忠诚程度；而对于那些"非品牌忠诚者"占较大比重的市场企业来说，则应审查原来的品牌定位和目标市场的确立等是否准确，并且随着市场环境和竞争环境变化重新对定位加以调整。

购买行为标准常常与其他三个标准结合起来考虑。

以上提出的四项标准及所含变量,虽然是一般企业常用的标准,但这并不意味着适用于任何消费品的营销活动,也不表示所有的细分只限于以上的变量。

💬**思考 7-3** 请就下列两种产品进行细分(提出细分方法和细分依据)。
(1)家用空调 (2)手表(腕表)

(二)消费者市场细分的方法

<u>消费者市场细分的方法</u>中最常用的是<u>七步法</u>,即把细分的过程分为七个连续的步骤。

(1)选择与确定营销目标。简单地讲,就是企业确定经营什么商品,生产什么商品或者提供哪一类服务。

(2)根据细分标准列出消费者群体的需求情况。在调研的基础上广泛、详细地列出消费者需求的特点,决定采用哪一种细分变量组合。

(3)初步细分(分片)。一般采取典型法,根据第二步中列出的消费者需求情况,找出典型的消费者,根据前面讲的细分标准做出初步的细分。

(4)筛选。确定各个分片的特点,剔除特点不突出的分片,合并一些类似的分片。

(5)初步为细分市场定名(也称定片)。也就是确定分片名称,要求这个名称最能代表这个消费者片的特点。

(6)检查。检查各个细分市场是否符合细分具体变量的情况,即检查根据什么细分并集合成片。

(7)确定分片。决定每个细分市场的规模,选定目标市场。

在实际细分过程中,这七步中的第二步和第三步可能是同时进行的,也可以把这七步分得更细些。

二、生产者市场细分的标准和方法

(一)生产者市场细分的标准

生产者市场细分也叫工业品市场细分、产业市场细分。生产者购买行为不同于消费者购买行为,因此,其细分的标准和方法与消费者市场的细分存在较大的差异。除了使用与消费者市场共同的细分标准外,还要根据生产者市场的特点补充必要的细分标准,<u>生产者市场细分的标准</u>主要有用户(客户)要求、用户规模、用户地点等(如表 7-1 所示)。

表 7-1　生产者市场细分的补充标准

细分标准	细分变量因素
用户（客户）要求	产品的规格、型号、品质、功能、价格等
用户规模	大、中、小用户，购买次数、户数、资金等
用户地点	资源条件、自然环境、地理位置、生产力布局、交通运输及通信条件等

1. 用户（客户）要求

产品最终用户的不同要求，是生产者市场细分的最通用的标准。不同用户购买同一种产品的使用目的往往是不同的，这就对产品的规格、型号、品质、功能、价格等方面提出了不同的要求。工商企业要根据生产资料用户的要求细分市场，把要求大体相同的用户集合成群，以便开展有针对性的营销，设计不同的、合适的市场营销组合方案。

2. 用户规模

用户规模的大小，也是生产者市场细分的重要依据。在生产者市场中，大用户、中用户、小用户的区别要比消费者市场更为普遍，也更为明显。大用户单位户数虽少，但购买力很大；小用户单位则相反，户数虽多，但购买力不大。企业对大用户市场和小用户市场应采取不同的营销组合。

3. 用户地点

用户地点涉及当地资源条件、自然环境、地理位置、生产力布局等因素。这些因素决定了地区工业的发展水平、发展规模和生产布局，使不同的工业区域形成，这些工业区域形成了不同的生产资料需求特点。按用户地点来细分市场，选择用户较为集中的地区作为自己的目标市场，不仅联系方便，信息反馈快，而且可以更有效地规划运输路线，节省运力与运费，同时也能更加充分地利用营销力量，降低营销成本。

市场细分是一项复杂的工作。细分市场需要运用以上标准，但又不是僵化不变的，要针对企业和消费者需求的具体情况，用动态的观点来选择某些变量作为细分的标准，根据分析的结果确定企业的目标市场。

（二）生产者市场细分的方法

生产者市场细分的方法如下。

1. 两步法

两步法是一种简单而有效的生产者市场细分的方法，得到了相关人士的赞赏。该方法将生产者市场细分为"总体细分"和"深入细分"两个步骤。

（1）总体细分。所谓总体细分，是指按购买企业的类别、规模、行业等传统购买行为特点所进行的市场细分。其细分的工作对象是总体市场中的各个企业,而细分后的子市场所包括的企业的特点与本企业的营销工作有着直接的关系。如购买方企业的特点、规模、所处的地理位置、行业的类别等已经能够充分表明购买行为上的差别,便可以此为依据确定目标市场,第二步便可省略了。

(2)深入细分。所谓深入细分,即按照购买核心及其成员特点的行为因素所进行的市场细分。其细分的工作对象与总体细分有所不同,它是在第一步细分的基础上对按照购买企业特点诸因素细分之后的子市场中所包括的企业的细分。如有一份研究防护材料购买决策的报告,指出有8个不同的"总体细分"市场,这8个子市场是根据产品用途和行业类别来划分的。而在每一个"总体细分"后的市场里又有2~5个经过"深入细分"的子市场,其中一个是根据购买主管人的主要任务、其对企业有关部门评价资料的信任程度和是否喜欢,以价格为准则确定的。"深入细分"比"总体细分"需要更多的一手资料,同时需要更多的时间和精力,但有时是非常必要的。

2. 套盒法

套盒法也是一种简便易行的生产者市场细分的方法。为了使广大营销人员摆脱大量的市场细分标准的困惑,套盒法提出了五个一般性的市场细分的标准,并把这五个标准排列成一个互相套叠的层次结构,一个套一个地依次套装起来的套盒,更像一套俄罗斯木娃娃(套娃)。从外往里,这些标准依次排列为统计学因素、经营变数、购买方式、购买情境以及购买者的个性特征。套盒法(套叠的步骤)如图7-1所示。

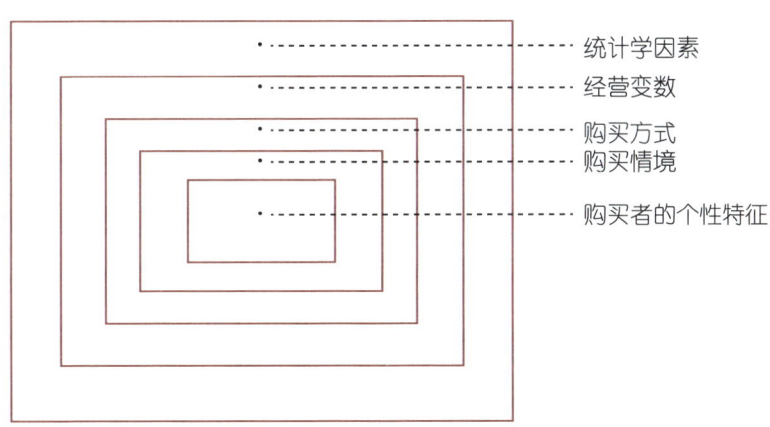

图7-1 套盒法(套叠的步骤)

图7-1表明这些细分标准有如同套盒一样的相互关系。最大的、最外层的盒子是统计学因素,指有关行业的与企业的一般性的、显而易见的特征;最小的、最里层的盒子是购买者的个性特征,指有关行为的特殊的、细微的、难以捉摸的特征。应当注

意的是，并非每名营销人员对每种产品都要运用"套盒"中的每一个步骤，应根据需要，略去一些不相关或影响不大的标准。

> **思考7-4** 为什么生产者市场细分的标准不同于消费者市场细分的标准？

第三节 目标市场的选择

目标市场是指在需求异质性市场上，企业根据自身能力给予现有和潜在的消费者群体的需求以满足。如企业经过营销研究，决定生产和经营婴儿洗涤用品，婴儿便是它的目标市场的主体。有了明确的目标市场，企业才可以提供适当的产品或服务，以及根据目标市场的特点制定一系列的措施和策略，实施有效的市场营销组合。企业目标市场的选择正确与否，对企业来说生死攸关。

不同企业的内部因素，如人、财、物及经营商品的特征有差异，而且各种产品所处的市场生命周期也不在同一阶段，因此，关于市场细分策略的应用，要根据具体情况确定。用不用细分的方法，细分到什么程度，企业选择多少个子市场作为目标市场为宜，没有确定的模式，要根据企业自身能力、市场竞争态势、潜在的消费者需求及其他相关因素综合判断而定。

一、评估目标市场

在市场细分后，企业要对不同的目标市场进行价值的评估，以确定适当的目标市场。评估目标市场的主要指标如下。

（一）市场需求

市场需求是评估目标市场的基础。其具体指标包括：消费者或用户的总数；消费者或用户的结构；消费者或用户的购买力水平；购买率（实际购买者／潜在购买者）；需求总量；某产品的拥有量；等等。

（二）竞争状况

竞争状况是企业必须考虑的因素。其具体指标包括：竞争厂商的数量及市场占有率；各厂商的产品状况（如品牌、规格、质量、价格、特点等）；各厂商的财务状况（如销售额、利润、费用水平等）；促销费用投入水平与结构；营销队伍水平；主要竞争者的市场形象；主要竞争者的变化趋势。

（三）企业自身的状况

企业自身的状况是企业常常不能客观估计的因素之一。其具体指标包括：本企业产品、资源和营销能力；所需要投入的营销总成本；预期的销售水平与市场占有率；预期的盈利水平。

在做此分析时，应把企业产品的特色与企业的真正优势评估清楚。要注意不能套用其他企业的做法，因为同一子市场对不同企业的价值是不同的。

二、目标市场策略

常用的目标市场策略有以下三种。

（一）无差异性市场策略

无差异性市场策略是指企业不考虑细分市场的差异性，用一种产品面对所有消费者。采用此策略的企业把整个市场看成一个大目标市场，不进行细分，或是在做了细分化的工作之后，决定忽略差异。这种无差异性市场策略，可以解释为向全部市场提供单一产品（如图7-2所示）。这种策略的优点在于能够节约成本，但在具体实施时会遇到很多困难。一般企业难以开发出让所有消费者都满意的产品。实行无差异性市场策略的企业一般针对市场中的最大细分市场提供单一产品，这时，在最大细分市场便会出现激烈竞争，而较小细分市场的需求难以得到满足。

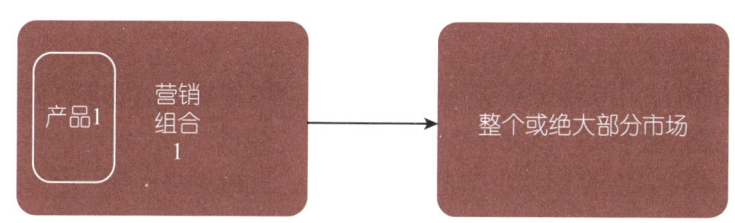

图 7-2　无差异性市场策略

企业之所以采取这种策略，一般是出于以下几点考虑：第一，企业认为所有的消费者都需要其所经营的产品。第二，企业认为消费者之间虽然有差异，但是差异的程度很小。第三，用较多的销售渠道和推销方式可以节约营销成本。国际上运用无差异性市场策略最成功的是可口可乐公司。它在世界各地都用相同的品牌和策略。在推行这种策略的过程中，一般企业是推出单一的品种，设计单一的营销方案，来迎合广大消费者。

以上只是无差异性市场策略最基本的方法。在实际营销活动中，也时常有这样的情况，即企业向全部市场提供单一的产品或服务，但在面对不同的消费者群体时，可采取不同的营销方案。

(二)差异性市场策略

差异性市场策略即企业以不同产品适应不同消费者的需求,通过这种方法来取得最佳营销效果。企业根据实际情况,按照市场划分的依据,把总体市场分成若干个片,然后针对分片的特点来设计不同的产品和营销方案(如图7-3所示)。运用这种策略比较成功的是日本丰田汽车公司。丰田汽车公司推出了不同类型的汽车,以满足不同收入、不同阶层、不同社会地位的消费者。

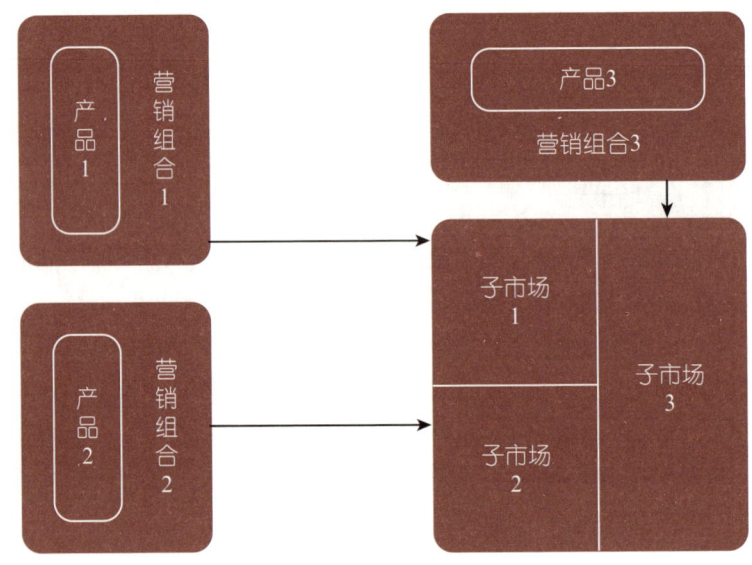

图 7-3 差异性市场策略

这种策略的优点在于能分别满足不同消费者群体的需要,提高消费者对企业的信任感,增强产品的竞争力,有利于企业扩大销售。同时,一个企业在数个细分市场上都能取得较好的营销效果,有利于树立企业形象,提高消费者对企业产品的信赖程度和购买频率。这种策略的缺点是成本和销售费用会大幅度增加,所以企业在采用这种策略时必须慎重,要算一下所耗的费用是不是能够抵得上利润的上升。

小案例 7-2

自20世纪70年代以来,世界上越来越多的企业都采用了差异性市场策略。例如,可口可乐公司采用大小不同的瓶装,又加上罐装,推销网点遍及世界各地;雪佛兰汽车公司一改过去将单一规格、型号产品卖给所有消费者的做法,而是生产出多种形式、多种车型的系列新型品种,产品价格与特征也有所不同,以满足细分后子市场的需求。

在我国，随着经济体制改革的深入和市场经济的发展，差异性市场策略已经日益为更多的企业所了解和应用。

(三) 集中性市场策略

集中性市场策略即企业用一种或少数几种产品和营销方案来满足一小部分特殊消费者的需求，是市场区隔化策略中一个比较特殊的策略。因为前两种策略，不论哪一种，面对的都是整个市场。而采取这种集中性市场策略的企业，是将一个或两个细分后的小市场作为目标市场（如图7-4所示），企业是出于什么原因做出这样的决策的呢？企业主要是考虑要避免过分分散财力资源，也就是说，把资源集中用于一个细分的市场面上，以求得成功。这个企业的出发点，不是在一个大的市场中寻求一个低的占有率，而是争取在一个小的市场中获得比较高的占有率。这种策略的优点是可以节省费用，集中精力创名牌和保名牌；缺点是实行这种策略对企业来说要承担一些风险，因为企业选的市场面比较窄，如果把全部精力都放在这里，一旦市场情况变化快、预测不准或营销方案制订不利，就有可能失败。有人对这种策略有一个形象的比喻，即把全部鸡蛋放在一个篮子里。

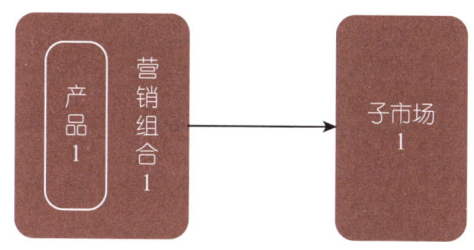

图7-4 集中性市场策略

思考7-5 企业在什么情况下采用集中性市场策略？

三、影响目标市场策略选择的因素

影响目标市场策略选择的因素如下。

(一) 企业经营的实力

企业经营的实力包括企业的设备、技术、资金等资源状况和营销能力等。一般来说，大型企业实力比较雄厚，资金较多，原材料也比较充足，有条件采用无差异性市场策略和差异性市场策略；反之，就适合把力量集中起来专攻一个或两个市场。我国的中小企业比较适宜采用集中性市场策略。

(二) 产品的自然属性

产品的自然属性是指产品在性能、特点等方面差异性的大小以及产品特性变化的快慢。如汽油、钢铁、原粮，长期以来特性没有太大的变化，这类产品适宜采用无差异性市场策略；反之，特性变化快的产品，如服装、家具、家用电器等，适宜采用差异性市场策略或集中性市场策略。

(三) 市场差异性大小

市场差异性大小即市场同质的程度。如果某一市场上，所有的消费者在同一时期偏好相同，对营销刺激的反应也相近，则该市场可视为"同质性市场"，适宜采用无差异性市场策略；反之，如果某一市场上市场需求的差异较大，则该市场可视为"异质性市场"，适宜采用差异性市场策略或集中性市场策略。

(四) 产品所处的市场生命周期

新产品在引入阶段和成长阶段较适宜采用集中性市场策略或无差异性市场策略，到了成熟阶段，一般适宜采用差异性市场策略或集中性市场策略。

(五) 竞争者状况

了解市场上竞争者的目标市场策略非常重要。一般来说，企业的目标市场策略应与竞争者有所区别。如果竞争者采用了无差异性市场策略，企业选择差异性市场策略或集中性市场策略有利于开拓市场，提高产品竞争力；如果竞争者已采用差异性市场策略，企业则可以选择对等的或更深层次的细分或集中性市场策略。当然，这些只是一般原则，并没有固定模式，营销人员应在实践中根据竞争双方的力量对比和市场具体情况进行灵活抉择。

最后，企业在进行目标市场营销时，要注意以下问题：第一，要力戒主观臆断，不能凭想当然办事；第二，杜绝粗枝大叶；第三，要注意运用综合分析的方法；第四，要有动态的观点，随时掌握消费者需求的变化。

> **思考 7-6** 奢华品牌服装企业适宜采用什么目标市场策略？为什么？

第四节 市场定位

一、市场定位的概念与过程

市场定位就是针对竞争者现有产品在市场上所处的位置，根据消费者对该产品某一属性或特征的重视程度，为产品设计和塑造一定的个性或形象，并通过一系列的营销手段，努力把这种个性或形象强有力地传递给消费者，从而适当确定该产品在市上的位置。

一个完整的市场定位过程，通常应由以下四个环节组成：

（1）调查竞争者为自己的产品设计的形象和该产品在市场上（或者说在消费者的心目中）实际所处的位置。

（2）调查消费者对该产品的哪一个或哪一些特征最为重视；消费者对某种产品属性或特征的评价标准；消费者通过哪些途径了解该产品的属性或特征。

（3）根据以上两方面的信息，为本企业的产品设计和塑造某种个性或形象。这项工作通常是在产品开发过程中完成的。

（4）设计、实施一系列旨在把产品个性或形象传递给消费者的营销活动，并根据实施结果及时调整和改进营销组合，或者重新设计产品的定位。

市场定位的基本出发点是竞争，是一种帮助企业确认竞争地位、寻找竞争策略的方法。通过定位，企业可以进一步明确竞争者和竞争目标；通过定位，企业也可以发现竞争双方各自的优势与劣势。

市场定位的核心是设计和塑造产品特色或个性，而产品的特色或个性可能有多种表现。产品的特色或个性，可以通过产品实体本身来表现，如形状、成分、结构、性能、颜色等；可以通过消费者对产品的心理感受来表现，如产品可能使消费者感到豪华、朴素、时髦、典雅、别致、通俗、活泼、庄重等；还可以通过价格、质量、服务、促销方式等形式来表现。产品不同，产品特色或个性的表现形式就会有所不同。产品的某一特色往往是由多方面的因素构成的，如电视机高质量这一特色可能由画面清晰度、使用寿命等多种因素构成。

市场定位应当是一个连续的过程，它不应仅仅停留在为某种产品设计和塑造个性或形象的阶段，更重要的是通过一系列营销活动把这种个性或形象传递给消费者。市场定位的最终目的是使产品的潜在消费者觉察、认同企业为产品所塑造的形象，并培养消费者对产品的偏好和引发购买行动。因此，企业在实施市场定位的过程中，必须全面、真实地了解潜在消费者的心理、意愿、态度和行为规律，提出和实施极具针对性的促销方案。只有这样，才能从真正意义上为产品在市场上确定恰当的竞争地位。

思考7-7 为什么进行市场定位需要调查了解消费者对产品最重视的特征？

二、市场定位策略

市场定位策略如下。

（一）避强定位策略

避强定位策略是指企业力图避免与实力最强或较强的其他企业直接发生竞争，而将自己的产品定位于另一市场区域内，使自己的产品在某些特征或属性方面与实力最强或较强的竞争者有比较显著的区别。企业面对已有其他企业先期进入市场的情况，认为本企业的竞争能力可能太弱，因而决定进入一个与其他企业均有一定距离的市场位置。不过，这是避强定位策略的一种极端形式。企业在同样的情况下，也可以使用另外一种形式，即只是避开最强大的竞争者，而与其他企业处于大致相同的市场位置。避强定位策略能够使企业较快速地在市场上站稳脚跟，并能在消费者心目中树立起良好形象，市场风险较小，成功率较高。其缺点是：避强往往意味着企业必须放弃某个最佳的市场位置，这很可能使企业处于最差的市场位置。

(二) 迎头定位策略

迎头定位策略是指企业根据自身的实力，为占据较佳的市场位置，不惜与市场上占支配地位的、实力最强或较强的竞争者发生正面竞争，而使自己的产品进入与竞争者相同的市场位置。企业如果采用这种定位策略，应选择一个最强的竞争企业，并决定产品的特征是采用与对手企业一样的价格，但提供更好的质量。迎头定位策略可能引发激烈的市场竞争，因此具有较大的风险。但由于竞争者实力强劲，竞争过程往往非常引人注目，甚至产生所谓的轰动效应，从而使企业及其产品可以较快地为消费者所了解，易于达到树立市场形象的目的。迎头定位策略要求企业必须具有与竞争者不相上下的实力。

企业使用上述两种基本策略制订具体的定位方案时，也要考虑企业自身资源、竞争者的可能反应、市场的需求特征等因素。

小　结　SUMMARY

企业无法满足所有市场的所有需求，因此精准地选择目标市场，有针对性地满足某类消费者的特定需求，是企业成功进入和占领市场的关键。企业只有正确地细分市场，识别市场机会，才能选好目标市场，迈向成功之路。

所谓市场细分，是指按照消费者需求的差异性，把某一产品（或服务）的整体市场划分为不同子市场的过程。市场细分的客观基础是市场产品供应的多元性和消费者需求的差异性。市场细分的作用主要有：有利于企业发现和比较市场机会；有利于企业有效地分配人力、物力和财力；有利于企业自身的应变和调整。有效市场的细分要注意五个方面的条件。

消费者市场细分的标准主要有地理环境因素、人口和社会经济状况因素、心理因素和购买行为。生产者市场细分除使用与消费者市场共同的细分标准外，还要根据生产者市场的特点补充必要的细分标准，主要有用户（客户）要求、用户规模、用户地点等。

根据上述市场细分程序和细分标准，将一个整体市场细分为若干个子市场。然后，对各个子市场进行价值评估,选择一个最有价值的市场作为目标市场。评价一个市场是否有价值,主要取决于该市场的需求状况和竞争状况,再结合本企业的产品、资源、营销能力等,对企业的营销总成本和盈利水平进行预测,即可确定该市场的价值。

一般目标市场的选择通常有三种策略,即无差异性市场策略、差异性市场策略和集中性市场策略,在选择时必须考虑有关影响因素。

最后,企业必须研究竞争者的定位和决定其自身的最佳定位,使消费者能认识企业产品与其竞争者的差异。一个完整的市场定位过程包括四个环节。企业常用的市场定位策略包括避强定位策略和迎头定位策略。

思考题 EXERCISES

1. 市场细分的作用有哪些?
2. 进行消费者市场细分的依据主要有哪些?
3. 目标市场策略有哪几种?
4. 简述完整的市场定位过程。
5. 企业的市场定位策略主要有哪两种?

第四篇
规划与执行市场营销组合

第八章 市场营销产品

CHAPTER 8

> 没有梧桐树，引不来金凤凰。
>
> ——中国谚语
>
> 生产及产品开发之决策是其他一切决策的基础，只有根基牢固了，企业经营的大厦才会立于世界经营企业之林。
>
> ——哈佛经营决策学

学习目标 LEARNING TARGET

1. 阐述产品的整体概念。
2. 解释产品组合的相关概念与策略。
3. 说明品牌的作用和企业的品牌策略。
4. 说明包装的作用和包装策略。
5. 阐述产品生命周期的概念及其阶段的划分。
6. 阐述新产品的概念、新产品开发的程序。

引 言 INTRODUCTION

产品是市场营销组合中的首要部分。企业营销活动的核心是发现和满足消费者需求，满足消费者需求只能通过提供某种产品或服务来实现。企业营销与社会需要的统一体现在产品上，企业与市场的关系也是由产品来联结的。离开能够满足消费者需求的产品，其他将无从谈起。因此，营销产品决策是市场营销组合的基础。

本章导入

第一节 产品与产品组合

不同学科对产品有不同的描述。市场营销理论有自己特定的研究对象和范畴,它是从管理企业营销活动的角度去考察产品的,因此对产品的认识和解释有其独特性。

一、产品的整体概念

(一) 产品的表述

对产品的认识是在市场营销理论的发展中不断深化的。最初,人们主要是强调产品的物质属性。市场竞争的激烈、营销理论的发展,要求重新认识和定义产品。人们逐渐认识到市场营销研究的产品是向市场提供的能满足人的需要或欲望的任何东西。这强调产品应当是有形物质属性和无形消费利益的组合体和最佳统一方式,即既有一组物质实体,又包括无形的消费利益,如服务及观念上、价值上的满足等一切消费者乐于接受的属性。**产品概念**包含五个相互联系的层次。

产品的整体概念

(二) 产品概念的五个层次

菲利普·科特勒教授提出了**"五层次论"**,该理论认为,市场营销产品应当是一个综合的概念,包含五个不可或缺的层次(如图8-1所示)。

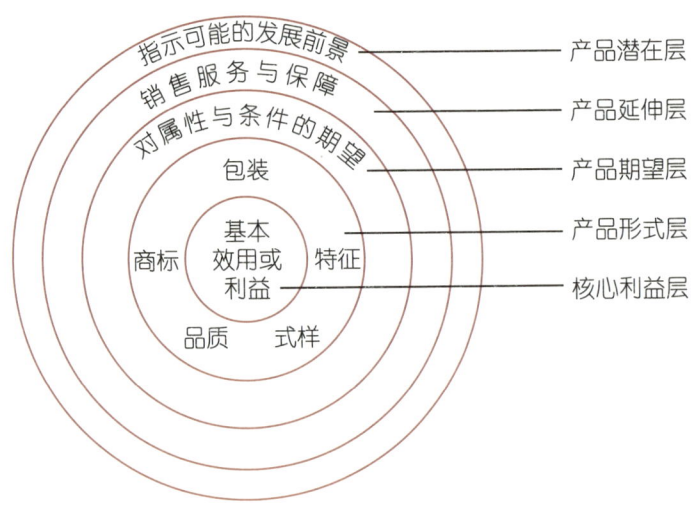

图8-1 产品概念的五个层次

1. 核心利益层

核心利益层也可称实质层,即消费者真正需要的基本服务或利益,是产品的灵魂、消费者购买产品目的所在,也可理解为产品提供给消费者的利益。如化妆品的购买者不是在购买物理、化学属性及其实体,而是在购买"美的希望"。营销人员如果善于发现购买者购买产品时所追求的真正利益,将会产生无数新产品的创意,发掘出有利的市场机会。

2. 产品形式层

产品形式层即产品的实体层,指购买者通过自己的眼、耳、鼻、舌、身等感觉器官可以接触到、感觉到的有形部分。它包括产品的形态、形状、式样、品牌、质量、包装、设计、风格、色调等,其使核心利益层成为看得见、摸得着、叫得出、认得清的具体之物。认识产品形式层,对于我国企业现行的营销活动有重要的意义。

3. 产品期望层

产品期望层即购买者购买产品时通常希望和默认的一整套属性和条件。例如,乘坐飞机的旅客期望安全、准时,有免费的快餐和饮料及行李托运服务,等等。各航空公司基本都能满足最低限度的需求,因此大多数乘客不会形成对航空公司的特殊偏好,而重在选择时间、价格合适的机票。

4. 产品延伸层

产品延伸层是对产品意义的延伸,指购买者在购买产品时所获得的全部附加服务和利益,包括提供贷款、免费送货、维修、保证、安装、技术指导、售后服务等。在现代市场中,产品有趋于一致的倾向,当竞争中企业的产品在实质层没有明显差别的情形下,企业设计有效的产品延伸层关系重大。很多时候,它能把企业的产品与竞争者的产品区别开来,企业间竞争表现激烈。

5. 产品潜在层

产品潜在层即具有变化与改进潜质的产品部分,是最终可能会实现的全部附加部分和新转换部分。如果产品形式表明产品的现状,则潜在产品预示着产品的演进和发展前景。企业在这个层次大有用武之地。

(三) 产品整体概念的意义

不断更新对产品的描述,不仅对营销理论是一个发展,对实际工作也有重要的指导作用。

(1) 体现了以消费者需求为中心的营销观念。明确了产品是出现在市场上的可能引起注意、购买、使用或消费的某种东西。同时,明确了服务也是产品的一部分,而不能视为额外负担。许多企业接受了这一观念,并付诸营销实践。

(2) 建立完整的产品概念,提高企业的营销水平,能够使企业认识到消费者在接受产品过程中的满足程度既取决于五个层次中每一个层次的状况,也取决于产品整体组合效果。

> **小贴士**
>
> 华为创始人在接受记者采访时表示:"不要理解终端就是手机,只要和人、物连接的都是终端。比如说用于汽车无人驾驶的激光雷达,家庭应用的煤气表、水表、电视机,都是终端,手机只是终端中的一个部分。所以,华为公司永远不会出售终端业务。我们可以转让 5G 技术,但绝不会出售终端手机业务。"

思考 8-1 你如何理解以上这段话?

(3)明确产品与企业营销策略之间的关系。产品整体概念的各个层次以及各层次的组成要素对企业策略有不同程度的影响。企业在考虑整体效果的前提下,对不同层次、不同因素侧重程度的确定要与企业的营销策略相符合。

(4)指出产品的特征,拓宽发展新产品的领域。改变产品统一体中的任何部分,都会在消费者心目中形成不同的印象,企业可利用这一特征对产品进行局部改变以增加新产品,但要注意避免因轻举妄动而损害名牌产品在消费者心目中的形象。

思考 8-2 如何理解产品整体概念的意义?

二、产品组合的相关概念与策略

无论是制造业还是流通业,都面临确定自己经营什么、经营多少、如何匹配企业生产和经营的产品、品种及档次等决策。因此,产品组合研究对营销人员非常有必要。

(一)产品组合及其相关概念

1. 产品组合

产品组合是指企业制造或经营的全部产品的有机构成方式,或者说就是企业生产和经销的全部产品的结构。产品组合是由不同的产品线构成的,而产品线又是由不同的产品项目构成的。研究产品组合必须研究其宽度、长度和深度及其相互关联性。

> **小案例 8-1**
>
> 广州蓝月亮实业有限公司,是国内较早从事家庭清洁剂生产的公司。截至 2021 年,公司拥有衣物清洁护理、个人清洁护理和家居清洁护理三大系列共 80 多个品种的产品。公司的三个大类产品如下:
>
> (1)衣物清洁护理类包括蓝月亮机洗至尊、手洗专用洗衣液、亮白增艳洗衣液、深层洁净洗衣液、全效洗衣液、宝宝洗衣液、羽绒服洗衣液、丝毛净、羊绒净等系列。
>
> (2)个人清洁护理类包括芦荟抑菌洗手液、野菊花清爽洗手液、维 E 滋润洗手液、儿童洗手液、儿童泡泡洗手液、健康洗手液、消毒液等系列。
>
> (3)家居清洁护理类包括强力型油污克星、天然橙油油污克星、强力厕清、Q 厕清、Q 厕宝、除菌地板清洁剂、84 消毒液、漂白水、玻璃水、全能水、洁瓷宝、茶清天然绿茶洗洁精、果蔬净等系列。

2.产品线

产品线是指一组相似或相近的产品项目,或叫作密切相关的一组产品。

3.产品项目

产品项目是指因性能、规格、品牌、式样等不同而能够区别于企业其他产品的任何产品。一般来讲,每一个产品项目都有其特定的名称、编号或型号,如华为 Mate 40 手机。产品项目构成了产品品类。

因此,企业的产品组合既包括经营的产品品类,也包括具体的产品项目。格力经营的家用消费品包括空调、电冰箱、洗衣机等,其中空调是一条产品线,风无界格力新风空调便是一个产品项目。

4.产品组合的宽度、长度和深度

产品组合的宽度是指企业制造或经营着多少不同的产品品类,或者说产品线的数目。

产品组合的长度是指产品组合中的产品项目总数。组合内各产品品类中产品项目的数目相加,再除以产品线的数目为产品组合的平均长度。

产品组合的深度指产品线中每个产品项目有多少品种,如潘婷护发素中包含多少品种。

5.产品组合的相互关联性

产品组合的相互关联性也称密度,指企业产品组合中各产品品类在最终用途、生产条件、目标市场、销售方式和其他方面相互联系的程度。

考察企业产品组合的宽度、长度、深度、密度对企业营销决策有重要意义。企业合理地扩展产品组合的宽度有利于在更大的市场领域提高企业的知名度,挖掘经营潜力;企业若能恰当地挖掘其产品组合的深度,就可以直接满足更多消费者的需求,吸引更广泛的消费者；若企业产品组合的相互关联性强（密度高），就会使企业在某一地区有雄厚的营销实力，从而巩固其市场地位。

分析产品组合，既包括分析企业每项产品所处的市场地位及其在企业经营中的重要程度，也包括对各个不同产品项目的相互关系和组合方式的分析，其最主要目的在于弄清在不断变化的市场营销环境中企业现有的产品组合与企业的总体战略、营销策略的要求是否一致，并根据内外部环境的要求对现有的企业产品组合进行调整。

（二）产品组合策略

产品组合策略是制定其他相关决策的基础。企业根据市场需要、竞争情况及企业所处的外部环境，结合自身实力和经营目标，以利于促进销售和提高总利润为原则，对产品进行组合，做出正确的产品组合决策。对企业产品组合改进的主要方法是调整。企业有关决策人员，要通过调整，妥善地处理多品类与专业化之间的矛盾，使企业的产品组合独具特色，并通过不断调整保持最佳状态。产品组合策略一般有以下类别。

1. 扩充产品组合策略

扩充产品组合即开拓产品组合的宽度和增加产品组合的深度，实行更多品类或品种的生产或经营。一种途径是增加和扩充产品线，拓宽企业的经营范围；另一种途径是增加原有产品项目的品种。具体做法如下：

（1）在维持原有产品品质和价格的基础上增加同一产品品种的规格、型号或款式。

（2）增加不同品质和价格的同一种产品。

（3）增加与原有产品相类似的产品。

（4）增加与原有产品毫无关联的产品。

扩充产品组合的益处如下：

（1）提高市场占有率。满足不同层次的消费者需求，达到迅速提高市场占有率的目的。

（2）扩大经营规模。挖掘品牌效应，推广系列产品。

（3）充分利用资源。充分利用企业资源和剩余劳动力，提高效益。

（4）降低风险。减少由于消费者需求偏好的转移而形成的企业损失，分散风险。

采用此策略的不利方面在于增加了经营的复杂性与难度。

2. 缩减产品组合策略

缩减产品组合就是削减产品线或产品项目，实行更少品类、更专业化的经营，以利于企业采取先进的生产技术和营销方法，提高效率，降低成本和费用，提高产品质量和服务水平。具体做法如下：

（1）减少产品线的数目，实行专业化生产经营。

（2）削减产品线中的产品项目。

缩减产品组合的益处如下：
（1）集中力量。集中资源和技术力量于优势产品。
（2）降低成本。使生产经营专业化，提高经营效率，降低成本。
（3）节约资金。减少资金占用，加速资金周转。
（4）针对市场。有利于向市场纵深方向发展，准确选择目标市场。
采用此策略的不利方面在于要承担较大的经营失败的风险。

3. 产品线延伸策略

产品线延伸策略是指全部或部分地改变原有产品的市场定位。具体有以下三种方式：
（1）向下延伸，即在高档产品线中增加低档产品项目。
（2）向上延伸，即在原有的产品线中增加高档产品项目。
（3）双向延伸，即原定位于中档产品市场的企业掌握了市场优势以后，向产品线的上下两个方向延伸。

思考 8-3 请举出一个在产品线延伸策略中向下延伸的例子，并做出自己的评价。

第二节　品牌

一、品牌与商标

(一) 品牌的概念

品牌是产品策略中的重要课题。品牌与商标都是用以识别不同生产经营者的不同种类、不同品质的商业名称及其标志。但在企业的营销实践中，品牌和商标并不完全等同。

美国市场营销协会对品牌的定义是：品牌是一种名称、术语、标记、符号或设计，或是它们的组合运用，其目的是借以辨认针对某个销售者或某群销售者的产品或服务，并使之同竞争者的产品或服务区别开来。完整的品牌包括品牌名称和品牌标记两部分。

品牌名称是指品牌中可以用语言称谓表达的部分，如"海尔""五粮液""李宁"等。品牌标记是指品牌中可以被识别、认识，但不能用语言称谓表达的部分，如独特的符号、图案、色彩或字体造型等，三叉星圆环和相连的四环分别是奔驰和奥迪的品牌标志。

品牌就其实质来说，代表卖方交付给买方的产品特征、利益和服务的一贯性特点。久负盛名的品牌就是优良品质的保证。不仅如此，品牌还是一个更为复杂的符号，蕴含着丰富的市场信息。

(二) 商标的概念

产品的品牌经过政府有关部门的审核，获准登记注册即成为**商标**。商标实行法律管理，企业因此拥有该品牌的专用权，并受法律保护。因此，商标是一种法律术语，也就是享有法律保护的某个品牌。企业的商标可在多个国家注册并受到各国法律的保护。

商标是企业产权的组成部分，驰名商标更是企业的巨大财富。企业必须增强商标意识，妥善运用这一有价值的无形资产，使之更好地为企业经营发挥作用。

需要说明的是，在我国，商标有"注册商标"与"未注册商标"之分。注册商标是指受法律保护、所有者享有专用权的商标；未注册商标是指未办理注册手续、不受法律保护的商标。在过去相当长的时间里，我国习惯上对一切品牌不论其注册与否，都称作商标。

商标专用权也称商标独占使用权，是指品牌经政府有关部门核准后企业独立享有的使用权，受到法律保护，其他任何未经许可的企业不得使用。因此，企业欲使自己的产品品牌长久延续，必须通过国家许可的方式获得商标专用权，以求得法律的保护。

凡不拥有商标专用权，假冒他人商标、仿冒他人商标、恶意抢注他人商标等行为，均构成侵权，必然会受到法律的制裁。

> **小贴士**
>
> 现今发现的我国北宋时期济南刘家针铺的广告是世界上最早的印刷广告，这张铜版广告图文并茂，上面雕刻着"济南刘家功夫针铺"，中间是白兔儿抱铁杵捣药的图案，于图案左右标注"认门前白兔儿为记"，下面说明商品的质地和销售方法："收买上等钢条，造功夫细针，不误宅院使用；客转为贩，别有加饶。请记白。"这广告上的白兔儿图案就是该商品的商标，是我国最早的图文兼备的商标（现存于中国历史博物馆），早于欧洲 200 年左右。欧洲最早的品牌是在中世纪出现的，当时的"基尔特"（行会）要求手工业者给他们的产品打上标记，以便于识别。商标的迅速发展，是在近代和现代资本主义商品经济高度发达的条件下实现的。

💬 **思考 8-4** 品牌和商标是一回事吗？为什么？

名师解忧

二、品牌的作用

品牌的作用如下。

(一) 品牌对消费者的作用

品牌在现代社会人们生活中的地位与作用愈加重要。现代经济生活中，品牌的重要性可从以下方面认识：①令人目不暇接的产品让消费者无从辨认；②消费者与生产者之间相隔甚远，只能凭借有法律、信誉保障的品牌来保持联系；③现代产品的结构日趋复杂，包装装潢讲究，消费者难以直接审视产品及其内在质量；④现代的销售方式使消费者不仅与生产者而且与销售者隔离，如网络销售等，消费者更多的是"认牌购货"。

(二) 品牌对生产者的作用

品牌不仅对一般消费者有如此重要的作用，对生产和销售产品的企业也有着重要的意义。①品牌属于企业的一种工业产权。通过品牌标示产品的来源，人们可以把产品与企业联系起来，品牌成为有力的竞争工具，对企业的经营产生重大影响。②品牌是商品质量的标示。企业为在竞争中取胜，总是在不断提高产品质量，而品牌帮助企业保持产品的质量。③品牌便于企业开展促销活动。企业的各项促销措施，无论是广告、人员促销，还是营销推广，离开了品牌都无从谈起。④品牌有利于企业创优。对开发新产品的企业来说，品牌是创名牌的重要部分，是新产品上市的媒介。⑤品牌还能起到维护企业及其产品权利的作用。产品的品牌一经注册，企业便具有得到法律保护的权利。法律维护注册人对其品牌有独占的权利。名牌产品的品牌还是一种特殊产品，拥有者不但可以以高于市场平均价格销售产品，还可以通过出售转让获利。

三、对品牌设计的要求

品牌的设计虽属标志艺术范围，但与企业产品的营销有重大关系。因此，营销人员必须明确对**品牌设计的基本要求**。

(一) 标记性

品牌的基本功能在于标示产品的来源以区别于其他产品，标记性是对品牌设计的首要要求。要做到这一点，企业要注意以下几个方面：

（1）设计新颖，不落俗套。要使品牌独具特色，使人一看便留下深刻印象。因此，品牌设计不应简单模仿，要鼓励巧妙构思、别出心裁。

（2）突出重点，主次分明。要有主有次，图案、文字、符号既要生动、错落有致，又要避免淹没主题。

（3）简洁明快，易于识别。应使人易认、易记，避免过分精密繁杂，否则会使人难以辨认和记忆，品牌名称要尽量简短。

小案例 8-2

美国著名奶粉品牌"KLIM"，是用英文"牛奶"（MILK）一词的字母倒过来拼写而成的，好读又好记；又如日本索尼公司采用拉丁文的"Souns"（声音）、英文的"Sunney"（可爱的孩子）组合成"Sonny"，意指以声音起家的可爱的孩子。但"Sonny"在日文里的发音是不吉祥的词汇，最后公司决定去掉其中一个字母"n"，"Sonny"变成了"Sony"。这个品牌名称朗朗上口，助力公司成功打入海外市场。

（二）适应性

品牌的适应性主要表现为以下几个方面：

（1）便于在多种场合、多种传播媒体中使用，有利于企业开展促销活动。这样就可以使品牌的设计在报刊图书、电视电影、橱窗路牌、产品的包装以及灯箱、霓虹灯等宣传工具上的制作不困难，使其无论放大、缩小、用什么材料制作、是活动的还是静止的、在什么场合出现，都能给人始终如一的概念。这里还要强调的是，品牌要与包装、装潢协调一致。

（2）适应国内外对象的爱好，避免禁忌。要注意品牌的文字、图形、颜色在营销所在国家和地区无不良含义且不会造成错觉，如在瑞士等国家忌用黑色作为品牌的主色调或显著的色块等。

（3）适应国内外的商标法规，便于申请注册。各国都有各自的品牌法和有关规定，如禁止使用与国旗、国徽、军旗、勋章相似或相近的品牌，禁止使用同国内外重要政治标志和国际组织徽标相近的品牌，禁止使用类似于"红十字""红新月"标志的商标，禁止使用直接表示产品的质量、主要原料、功能、用途、数量及特点的品牌以及带有民族歧视性的品牌等。除此之外，不同的国家和地区还有各自的特殊要求，这些要求往往反映民族风俗习惯。西方发达国家对品牌含有的产品性质、功用、原料、质量的限制很严，如"永久"牌自行车，因"永久"二字组合得有点像自行车的样子，就很难获准注册；东南亚国家对用地理名称及名胜古迹作品牌限制很严；许多品牌诸如上海、西湖、黄山、漓江等，都很难获准注册。

(三) 艺术性

品牌作为艺术品的一种，应给人以美感，并吸引人们的注意。在品牌设计中，要运用艺术手法，讲究形式美。品牌画面设计要注意形象的提炼、构图的精巧、色彩和空间的利用、黑白对比等。品牌名称要响亮，与美好的、褒义的词联系在一起；也可巧用双关语，如抵羊牌毛线与抵制洋货的"抵洋"谐音，语意双关，使该品牌博得广泛的好评。从艺术的角度对品牌设计提出的要求有以下几个方面：

（1）针对消费者心理，启发联想。要求品牌的设计寓意深刻，可以用企业的名称，也可以取动物、花卉和常见景物的名称或用吉祥语作为品牌名词。如"白云"牌（取景物），"红双喜"牌（取吉祥语）等，可唤起人们的联想和对产品的欲望。

（2）思想内容健康，无不良意义。一般情况下贬义词也不应使用，同时要避免含糊不清的简化词。

（3）设计专有名称。现代企业中流行用不含意义的字母组合做品牌，往往能给人留下深刻印象。如美国柯达公司的乔治·伊斯曼创造了"Kodak"这个字母组合，用作品牌的名称。很多企业运用这一方法取得成功。

四、企业的品牌策略

在了解品牌的含义和作用、种类及品牌设计的基础上，要讨论怎样合理地使用品牌，即企业依据产品以及内部、外部的影响因素，决定适当的品牌策略。常用的企业的品牌策略有以下几种。

（一）有品牌与无品牌策略

一般情况下，有品牌的产品更容易得到消费者的信任。因此，随着经济的发展，经营一些原来不使用品牌的产品（如水果、蔬菜、肉类、食糖、小工具、小农具等）的企业为了保证其竞争地位也逐渐使用品牌。而有时对一些有固定规格标准的原材料、煤等燃料以及地产地销产品，或一次性销售的产品，考虑成本的节省，可以不使用品牌。

（二）制造品牌与销售品牌策略

在西方发达国家从事营销活动，做这一决策很关键。一般当制造者的实力、品牌的知名度及信誉高于销售商时，应坚持使用制造品牌，如情况相反，则采用销售品牌为宜。许多商业企业为了建立起消费者对自己销售品牌的偏好，坚持使用销售品牌。这样做的结果有时抹杀了生产企业的功绩，不利于鼓励生产者的积极性。因此，当实力、信誉相当的生产企业与销售企业发生业务联系时，常常采用折中的办法，同时使用制造品牌与销售品牌。我国在向国际市场推销产品时，可以视本企业产品与销售者的情形来决定使用哪种策略。

(三) 家族品牌策略

家族品牌是以一定的品牌为基础，把它与各种文字结合起来，使用在同一企业各类产品上的商标，也叫"派生品牌""亲族品牌"。这种情况一般适用于价格和目标市场相近的产品。但要注意的是，作为"家族品牌"的基础品牌，最好是人尽皆知的名牌，其"家族"产品质量要有保证，否则，将面临全"家族"覆灭的危险。

(四) 单一品牌或等级品牌策略

与家族品牌策略相反，单一品牌或等级品牌策略强调不同的产品、不同等级的产品应有各自的品牌。企业往往在生产和经营的产品的种类、价格、档次及质量上有较明显的不同时采用此策略。此策略的主要好处在于：考虑到不同产品的不同购买者的需要，标明同类产品质量、价格、档次上的差异；同时，避免一种新产品开发不利拖累其他产品，产生不可挽回的影响。其缺点在于：相互关联性差，逐个宣传品牌费用高于家族品牌策略。

(五) 更新品牌与推进品牌策略

从一定的角度看，企业商标的不断更新是企业进步的标志之一。更新品牌策略即废弃原有的品牌而代之以新的品牌，又称为骤变型品牌策略，一般在商标已完全不适用的情况下采用（参见品牌的适应性）；推进品牌策略是指随产品组合的变化和产品变化的要求而部分地改变品牌，又称为渐变型品牌策略。如我国的"飞鸽"牌自行车品牌在不断变化，但其主体飞翔的鸽子没有变。此策略适用于原有的信誉较好的品牌，这样既可通过不断完善品牌，又可保持原品牌的基本形象。但要注意的是，品牌的变更不能过于频繁，否则不利于企业创立和保护名牌。

> **思考8-5** 比较家族品牌策略与单一品牌或等级品牌策略的优缺点。

第三节 包装

如果把品牌比作商品的"脸面"，那么包装可谓商品的"外衣"。随着商品流通形式的发展，作为产品实体重要组成部分的包装在营销中占有越来越重要的地位。

一、包装及其作用

包装是指为产品设计和生产容器或包裹物的一系列活动。产品包装有两层含义：一是产品设计、制作包裹物的活动过程；二是指产品的容器或包裹物。产品的包装一般分为三个层次：第一个层次的包装即直接包装，是指最接近产品的容器，如润肤露的瓶子。第二个层次的包装是间接包装，指保护第一个层次包装的物品，产品一经使用便被丢弃。第二个层次的包装除了增加对产品的保护功能以外，还是企业促销的承载手段，载有充分的促销信息，如润肤露的纸板盒。第三个层次的包装又称运输（或储运）包装，指产品储存、辨认、运输和方便进一步销售所必需的包装，如装有24瓶润肤露的硬纸箱。三个层次的包装共同构成了产品的包装物。

在现代市场营销中，**包装的作用**越来越大，可概括为以下几个方面。

（一）保护商品

保护商品，使其免遭污染、损坏、散失、变质等，这是包装的物理功能，也是包装最初和基本的功能。各种商品的形态、形状、性能不同，对商品包装的要求也不同。为有效地保护商品，实现其效用，包装起着避免商品腐蚀、霉变、爆炸、曝光、散落、变形的作用。为此，要求包装材料适宜，包装结构合理，坚实可靠。

（二）方便使用

从生产企业角度看，方便使用既是商品包装的作用，也是对包装的要求。生产企业不仅要考虑运输储存等因素的要求，还要考虑销售企业售卖商品方式的要求。要求单位适当以方便中间商的转卖，说明商品的构造、成分、性能、用途、使用方法、注意事项，更重要的是要根据消费者的消费习惯，设计出使用方便的包装。如一次购买多次使用的商品，应根据每次用量分别包装；需要控制用量的，要在包装中加入带刻度的容器；还要注意便于消费者携带、易于开启。总之，要想方设法方便消费者。

（三）促进销售

除重视包装的以上两项基本功能外，企业营销人员发现商品的包装还具有"无声的推销员"的功能，且越来越强大，主要表现在以下几个方面：

（1）识别的功能。各种商品包装装潢不同，如造型、材料、容器、色彩、图案等不同，消费者就能对同类商品中的不同商品加以区别，选择理想的商品。

（2）传递信息的功能。包装上针对消费者的心理要求，印有对商品的成分、特点、用途、使用方法、生产厂家、服务措施等方面的说明，能及时、广泛、准确无误地传递信息。

（3）诱发购买的功能。包装装潢新颖独特，给人以美感，造型美观，制作精细，颜色协调鲜明，可以随时诱发消费者的购买欲望。如在超级市场的成千上万种商品中，消费者在很大程度上是受包装的吸引而产生购买欲望的，包装所起到的促销作用是其他手段不能代替的。

（4）增值的功能。改进商品的包装不仅可以扩大销售量，还可以增加商品本身的价值。同种商品包装的精致程度不同，得到市场认可的价格就不同，而精致包装使商品市场价格提高，价格的提高往往高于用于改进包装的费用。由此，企业可以增加利润。

> **小贴士**
>
> 在商品销售中，包装是传递信息、争取顾客的重要工具。包装是货架上的广告，良好的包装能够吸引消费者，激发其购买欲望。例如，一般的超级市场中，平均存储 15 000～17 000 种商品，一般情况下，顾客每分钟可浏览 300 种商品，并且 3% 的购买行为是出于即时冲动。在这个竞争激烈的环境中，包装或许是销售者影响购买者的最后机会，包装成了一则"5 秒钟商业广告"以及"无声的推销员"。

二、包装的设计

包装的设计是企业产品策略的必要组成部分，重视包装设计是企业市场营销活动适应竞争需要的理性选择。包装设计必须不断创新，这不仅能够给消费者带来需求的进一步满足，提供巨大的消费利益，也给制造者带来了丰厚的利润。企业在设计包装时，通常应从以下几个方面考虑：

（1）包装是否能有效地保护商品。

（2）包装是否易于装运、储放。

（3）包装是否方便出售者。

（4）包装是否有指导使用的必要说明。

（5）包装是否易于开启。

（6）包装上的品名、品牌是否容易辨认。

（7）包装上是否标明必要的标识，如指示性、解释性、禁忌性、鼓励性等标识。

（8）包装对顾客是否有吸引力。

（9）包装与商品的性质及风格是否一致。

（10）包装是否体现商品的目标顾客的爱好。

（11）包装的成本是否恰当。

（12）包装在同类商品中特点是否突出。

此外，包装还应满足不同运输商和分销商的特殊要求。

三、包装策略

包装策略是产品决策的重要部分。好的商品需要好的包装，而好的包装不仅有赖于艺术方面的构思，也取决于是否采用了正确的包装策略。

（一）类似包装

类似包装指企业生产的全部商品的包装相同或相近。这种策略便于企业节约包装设计、制作费用，同时可以扩大影响，塑造生产企业的特有形象，消费者看包装便知其是哪家企业的产品。但需要注意的是，采用此策略的企业产品线不宜过宽，同时，各种商品之间的质量不能过于悬殊，避免增加低质商品的包装费用，或使优质商品的声誉受到影响。

（二）等级性包装

等级性包装指按照商品的质量、价值分成等级，不同等级采用不同的包装。同等级商品采用相同的包装，不同等级商品的包装有各自的特征，易被区分，此策略使消费者根据包装选择商品。俗话说"一分钱，一分货"，通过等级性包装策略，把商品内在质量的差别体现在商品的包装等级上，质量越高、价值越大的商品，包装越精美。但采用此策略要注意把本企业的商品时时与市场上的同类、同值商品做比较，以便正确决定等级之间的差异程度。

（三）组合包装

组合包装也叫多品种包装，即按照消费习惯，将几种或多种有关联的不同商品集中装于一个包装物中。如儿童"六一"礼品袋，有将不同的玩具、学习用品装在一个袋子里的，也有将各种糕点、糖果装在一起的"大拼盘"。这种策略既可以方便消费者一次购买到所需的物品，又可以引发连带性购买行为，有利于新产品的上市推广。

（四）再使用包装

再使用包装也称双重用途包装，即商品使用完了，其包装还可派其他用场。如设计美观的装蜂蜜的罐子，用作简易茶杯；空酒瓶当花瓶；等等。这种策略使消费者有新奇感，有时能因其瓶而购其酒，移作他用的包装物又可较长时间留在消费者身边，起到宣传商品的作用。但再使用包装所用工料一般价格较高，在决策时要注重消费心理，结合商品的特征，设计出有欣赏意义和再使用价值的包装。

(五) 附赠品包装

附赠品包装指在包装里面附有赠品,以吸引消费者购买,扩大销售量。附赠品包装还可以作为介绍新产品和进行市场调查的手段。

(六) 改变包装

改变包装即放弃商品的旧包装,改换新包装。在下列情况下宜采用此策略:
(1) 原包装缺点明显,并被证明是应改进的。
(2) 为吸引消费者而换包装,以新的面貌出现。
(3) 包装材料落后,为更好地满足目标消费者对包装物的要求而改变包装等。

实行这一策略的优点,一是弥补不足,二是商品以新面貌出现,对促销有积极作用。但是,名牌商品包装的改变要慎重,以免导致消费者怀疑是假冒名牌、质量下降等。

包装策略要服从和配合企业营销产品策略。若企业采取单一的产品策略,追求企业及产品在消费者心目中的特定形象,需要为实现这一目的设计包装。

> **小案例 8-3**
>
> 可口可乐公司为配合整体策略,在设计饮料的包装瓶上绞尽脑汁。公司当时的主要目标是避免雷同,创造出独一无二的品牌形象,设计和制造出一种"在黑暗中用手一摸就知道是可口可乐"的有特色的包装物。

思考 8-6 "包装越精美越好"的说法对吗?为什么?

名师解忧

第四节 产品生命周期

市场是不断变化的,产品也不会经久不衰。每一种产品在市场上都会有一个从诞生到衰亡的历程,所不同的是周期的长短和变化的趋势。因此,企业经营者应当密切关注产品在市场上的走势,并根据其在市场上的表现调整营销策略。企业必须深入理解产品生命周期的原理,科学运用新产品开发策略。

一、产品生命周期的概念

产品生命周期理论(又称产品循环理论)是营销理论中的重要内容。产品生命周期的发现与运用是长期市场营销活动实践的结果。人们通过对市场活动的长期观察，逐渐认识到产品也同生物体一样，有其产生、发展、衰亡的过程。这一过程是随市场变化发生的，被称为产品的"市场生命"或"经济生命"。产品生命周期可以理解为一种产品在市场上产生、发展直至被淘汰的过程。

产品的经济生命与产品的使用寿命是两个截然不同的概念。产品的使用寿命是指产品的耐用程度，是产品从开始使用到损坏报废的时间间隔；而产品的经济生命与市场上的消费者、新产品的推出速度息息相关，从另一个角度看，指的是一种产品从进入市场到退出市场的时间间隔。

产品生命周期实际上可分为产品的种类、品类和品牌的生命周期，三者分析起来大不相同。产品种类的生命周期最长，甚至在一段相当长的时间内显示不出其阶段内的变化；其次为产品品类的生命周期，时间最短的是品牌的生命周期。例如，糖果是一种产品种类，糖果中的口香糖是其中的一个品类，而"××牌口香糖"则是具体牌号的产品。三者比较，自然"糖果"的生命周期最长，"××牌口香糖"的生命周期最短。在实际经营中，应用产品生命周期理论分析产品种类的情况较少，而更多的是用以分析产品品类或具体品牌。

思考8-7 产品生命周期指的是产品的使用寿命吗？

二、产品生命周期阶段的划分与营销策略

产品生命周期过程可以用一条曲线来表示，称为**产品生命周期曲线**（如图8-2所示）。这是一条典型的曲线。根据该曲线的特点，可以将产品生命周期分为四个阶段，即引入阶段、成长阶段、成熟阶段和衰退阶段，处于不同阶段的产品有着不同的市场状况与营销对策。

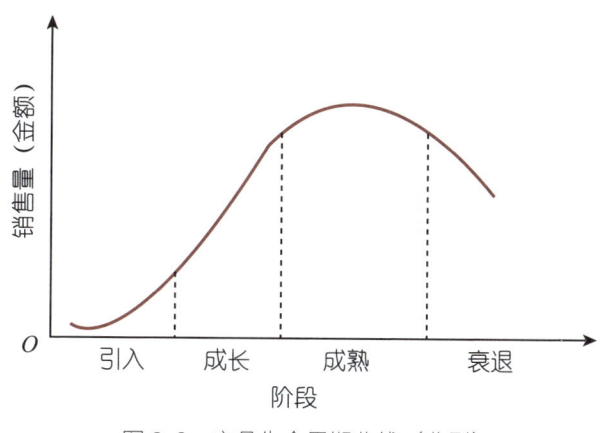

图8-2 产品生命周期曲线（典型）

(一)引入阶段

引入阶段又称试销期、介绍期,指产品从设计投产直到投入市场进入测试的阶段。在这个阶段,顾客对产品不熟悉,其市场状况呈现出以下特点:

(1)生产不稳定,生产批量较小。

(2)成本比较高,企业负担较大(通常没有利润,甚至亏损)。

(3)人们对该产品尚未接受,销售增长缓慢。

(4)产品品种少。

(5)市场竞争小。

这一阶段,企业的着眼点应是建立新产品的知名度,广泛宣传,大力推销,吸引潜在消费者的注意和兴趣,争取打通分销渠道,占领市场。企业营销策略的重点要突出一个"快"字,即尽量以最短的时间、最快的速度使产品进入成长阶段。具体策略主要有:

(1)建立知名度。要把主要精力放在解决人们对产品不认识、不熟悉的问题上,要千方百计使人们了解和熟悉产品。这时的产品还立足未稳,要扩大对该产品的宣传,建立产品信誉。在这一阶段,企业要承担较重的广告费用负担。

(2)品牌提携。利用现有产品辅助发展的办法,用名牌产品提携新产品。如荣事达公司利用荣事达洗衣机形成的品牌效应推出荣事达冰箱。

(3)引导试用。多采取试用的办法,如试听、试穿、试尝,使消费者了解新产品。不少企业据此取得了成功。

(4)激励中间商。给经营产品的批发企业、零售企业或其他后续经销企业加大折扣力度,刺激中间商积极推销。

(二)成长阶段

成长阶段又称畅销期,指新产品通过试销,效果良好,消费者逐步接受该产品,产品在市场上站住脚并且打开了销路的阶段。这一阶段的特点有:

(1)大批量生产经营,成本降低,企业利润迅速增加。

(2)销量上升较快,一般来讲价格也有所提高。

(3)生产同类产品的竞争者开始介入。

产品的产量不断增加,工艺装备和各种专用设备全部投入生产线,销售量增长快,企业开始有较多的利润,随着更多的生产者和经营者加入这个行列,竞争逐渐加剧。在这种情况下,企业必须保持良好的产品质量和服务质量,切勿因产品畅销而急功近利,片面追求产量和利润。为了促进市场的成长,这一阶段企业营销策略的重点应该突出一个"好"字。具体可采取以下策略:

(1)提高产品质量。根据顾客需求,不断改进产品性能,提高产品质量,增加品种、型号、款式，力求创出新的特色。

（2）扩大目标市场，积极开拓新的细分市场。

（3）转移广告重点。将广告宣传的重点从建立产品知名度转向品牌、商标的宣传，使人们对产品产生好感和偏爱。

（4）增加新的分销渠道或完善分销渠道。

（三）成熟阶段

成熟阶段又称饱和期，指产品进入大批量生产并稳定地进入市场销售，产品需求趋向饱和的阶段。这一阶段的特点如下：

（1）购买者一般较多。

（2）产品普及并日趋标准化。

（3）销售数量相对稳定。

（4）成本低，产量大。

（5）生产同类产品的企业之间在产品的质量、花色、品种、规格、包装、成本和服务等方面的竞争加剧。这种竞争是要占领别人的市场，这种状况下"商战"是激烈的。

在这一阶段，企业不应满足于保持既得利益和地位，而要积极进取，争取稳定市场份额，延长产品市场寿命。企业营销策略的重点是突出一个"改"字，即对原有的产品市场和营销组合进行改进。具体可采取以下策略：

（1）千方百计地稳定目标市场，保持原有的购买者，同时使购买者"忠于"产品。

（2）增加产品的系列，使产品多样化，增加花色、规格、档次，扩大目标市场，至少也要维持原市场占有率，改变广告宣传的重点和服务措施。

（3）重点宣传企业的信誉。这时的广告宣传与试销阶段的情况不同，不能仍着眼于"介绍"新产品的优点。这时市场上同类产品多了，再做同样的宣传稍有失误便会替别人花了广告费。同时，还要加强售后服务工作。

这一阶段还有一个重要的任务，就是研制第二代产品，为产品的升级换代做好准备。这样，一旦该产品的销售不良，马上可以有新的产品问世。

（四）衰退阶段

衰退阶段又称滞销期或衰落期，是指产品走向淘汰的阶段。这时，产品在市场上已经老化，不能适应市场需求，市场上已经有其他性能更好、价格更低廉的新产品，足以满足消费者的需求。这时市场的情况是：

（1）产品的销量和利润呈锐减状态。

（2）产品价格显著下降。这意味着一个产品已经日薄西山了，预示着该产品即将退出市场。

这一阶段，对大多数企业来说，应当机立断，弃旧图新，及时实现产品的更新换代。企业营销策略的重点在于突出一个"转"字，即转向研制开发新产品或转入新市场。一个比较熟悉的办法就是"甩卖"，但通过"甩卖"来加大产品退出市场的速度不是唯一策略。有经验的营销人员总结了三个字，即"撤、转、攻"。"甩卖"是"撤"的一种，"撤"还要讲究方法和策略。"转"有几层意思：一是转移目标市场，其中包括地域上的"转"。大城市没销路就转向中小城市、乡镇乃至农村，有时一种产品在某地区已经无人问津，但转到另一个地区可能顾客盈门。二是转移产品的用途，实际上是寻找和开发产品的新用途。如适合儿童食用的强化营养品的销路萎缩时，可以根据老年人生理需要进行研究；当发现老年人的生理特征致使其有些营养成分的要求和儿童营养强化食品相近时，便可以宣传商品的新用途，扩大目标市场。"攻"是指在"撤"的同时采取进攻型策略，推出新产品是最典型的"攻"。

💬 **思考 8-8** "产品一旦进入衰退阶段就立即放弃"的做法是否正确？为什么？

名师解忧

💬 **思考 8-9** "每一种产品都必然经历引入阶段、成长阶段、成熟阶段和衰退阶段"的说法是否正确？为什么？

名师解忧

第五节　新产品开发

新产品的不断开发和涌现是企业活力所在。创新是企业的基本功能之一，而创新往往是通过新产品体现的。

一、新产品开发概述

（一）新产品的概念

新产品具有广泛的意义。从不同的角度可以有若干不同的定义。市场营销学中所讲的新产品同科学技术发展意义上的新产品的含义不完全相同。市场营销学强调消费者的观点，认为凡是消费者认为是新的、能从中获得新的满足的、可以接受的产品即属于新产品。

（二）新产品的分类

新产品基本可分为两大类，即市场型新产品和技术型新产品。市场型新产品主要指产品实体的主体和本质没有什么变化，只改变了色泽、形状、设计装潢等的产品。其中包括因营销手段和要求的变化引起消费者"新"感觉的流行产品。技术型新产品是由于科学技术的进步和工程技术的突破而产生的新产品，无论是功能还是质量，与原有的类似功能的产品相比都有了较大的变化。如电话、电报机、计算机、无线电传真设备问世时，都属于技术型新产品。

但在市场上，纯属以上两种情况的新产品为数不多，大多数新产品是两者的"混合型"，既要求以新技术、新发明为前提，又依赖于市场营销其他因素。因此，又可将新产品进一步分为以下四种：

1. 全新型新产品

全新型新产品也称创新新产品。与上述技术型新产品有时有相同的意义，全新型新产品是指新技术、新材料及新工艺应用于生产过程而制造出过去从未有过的产品。这类产品具有时代意义，常常代表科学技术发展史上的新突破。这类产品一旦在市场打开局面，将会表现出强大的生命力，能够为企业带来较长期的利润。这类产品一般所需研制时间较长，要求技术条件较高，企业投入巨大。但同时也增大了其他企业仿制的难度，使先驱企业容易在竞争中获得有利地位，并能在一定时间内维持其优势。

2. 换代型新产品

换代型新产品是指产品的性能有重大突破和改进的产品。如石英钟表是机械钟表的换代产品。开发换代型新产品要比创造全新型新产品难度小得多，也能够使企业较快地获得收益。

3. 改进型新产品

改进型新产品是指在原有产品的基础上在材料、结构、性能、造型乃至包装一个或几个方面进行改进而制造出的适应新用途、满足新需求的产品。如手表从圆形到方形、从方形到椭圆形甚至到菱形等。除此之外，构成产品五个层次中的某个因素发生变化或改动（有时这种变化很微小），都有可能产生新产品。

4. 模仿型新产品

模仿型新产品是指企业对自己尚未生产过的、市场上已有的产品进行仿造而推出的新产品，亦称企业新产品。模仿型新产品尽管是仿造，但仍然有开发价值，常常可以填补国家或地区的某种产品的空白，并为改进型新产品的开发提供条件。

新产品还可以从其他角度用其他标准进行分类，如按照消费者行为的变化程度分类，按照提供产品企业的观点分类，以及按照政府管理的角度分类，等等。

(三) 新产品开发的意义

在现代市场竞争中，新产品开发具有重要意义。美国著名管理学家杜拉克说："任何企业只有两个——仅仅是两个基本功能，就是贯彻市场营销观念和创新，因为它们能创造顾客。"总结大多数成功企业的经验可以看出，创新是企业的活力所在，而企业的创新大都体现在新产品的开发方面。新产品开发的意义，大致有以下几方面：

1. 促进企业发展

促进企业发展是新产品开发的根本。凡是成功的企业都是新产品开发的成功者。据统计，新产品的收入平均占企业收入的33%，1/3的企业收入来自五年前没有销售过的产品。在一些朝阳产业中，这个数字达到100%。许多企业崛起的根本原因是成功的新产品开发。如康柏公司、JVC公司、IBM公司和微软公司等，这些名不见经传的企业之所以能成为行业中的巨人，都是从一个新产品起步的。

2. 营造竞争优势

现代竞争的加剧，使企业更加关注从新产品的开发中取得竞争优势。在《财富》周刊评出的排名前十的企业中，判断其投资价值时，仅用了一个指标，即创新的力度。这些企业之所以获取竞争优势，主要是因为它们"满怀信心地将创新作为企业的信条"。

小案例 8-4

自1997年以来，海尔冰箱平均1.5天研制出一个新产品，平均1天就有1.8个专利产生，使海尔的科技创新进入世界最先进家电企业行列，使海尔冰箱在严重供过于求的国内市场上依然火爆。

3. 充分利用企业资源

新产品开发可整合企业人力、物力和财力等全部可以利用的资源，常常是利用剩余的生产能力进行有效的开发。

4. 促进其他产品的销售

新产品的开发往往还可以带动企业产品组合中其他产品的销售。

5. 对环境变化的反应

企业投入精力进行新产品开发，对瞬息万变的营销环境的变化做出积极反应是多数企业的明智之举。以"变"应"变"的主动营销思想造就了大批成功的企业。

6. 改善企业形象

许多老企业，当发现自身的市场形象与企业的目标出现差距时，也常常通过新产品的开发来改变其旧有形象，或重新设计和树立新的市场形象。

7. 激发人员的革新精神和创造力

当一个企业觉得自身的表现不尽如人意时，如活力不够、配合欠佳等，往往决定当即开发新产品，以激发企业人员的革新精神和创造力。这一意义较之其他意义更为深远。

(四) 成功的新产品开发

新产品开发的成功是诱人的，但新产品开发的失败也令企业心惊胆战。研究显示，1/3 以上的新产品开发是不成功的。依据不同行业的统计，新产品的失败率为 30%～70%。因此，开发成功的新产品至关重要。成功的新产品，一般具备以下特征。

1. 相对优点突出

新产品相对于市场原有的产品来说具有独特的长处，如性能好、质量高、使用方便、易于携带或价格低廉等。

2. 适应性强

新产品必须适应人们的消费习惯和人们对产品的观念。如试制幼教系统使用的电子琴，就要使产品适应此系统使用者的使用习惯（如双手弹奏）；又如凡士林问世之初的用途是用作机器的润滑油，使用一段时间后，使用者发现凡士林还可用作润肤脂以及制作药膏和发胶的原料。凡士林及许多产品的新用途的发现者是消费者，因此，消费者常常被企业作为开发产品新用途的来源。

3. 有利于保护环境

新产品要对环境无害或危害极小，有利于资源再生和回收利用。

4. 时代感强

新产品要能体现时代精神，培植和引发新的需求，形成新的目标顾客和市场。

5. 多功能化

新产品要具有多种用途，一物多用，既方便购买者使用，又能提高他们的购买兴趣。

6. 人体工程化

无论对于生活消费品还是对于生产资料都要充分考虑这一因素。例如，汽车驾驶室的高度和设施如何使驾驶人员更方便和更舒适，通过对人手部肌肉和受力点的分析设计出更省力、更易于操作的照相机，等等。

7. 简易化

新产品应尽量在产品结构和使用方法上体现简单方便的特点，并应易于维修。例如，有些产品设计过于复杂，使用起来非常烦琐，由此流失了自己的一部分消费者。

8. 微型化、轻便化

在保障质量的前提下使产品的体积变小、重量变轻、便于移动也是适合现代产品发展潮流的一个趋势，如电子计算机、无线通话机等，体积越小、重量越轻的产品在市场上越受欢迎。

9. 低成本

新产品的成本明显低于现有产品，通常具备人们所讲的"性价比"方面的突出优势。这种低成本优势常常由技术发明和改造得到。这种优势有较强的不可替代性。

二、新产品开发的程序

新产品开发不但要有严密的组织和管理，还必须有一套系统、科学的程序，以避免和减少失误。由于不同企业的生产、经营条件不同，因此新产品的项目不同，开发程序也各具特色。一般来说，**新产品开发的程序**大致可分为以下六个阶段。

（一）提出目标，搜集构想

新产品的构想是在企业战略基础上提出的，也有人称为"创意""构思"或"设想"。新产品的构想主要来源于购买者（包括消费者和工业用户）、专家、批发商、零售商、竞争者、企业的营销人员及各级决策人员。

企业对以上人员的工作主要有以下几个方面：

1. 寻找构想

设法从环境中发掘好的关于产品的"构想"，如从顾客对现有产品的意见中发现，从专家的新科技成果中寻找，也可以从竞争者的产品上得到启发。

2. 激励构想

设法鼓励和激发企业内外部人员产生和发展新构想。在这项工作中，不可忽视营销人员的作用，因其经常与顾客打交道，了解顾客对产品的看法，往往能产生出新的构想。

3. 完善构想

将搜集到的好构想送到企业内部有关部门，征求修正和补充意见，以完善最初构想。在搜集构想的过程中，有一些方法可以帮助企业最有效地发掘构想。

（1）特点罗列法。把某一产品的特点列出，然后逐一推敲，以便找出另一组特点的组合来对本产品进行改进。

（2）强迫关系法。其也称硬性结合，即将不同产品项目排列出来，通过自由联想，考虑不同产品的关系，进而组合成新的构想，如把扇子与遮阳帽放在一起联想，产生了"扇帽"。

（3）多角度分析法。将存在的几个重要因素提出来，查看每一个变化的可能性。如洗衣粉产品涉及的分析因素虽然很多，但是最重要的因素是水温、去污力、泡沫、洗涤范围和包装，可在这几个因素的基础上，尝试改进的可能性。

（4）头脑风暴法。在某种情形下，人的创新灵感会受到别人意见的启发和影响。

提示 8-1 头脑风暴法的实施可采用分组的方法，以 6~10 人为宜。主持人将问题告诉大家，让他们对问题发表看法，这样一个想法会激发另一个想法的产生。主持人不对他人的构想做评论，而是对大家提出的构想进行组合及改变，融合并改良他人的构想。在刺激创新的过程中，组织座谈时不宜把问题和盘托出、直接点明，而应把问题规定得广泛一些，使讨论小组得不到关于某个特定问题的暗示。主持人要巧妙地提出方向，引导大家开拓思路，从而产生最具创造性的想法。

（二）评核与筛选

评核与筛选的形象说法叫作"过滤"。企业产品开发部门在搜集构想之后，在决定采用哪项构想作为发展方案时，首先要经过评核与筛选。进行评核与筛选时一般应考虑以下因素：

（1）新产品是否同企业的营销范围、营销目标一致；新产品有没有适当的目标市场，以及销售量的大小。

（2）新产品的获利情况。

（3）新产品的特点是否突出，是否便于消费者了解。

（4）新产品成本与设备能力情况。

（5）新产品的原料来源保证情况。

（6）新产品上市后，可能出现的竞争状况的估计，即竞争地位状况。

（7）新产品的潜在需求量。

（8）新产品上市后对现有产品可能带来的影响；其他有关开发与生产上的问题。

在评核与筛选时，还要研究消费者的生理需求和心理因素。

（三）营业分析

营业分析也称商业分析，即详细分析新产品项目在商业上的可行性，主要测算新产品的销售量、成本与利润以及投资收益率等，判断它是否符合企业的营销目标。有的企业在这个阶段就初步拟订了营销组合策略方案，如产品的结构、目标市场、消费者购买行为及新产品的市场定位、产品的定价、销售渠道策略、短期销售量的预计以及销售费用的预算，预计长期销售量和各个阶段的利润目标及销售策略。

常用的营业分析方法主要有编制资金预算表、投资回收期法、平均收益率法以及资金现值法等。

（四）新产品实体开发

新产品实体开发是指新产品样品开发阶段，是把经过初期开发和评价后所形成的新产品概念转变为新产品样品并加以评价的过程。

1. 影响新产品设计决策的因素

进行新产品实体开发，首先要考虑新产品设计中的有关影响因素。

（1）企业的营销目标。应充分考虑新产品的设计与企业战略、企业形象和企业营销目标的一致性。

（2）企业条件的限制。如企业的技术和财务能力、机器设备、开发时间与费用的安排等。

（3）经营环境的限制。如企业对适用技术的熟悉程度，尤其是相关法律法规的限制。

（4）目标市场购买行为的影响。要研究目标顾客的行为方式、购买习惯所涉及的方方面面对产品实体开发的影响。

2. 新产品的实体特征

考察新产品的实体特征，可侧重于以下三个方面：

（1）功能特征。这是指消费者希望从产品中得到的与利益有关的特征。如软饮料应能解渴，雨衣不能透水，等等。

（2）结构特征。这是指产品的功能特征的实现方式。一种产品的功能特征可以用不同的方式去实现，不同结构特征的产品可以实现相同的功能特征，其中包括规格、形状、颜色、材料、形态等。在这方面排列组合，可得到很多方案。

（3）美学特征。这是指包括在实际设计中所使用的美学语汇。美学特征的巧妙结合能创造出具有视觉吸引力和能够先声夺人的产品。

应当考虑到产品的三大特征是一个有机的结合体、融合物，绝不是单独特征的简单堆砌，而应是复杂的创造性劳动的凝结体。

在产品实体开发阶段，要同时完成新产品的包装、品牌和伴随服务的设计。

在新产品的伴随服务设计中，主要考虑的因素即伴随服务设计的内容有以下几个方面：

（1）保证。这是指企业对顾客和客户提供的各种保证，如产品的耐用程度保证等。

（2）安装、培训、维修和服务。这是企业产品延伸的部分，不可或缺。

（3）退款保证。这是指企业的有条件或无条件退款允诺。

（4）信贷和资金融通。这是指为客户设计关于信贷和资金筹集方面的服务。

企业在新产品开发阶段，必须同时设计出有效的新产品所需配合的相关服务内容及实施方案，而不是等新产品上市后再考虑。

（五）新产品试制与试验

新产品的试制是实现新产品技术规范所要求的实体产品的过程。新产品的试验是在获得样品的基础上，对产品利益及使用效果进行验证，为全面商品化奠定基础。其中包括概念试验、偏好试验、使用试验和市场试验。

1. 概念试验

设计并使用潜在目标顾客所能理解的表达方式，利用市场调研的方法，在向部分受试者展示的同时征求其对新产品设计理解方面的意见。

2. 偏好试验

设置便于消费者比较品牌、档次和特征的试验条件，征得他们对不同规格、档次产品的反应，尤其要注意发现消费者对新产品特性的关注程度。

3. 使用试验

使用试验也称现场试验，是在真实使用的条件下检验新产品的可靠性和可用性。

4. 市场试验

模拟小范围的、现实的市场，向消费者展示产品并获得消费者对新产品的全面反应。新产品试制与试验的结果将为企业各项计划的制订提供依据。

（六）新产品的商品开发

新产品的商品开发也称新产品的"发射"阶段，是企业的新产品成为被消费者接受的商品的重要转化阶段。这个阶段主要有三个方面工作：新产品的试销、新产品的商品化和新产品的推广。

1. 新产品的试销

新产品样品经过消费者试用且得到其满意后，企业通常要制造少量产品，小范围地进行市场试销，以测得中间商与消费者的反应。企业在进行新产品试销前必须对以下问题做出决策：

（1）选择试销地点。一般来说，应选择具有代表性的地区。如选择城市，以三四个为宜。

（2）确定试销时间。从产品特征、竞争者情况和试销费用来考虑试销时间。如果是重复购买的产品，至少要试销一两个购买周期。

（3）制定试销预算。即确定试销所需的费用开支。

（4）设计试销的营销策略及试销成功后进一步采取的行动等。

（5）明确试销中所要获得的资料。一般应了解首次购买情况（试用率）和重复购买情况（再购率）。

2. 新产品的商品化

在新产品全面上市时的早期计划中，要注意选择适当的投放时机和地区，不仅要选择恰当的市场销售渠道，还要研究各种销售促进策略的应用及配合。

新产品的商品化，必要的投放前的准备工作主要有：

（1）全面的市场营销工作。这包括：①建立销售队伍；②制定价格策略；③建立售前和售后服务网络；④做好售前促销准备。

（2）产品制造与储备。这包括：①进一步检验大规模生产的能力；②有一定量的产品储备；③生产安全性检验。

（3）组织机构检试。考察企业现有组织机构的适应性。

（4）资金保证。财务管理部门应确认其所需资金的可靠程度。

3. 新产品的推广

新产品决定进入市场，企业的任务就是抓住时机进行推广，把新产品引进市场并达到使消费者普遍接受的目的。在这个阶段，要考虑消费者的心理因素，具体研究消费者接受新产品的心理上的一般规律。在推广新产品的过程中，消费者接受产品具有阶段性，包括以下五个阶段：

（1）知晓。要想方设法让消费者知道有这种产品，运用各种营销手段引起消费者的注意。

（2）兴趣。不仅要引起消费者的注意，还要使他们感兴趣。

（3）欲望。多方面激发消费者的购买欲望，让他们了解产品的优点，可通过展览、示范及试用的办法使他们不断了解产品，诱发购买。

（4）确信。通过前两个阶段，消费者确信某产品是经济适用、物美价廉的。

（5）成交。消费者决定购买，并正式采取了购买行动。

以上是消费者一般的心理活动过程，但不同的消费者采用新产品的态度不同，因此，还要研究不同的消费者。营销专家经过调查，将采用新产品的消费者按态度分为以下五类：

（1）最早采用者，又称革新型购买者。这类人对新产品比较敏感，消息灵通，易于接受新事物，占消费者总数的 2.5%。

（2）早期采用者。这类人喜欢评论，好鉴赏，以领先为荣，占消费者总数的 13.5%。

（3）中期采用者。这类人性格上较稳重，但接触外界的事物较多，一般经济条件较好，愿用新产品，占消费者总数的 34%。

（4）晚期采用者。这类人中的一部分与外界接触较少，在新鲜事物面前，往往持怀疑或探究态度。他们一般不主动采用新产品，而是待大多数人证实其效果后才采用。这类人占消费者总数的 34%。

（5）最晚采用者，又称保守型购买者。这类人为人拘谨，对新产品总是持怀疑与反对态度，习惯势力强，只有到新产品已成传统式产品时才采用。这类人占消费者总数的 16%。

把新产品采用者的状况和产品生命周期联系起来分析，可清楚地看到两者之间具有很强的关联性。从另一个角度看，产品生命周期的变化取决于消费者对产品的态度，反映消费者购买产品的规律。研究产品开发和企业营销策略，不仅要考虑消费者采用产品的情况，还要结合产品生命周期进行。当产品处于引入阶段时，应将最早采用者视为营销对象，并重视其"头羊"的示范作用；当产品进入成长阶段时，要抓住早期采用者和中期采用者，以扩大新产品的市场；当产品进入成熟阶段时，中期采用者、晚期采用者（特别是晚期采用者）就成为主要的营销对象；当产品进入衰退阶段时，企业的营销目标只能是最晚采用者。经验证明，当最晚采用者光顾产品时，可判定产品已进入最后的阶段。以上分析与联系指的是一般的状况，是一种趋向的分析。

小 结 SUMMARY

产品策略是市场营销组合策略中首要和基础性的因素，并在很大程度上决定着市场营销的成败。

产品是包含若干属性的复合整体。现代营销理论认为，产品应当是能够被顾客理解，并能满足其要求的，来自企业营销人员所提供的一切。产品概念包含五个层次：核心利益层、产品形式层、产品期望层、产品延伸层和产品潜在层。

产品组合是指企业制造或经营的全部产品的有机构成方式。对产品组合的衡量，一般用宽度、长度、深度和相互关联性等概念。常用的产品组合策略有扩充产品组合策略、缩减产品组合策略和产品线延伸策略。

品牌在现代社会中日趋重要。对品牌设计的要求主要有标记性、适应性和艺术性。企业常用的品牌策略包括有品牌与无品牌策略、制造品牌与销售品牌策略、家族品牌策略、单一品牌或等级品牌策略、更新品牌与推进品牌策略。

现代市场营销中包装的功能主要体现在保护商品、方便使用和促进销售方面。企业的包装策略是产品决策的重要部分，主要有类似包装、等级性包装、组合包装、再使用包装、附赠品包装、改变包装。

产品生命周期理论是营销理论研究的重要方面，可以理解为一种产品在市场上产生、发展直至被淘汰的过程。这里所说的生命周期指的是产品的经济生命。从另一个角度看，指的是一种产品从进入市场到退出市场的时间间隔。

产品生命周期过程可以用一条曲线来表示。根据该曲线的特点，将产品生命周期分为四个阶段，即引入阶段、成长阶段、成熟阶段和衰退阶段，处于不同阶段的产品有着不同的市场状况与营销对策。企业要及时判断产品所处的生命周期阶段，根据不同的特点制定恰当的营销策略。

新产品的不断开发和涌现是企业活力所在，开发新产品是企业有力的竞争武器。成功的新产品一般具备以下特征：相对优点突出；适应性强；有利于保护环境；时代感强；多功能化；人体工程化；简易化；微型化、轻便化；低成本。

企业开发新产品的过程可分为：①提出目标，搜集构想；②评核与筛选；③营业分析；④新产品实体开发；⑤新产品试制与试验；⑥新产品的商品开发。这六个阶段中的每一个都需要有科学的组织和策略。

思考题 EXERCISES

1. 怎样理解产品的整体概念？产品整体概念有什么意义？
2. 企业品牌策略的主要内容是什么？
3. 包装有什么作用？企业的包装策略有哪些？
4. 产品生命周期各阶段的主要特点是什么？
5. 新产品的开发程序包含哪几个阶段？

第九章 市场营销价格
CHAPTER 9

> 降价两美分，没有不可克服的品牌忠心。
>
> ——佚名

学习目标 LEARNING TARGET

1. 阐述影响企业定价的因素。
2. 概述企业定价的程序。
3. 阐述需求价格弹性对定价影响的有关原理。
4. 说明企业定价的三种常见方法的要点，并能将各类方法运用到价格决策中去。
5. 阐述几种企业定价策略的要点并能够加以运用。

引 言 INTRODUCTION

无论是生产还是流通或服务企业，无一例外都面临价格决策。价格的制定和调整直接涉及生产者、销售者和消费者三方面的利益，并影响市场竞争的格局。

市场营销中的价格决策是同时具有科学性与策略性的决策，"既是科学又是艺术"，是对价格决策的生动描述。其科学性，体现在企业的产品或服务的价格制定要以经济学的价格理论为基础，在了解产品或服务价格形成及其变化规律的基础上制定；其艺术性，是指企业的产品或服务价格的制定是在千变万化的市场环境中，在分析各种制约因素的基础上灵活多变地产生的。因此，市场营销理论中关于企业营销价格的研究，既以经济学的价格原理为基础，又不等同于经济学的价格理论。市场营销价格研究的实质是价格的实现。

本章导入

第一节　影响企业定价的因素

价格形成及运动是商品经济中最复杂的现象之一，除价值这个形成价格的基础因素外，其他**影响企业定价的因素**如下。

一、市场需求及其变化

一般情况下，商品的成本决定商品价格，而商品的价格影响商品的需求。经济学原理表明，如果其他因素保持不变，消费者对某一商品需求量的变化与这一商品价格变化的方向相反：如果商品的价格下跌，需求量就上升，而商品的价格上涨时，需求量就相应下降，这就是需求规律。需求规律反映了商品需求量变化与商品价格变化之间的一般关系，是企业决定市场行为特别是制定价格时必须考虑的重要因素。

二、市场竞争格局

企业定价的"自由程度"首先取决于市场竞争格局，商品经济中的市场竞争是供给方争夺市场的竞争。在不同市场竞争条件下企业定价的自由程度有所不同，企业定价时必须对其产品的市场模式予以考虑。在现代经济中可分为完全竞争、纯粹垄断（或称完全垄断）、不完全竞争（也叫垄断性竞争）和寡头竞争四种竞争格局。除此之外，企业的竞争地位和市场竞争态势也会对价格决策产生影响。

三、政府的干预程度

政府干预直接影响企业的价格决策。各国（地区）政府对价格的干预和控制普遍存在，只是干预与控制的程度有所不同。我国政府除通过宏观控制货币发行、财政收支、信贷、积累与消费的关系影响价格的总水平外，还对有关国计民生的重要产品规定了企业的定价权限，或价格浮动方向和浮动幅度等。随着我国市场经济的不断发展，政府对价格的干预程度趋向更低。

> **提示9-1**　政府对价格决策的影响主要体现在各种有关价格的法规上，如《中华人民共和国价格法》和《中华人民共和国反不正当竞争法》对禁止价格垄断、价格欺

诈、价格歧视和禁止低价倾销等都做了具体的规定。

四、商品的特点

商品的自身属性、特征等诸方面因素是企业制定价格时必须考虑的因素。

(一) 商品的种类

企业经营不同的商品种类对价格有不同的要求。例如，对于功能性商品（如营养品、家用工具等），消费者着重考虑商品的实用价值和功能是否与价格相符；对于威望性商品，消费者较少考虑价格与效用的适应，而注重其地位和威望的显示。

(二) 标准化程度

标准化程度高的商品，价格变动的可能性一般低于非标准化或标准化程度较低的商品。标准化程度高的商品的价格变动如不妥，很可能引发行业内的价格恶性竞争。

(三) 商品的易腐、易毁和季节性

容易腐烂、变质并不易于保存的商品，价格变动的可能性比较大。如生鲜商品，价格变化的幅度比较大。常年生产、季节性消费的商品与季节性生产、常年消费的商品，在利用价格的作用促进持续平衡生产和提高效益方面有较大的主动性。

此外，商品本身的易储、易运特性也在一定程度上影响企业的定价决策。

(四) 时尚性

时尚性较强的商品的价格变化较显著。一般在流行高峰阶段，价格应定高一些。当流行高峰过后，应及时采取适当的价格调整策略。许多日用消费品具有较强的时尚性，相比较而言，工业品则缺少时尚性。

(五) 需求弹性

如果企业所经营商品的需求弹性大，价格的调整会影响市场需求；反之，价格的调整对销售量不会产生较大的影响。

> **提示** 详细阐述见本章第二节"企业定价方法与程序"。

(六) 产品生命周期阶段

这部分内容详见第八章第四节"产品生命周期"。产品生命周期不同阶段对价格策

略的影响可以从以下两方面考虑：

（1）产品生命周期的长短对定价的作用。有些生命周期短的产品，如时装等时尚品，市场变化快，需求增长快，消退也快，其需求量的高峰一般出现在生命周期的前期，企业应在这一时期尽快收回利润。

（2）不同产品生命周期阶段的影响。处在不同产品生命周期阶段的产品的变化有一定规律，这是企业选择价格策略和定价方法的客观依据之一。

五、企业状况

企业状况主要是指企业的生产经营能力和企业经营管理水平对价格制定的影响。不同的企业由于规模和实力不同，销售渠道和信息沟通方式不同，营销人员的素质和能力不同等，对价格的制定和调整应采取不同的策略。

第二节 企业定价方法与程序

一、企业定价方法

迄今为止，**企业定价方法**主要有三种：成本导向定价法、竞争导向定价法、需求导向定价法。

企业定价方法

（一）成本导向定价法

成本导向定价法是一种以成本为中心的定价方法，是以产品成本加一定的利润定价。由于利润一般按成本或售价的一定比例计算，故将一定的期望利润率（百分比）加在成本上，因此，该方法常被称为成本加成定价法。该方法的优点在于：所定价格如被接受，则能保证企业全部成本得到补偿；成本材料自己掌握，计算方便；在成本没有大的波动的情况下，有利于价格的稳定，并给消费者一种可靠的"将本求利"的印象。其缺点在于不能反映市场需求状况和竞争状况。

成本导向定价法包括不同的具体种类，在此介绍其中的两种。

1. 完全成本加成法

完全成本加成法是指以企业的完全成本为计算基础，加上一定的利润和税金来制定价格。完全成本在生产企业中是指单位生产成本与销售费用之和，所加利润部分则分别按产品产量（或销量）、成本（或销售价格）的一定比例计算。常用的有外加法（也

叫顺加法)。计算公式如下:

$$商品售价 = 完全成本 \times (1 + 成本利润率)$$

2. 边际成本加成法

边际成本加成法是短期决策的常用方法。通常用下列公式计算边际成本:

$$边际成本 = \frac{增加一单位产品后的总成本 - 原来的总成本}{增加一单位产品后的产量 - 原来的产量} = \frac{总成本增量}{产量增量}$$

进一步计算单位产品定价:

$$单位产品定价 = \frac{(原销价 \times 原销量) + 边际成本}{现定产量}$$

(二) 竞争导向定价法

竞争导向定价法是以竞争为中心、以竞争者的定价为依据的定价方法。现列举常用的三种方法。

1. 随行就市定价法

随行就市定价法即企业根据同行业企业的平均价格水平定价。在竞争激烈的情况下,这是一种与同行和平共处、比较稳妥的定价方法,可避免风险。

2. 追随定价法

追随定价法即企业以同行业主导企业的价格为标准制定本企业的商品价格。如同行业中实力最强、影响最大的企业的单位产品定价为 15 元,本企业可根据自身产品、需求的具体情况将本商品的单位定价定在 14～14.9 元,以避免企业间的正面价格竞争。

3. 密封递价法

密封递价法是买方引导卖方通过竞争成交的一种方法,常用于建筑工程、大型设备采购与安装、社会集团大批量购买等。在做法上,一般是由买方公开招标,卖方竞争投标,密封递价,然后买方按照质优价廉的原则到期公布中标者名单,最后中标企业与买方签约成交。投标价格是投标企业根据对竞争者的报价估计确定的。一般来说,报价应低于竞争者的报价。但同时企业还应考虑目标利润,要保证企业有合理的收益。

(三) 需求导向定价法

需求导向定价法是以消费者的需求为中心的定价方法。它不是根据产品的成本,也不是单纯考虑竞争状况的企业定价,而是根据消费者对商品的需求强度和对商品价值的认识程度来制定价格。其中主要的定价方法有两种。

1. 理解价值定价法

理解价值指购买者在观念上认同的价值。企业按照购买者或消费者对商品及其价值的认识程度和感觉定价。往往利用市场营销组合中的非价格因素影响消费者,使他们在脑子里形成一种"价值觉察"(或称价值观点),据此来制定价格。

企业要真正搞清消费者对商品的理解价值并非易事,企业必须进行市场调查和研究,找到准确的市场理解价值,以此为根据制定适当的价格。理解价值定价法的关键在于正确判断购买者对商品价值的理解程度。其中,品牌价值起着至关重要的作用。

小案例 9-1

顾客对产品价值的理解,主要不是由产品成本决定的。如一小瓶法国名牌香水,成本很低。其他普通牌子的香水即使质量已赶上甚至超过该名牌产品,也卖不了那么高的价格,这就是名牌效应造成的顾客认同上的差别。

2.区分需求定价法

区分需求定价法又称差别定价法,是指在特定条件下,根据需求中的某些差异而使价格有差别的定价方法。差别如下:

(1)同种产品对不同的消费者制定不同的价格或采用不同的价格。其中,有的是由于不同消费者对同种产品的需求弹性不同,宜分别对不同的消费者群体制定不同的价格;有的则由于新老客户、购买用途、消费心理、购买习惯等不同而在价格上加以区别。

小案例 9-2

企业可根据顾客的购买习惯实行价目表价,"言无二价",而对另一些顾客则只规定一个参考价格,"讨价还价",当面议定价格。

(2)同种产品由于外观、款式、花色不同而采用不同的价格。尽管同等质量规格产品的成本及使用价值无大的差异,但其价格上的差别很大。有的产品式样不同,致使成本有差别,但销售价格之间的差距大大超过其成本的差距。

(3)同种产品在不同的地点和位置采用不同的价格。如影剧院、音乐厅、体育馆等的座位,因位置的不同票价有差别。

(4)同种产品在不同的时间提供,采用的价格不同。时间的不同可体现在季节、日期甚至一天中的不同时点上。如旅游淡季、旺季,旅游景点的宾馆、饭店的客房价格不同,公园、游乐场等娱乐场所节假日与平时的收费标准不同。

采用这种定价方法时应具备一定的条件：①市场应是可以细分的，且不同子市场能反映出需求的差异；②企业不至于因为细分市场而增加开支；③采用差别定价不会招致消费者的误解或反感。

思考9-1 以上三种企业定价方法你认为哪一种最佳？

二、企业定价程序

企业价格的制定是一个科学有序的过程。**企业定价程序**一般可以分为六个步骤。

(一) 确定定价目标

企业价格的制定是一个有计划、有步骤的活动，必须首先明确企业的定价目标。我们总结了若干种定价目标，在此列举其中的八种。

1. 投资收益率目标

投资收益率目标也称投资回报目标，即企业定价要以达到其预期的投资收益率为目标。企业在投入一定的资金后，希望得到一定的利润。因此，在估算费用和期望的利润的基础上，计算出毛利（或纯利）标准，将其加在产品的成本上作为销售价格，企业通过定价，使其投资在一定时期内能够获得相应的报酬。各产业中占主导地位的企业常采用此定价目标。

2. 市场占有率目标

市场占有率目标也称市场份额目标，即把保持和提高企业的市场占有率作为一定时期的定价目标。在许多情形下，市场占有率比投资收益率更能说明企业的营销状况。任何企业都希望运用于扩充目标市场，提高市场占有率。

3. 稳定价格目标

稳定价格目标是指以保持价格相对稳定，避免正面价格竞争（企业间竞相削价）为目标的定价。当企业准备在一个产业中长期经营时，该产业中占主导地位的企业率先制定较长期的稳定价格，其他企业的价格与之保持一定的比例，这样，大企业的地位不会受到威胁，中小企业也可以避免遭受大企业的频繁变价而带来的打击。石油、钢铁化工行业常用此方法定价。

4. 防止竞争目标

防止竞争目标即企业通过给产品定价主动应付和避免激烈的市场竞争。企业价格的制定，主要以对市场价格有影响的竞争者的价格为基础，根据产品的情况使价格稍高或稍低于竞争者。如果竞争者的价格不变，企业的价格也维持原价；如果竞争者的价格或涨或落，企业也相应地调整价格。一般情况下，中小企业的产品价格会略低于行业中占主导地位的企业的价格。

5. 利润最大化目标

利润最大化目标是指以追求企业总利润最大化为定价目标。最大利润并不意味着最高价格。事实上，即使一个企业拥有专卖权（已垄断了市场），也不可能长期维持过高的价格，它要遇到代用品的挑战、竞争者的介入、消费者的不满及政府的干预等。

> **小案例9-3**
>
> 　　美国吉列剃须刀公司曾以低价推销其刀架，而将刀片的价格定得稍高，目的是吸引更多的人购买其互补品——吉列剃须刀片，从大量销售刀片中获取更多的利润。

6. 渠道关系目标

渠道关系目标即以保持企业与渠道成员之间的良好关系为定价目标。对于需要各种中间商推销商品的企业，充分考虑维护中间商的利益，这对调动中间商的积极性极其重要。如加大对中间商的折扣比率，允许一定区域的中间商提高商品的售价等。形式上是企业让利于中间商，实质上这对企业产品的销售及发展有着不可估量的作用。

7. 克服困难目标

克服困难目标也称生存目标，即企业在面临严峻的局面时，以维持企业的生存为一定时期的定价目标。一般将产品价格定得较低，以促进销售，减少产品的积压或资金的占压，使企业能够继续生存和维持经营。

8. 塑造形象目标

塑造形象目标也称社会形象目标，即新企业为塑造一定的市场形象或老企业欲改善自身的市场形象而确定的定价目标。企业的价格或为维护企业的重信誉、高质量的形象而定高，或为树立企业产品物美价廉的形象而定低。

思考9-2 利润最大化目标是不是就意味着最高价格？为什么？

（二）测定需求

价格影响需求，正常情况下，市场需求会按照和价格相反的方向变动。价格提高，市场需求会减少；价格降低，市场需求就会增加（如图9-1所示）。企业产品的价格会影响需求，需求的变化影响企业的产品销售或企业营销目标的实现。因此，测定市场需求

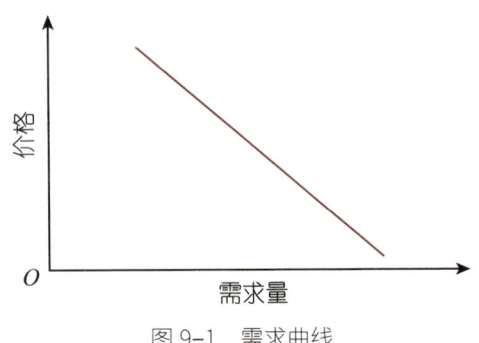

图9-1 需求曲线

状况是制定价格的重要工作。

1. 测定需求价格弹性

在对需求的测定中，首要的是了解市场需求对价格变动的反应程度，即需求价格弹性。需求价格弹性可用以下公式表示：

$$需求价格弹性 = \frac{需求量变动率}{价格变动率}$$

即

$$E = \frac{(Q_2 - Q_1) \div Q_1}{(P_2 - P_1) \div P_1}$$

式中，E 表示需求价格弹性系数，Q 表示需求量，P 表示产品价格。

某产品的价格有变动，但需求没什么变化，叫作需求无弹性；产品价格有变动，而需求的变化很大，叫作需求有弹性。不同的产品具有不同的需求价格弹性，从其弹性大小的角度决定企业的定价策略，主要分为以下三种情况：

（1）当 $E > 1$ 时，即价格的变动率小于需求量的变动率时，此产品富有需求弹性，或称为弹性大。

（2）当 $E = 1$ 时，即价格的变动率同需求量的变动率一致时，此产品具有一般需求弹性。

（3）当 $E < 1$ 时，即价格的变动率大于需求量的变动率时，此产品缺乏需求弹性或者非弹性需求。

是什么使得一种产品的需求有弹性，而另一种产品的需求缺乏弹性呢？主要有三个因素：

（1）产品替代品的数目和相近程度。替代品的数目越多、越相近，其需求越有弹性；反之，则越缺乏弹性。

（2）产品在消费者生活中的重要性。如食盐、急救药品是人们生活的必需品，因而比较缺乏弹性。

（3）产品用途的多少。一种产品的用途越多，需求弹性越大。如果产品价格很高，消费者只购买少量用于最重要的用途，若产品价格连续下降，则购买较多的产品用于其他用途。

2. 测定需求弹性的影响

产品需求弹性的不同对企业的定价有不同的影响。企业定价时要注意以下几个方面：

（1）不同产品的需求弹性不同，企业的定价也应不同。当产品富有需求弹性（$E > 1$）时，产品小幅降价，销售量就会显著增加，企业的总收入也会增加；相反，产品小幅提价，销售量就会明显下降，企业的总收入也会减少。价格变动方向同总收入的变动方向成反比。企业宜采取薄利多销策略。

当产品具有一般需求弹性（$E=1$）时，价格变动幅度与销售量变动幅度大小一致，方向相反，总收入不变。一般情况下，企业不宜采用价格手段进行竞争。

当产品缺乏需求弹性（$E<1$）时，即使产品价格下降很多，销售量也只有较少的增加，企业总收入减少；相反，价格提高很多，销售量也只有较小的减少。价格的变动趋势同总收入的变动趋势方向相同。采用低价策略达不到销售量增加和效益提高的目的，而有限制的较高的定价则对企业有利。

（2）同一产品在不同时期或不同的价格区域内需求弹性有所不同。当测出产品的需求弹性后，还要分析该产品在不同的销售时期和不同的价格区域的情况。许多产品的需求弹性不是始终不变的，企业要具体测定各区段的需求弹性，以便决定正确的方法和找出理想定价点。

（3）同一产品面对不同的消费者其需求弹性也有所不同。不同消费者对同一产品的需求强度不同，即使是同种产品有时需求弹性也不一样，对此要认真加以区别，采用不同的价格策略。这正是差别定价理论的基础。

思考9-3 在产品缺乏需求弹性的情况下，降价会带来什么影响？

（三）估算成本

企业在制定产品价格时，必须进行成本估算。企业价格的最高限度取决于市场需求及有关限制因素，而最低价格不能低于产品的经营成本费用，这是企业价格的下限（这里不包括短期的、由于某种原因个别品种的价格低于成本费用的例外情况）。

企业的成本包括两种：一种是固定成本，指在一定时期不随企业产量变化而变化的成本费用，如固定资产（主要指厂房、机器设备等）的折旧费、产品设计费、租金、利息、管理费用等。它不能计入某阶段的某项产品之中，而是以多种费用的方式分别计入各种产品之中。另一种是变动成本，或称可变成本、直接成本，是指随着企业的产品产量和销售收入变化的成本，如原材料、辅助材料、生产用燃料、动力、销售费用、工资等。这部分成本随产品产量的变动呈正比例变化，它可直接计入各种具体产品之中。固定成本与变动成本之和即产品的总成本。

估算成本离不开对"产量-成本-利润"关系的分析，其中一个重要的概念是分析边际成本。所谓边际成本，是指企业生产最后一单位产品所花费的成本，或每增加（或减少）一个单位生产量所引起的总成本变动的数值。计算公式为：

$$边际成本 = \frac{总成本的变化量}{产量的增加量}$$

边际成本影响企业的边际收益。边际成本在生产的一定阶段（初期）呈下降的趋势,低于产品的平均成本(单位产品的总成本、单位产品的固定成本与单位产品变动成本之和),在这个阶段,产量增加,平均成本递减。而当产量增加超过一定限度时,平均成本由递减转为递增,边际成本高于平均成本,企业平均成本水平会上升。因此,为了找到获得最高利润的产量点,要搞清企业产品的边际成本。

(四)分析竞争状况

企业价格的制定除取决于需求和成本状况,还受市场竞争状况的制约。对竞争状况的分析,包括以下三个方面的内容。

1. 分析企业竞争地位

企业及其产品在市场上的竞争地位对最后制定价格有重要的意义,要在企业的主要市场和竞争能力方面做出基本的估计。列出企业目前处于何种状况,并在分析过程中考虑重要的非商品竞争能力,如服务质量、渠道状况、定价方式等。

2. 协调企业的定价方向

企业要从各种公开发表的财务资料或其他材料,以及以购物者身份索要的价目表中了解竞争对手的产品价格,以使本企业价格制定更主动。这方面工作要考虑到企业的定价目标及主要策略,如企业为了避免风险,可采用"随行就市"的方法,跟随行业中主导企业的价格或主要竞争对手的价格;也可以在与竞争企业的产品做全面比较后,决定高于或低于竞争企业的价格。但要注意,当企业在一个行业中单独率先制定较高或较低的价格以及提价或降价时都应意识到风险的存在,必须做全面的分析,并配合各项有力措施。

3. 估计竞争企业的反应

企业要把即将可能采用的价格及策略排列出来,进行试分析,估计和预测采用某些具体价格和策略可能引起的主要竞争企业及同行业的反应。企业的营销情报系统要提供有关竞争企业的材料,如财务、技术、管理方面的优势和劣势,非价格因素的优点与缺点,现行的营销策略以及对竞争反应的历史资料,使企业的有关决策人员知己知彼,以制定相应的策略和采用适当的方法。

(五)选择定价方法

企业定价方法的选定是前四个步骤的具体体现。常用的定价方法有成本导向定价法、竞争导向定价法和需求导向定价法三种,企业应根据有关影响因素选择恰当的定价方法。

(六)选定最后价格

选定最后价格是企业制定价格的最后一个步骤。在选定最后价格时,必须遵循以下原则:

（1）产品价格的制定与企业预期的定价目标一致。

（2）产品价格的制定符合国家政策、法令的有关规定。

（3）产品价格的制定符合消费者整体利益及长远利益。

（4）产品价格的制定与企业市场营销组合中的非价格因素协调一致、互相配合，为达到企业营销目标服务。

思考9-4 "成本是产品价格的下限"，你同意这种说法吗？为什么？

名师解忧

第三节 企业定价策略

处在不断变动的内部、外部环境中的企业，为了实现预期的企业定价目标，就要寻找一定条件下的针对不同产品在不同目标市场和竞争情形中实现企业营销目标的最佳途径，制定相应的定价策略。企业的定价策略是根据企业长期营销活动中积累的实践经验总结制定的，是企业营销价格中最具艺术性的方面。企业可采用的定价策略有以下许多种，在此仅介绍几种常见的策略。

一、新产品定价策略

新产品定价是企业新产品开发中的重要组成部分，定价策略适当与否关系到新产品能否顺利进入市场、打开销路，取得较好的经济效益。常见的新**产品定价策略**有以下三种。

（一）撇脂定价策略

撇脂定价策略也称速取策略或高额定价策略，指企业在新产品刚上市时，把价格定得尽可能高，以期及时获得较高的收益，在产品生命周期的初期便收回研制开发新产品的成本及费用，并逐步获得较高的利润，以后随产品的进一步成长再逐步降低价格。采用此策略的企业产品一上市便高价厚利，其做法很像从牛奶的表面撇取奶油，故而得名。

实行撇脂定价策略必须具备一定的条件：①新产品比市场上现有产品有显著的优点，能使消费者"一见倾心"；②在产品初上市阶段，产品的需求价格弹性较小或者早期购买者对价格反应不敏感；③短时期内由于仿制等方面的困难，类似仿制产品出现的可能性小，竞争对手少。

此策略的优点是尽早争取主动，达到短期利润最大化的目标，有利于企业竞争地位的确立。但缺点也明显，即由于定价过高，有时渠道成员不支持或得不到消费者的认可；同时，高价厚利会吸引众多的生产者和经营者转向此产品的生产和经营，加大市场竞争的激烈程度。

(二) 渗透定价策略

渗透定价策略也称渐取策略或低额定价策略。与撇脂定价策略截然相反，此策略在向市场推出新产品时，尽量把价格定得低一些，采取保微利、薄利多销的方法。企业的目标不是争取短期更大利润，而是尽快争取最大可能的市场占有率。采取此策略的产品上市后以较低价格在市场上慢取利、广渗透，因此叫作渗透定价策略。

采用渗透定价策略的条件是：①产品的市场规模较大，存在着强大的竞争潜力；②产品的需求价格弹性较大，稍微降低价格，需求量就会大大增加；③通过大批量生产能降低生产成本。

渗透定价策略的优点是可以占有比较大的市场份额，通过提高销售量来获得利润，也较容易得到渠道成员的支持，同时，低价低利对阻止竞争对手的介入有很大的屏障作用。其缺点在于定价过低，一旦市场占有率增大缓慢，收回成本的速度就慢。有时低价还容易使消费者对产品的质量产生怀疑。

(三) 中间定价策略

这是介于"撇脂"与"渗透"之间的定价策略，即按照本行业的平均定价水平或者按当时的市场行情来制定价格，是一种"随大流"的定价策略。企业制定的产品价格被消费者认可，企业可以在不承担较大风险的情况下，获得比较稳定的市场面；同时，价格不高不低，渠道成员觉得稳妥，因此保持经营的积极性；从企业自身看，可有计划地在不太长的时间内收回企业的研发成本。企业因有一定的利润而乐于经营，消费者、中间渠道及企业自身都满意，故该策略又称满意法。

中间定价策略的最大优点是稳，通过对前两种策略的调和折中来避免前两者的明显缺点，但这同时也在很大程度上将前两种策略的优点抹杀了。采用此策略时最应注意的问题在于避免产品没有特色，打不开销路。

思考9-5 撇脂定价策略和渗透定价策略各有什么优缺点？如果你是企业经营者，你将根据什么在两者之间做出选择？

二、产品阶段定价策略

产品阶段定价策略是指在对产品生命周期进行分析的基础上，依据产品生命周期不同阶段的特点制定和调整价格。

(一) 引入阶段定价策略

这一阶段一般可参考新产品的定价策略，对上市的新产品（或者是经过改进的老产品）采取较高或较低的定价。

(二) 成长阶段定价策略

这一阶段，消费者接受产品，销售量增加，企业一般不贸然降价。但如果产品进入市场时价格较高，市场上又出现了强有力的竞争者，企业为较快地争取市场占有率，也可以适当降价。

(三) 成熟阶段定价策略

这一阶段，消费者人数、销售量都达到最高水平并开始出现回落趋势，市场竞争比较激烈，一般宜采取降价销售策略。但如果竞争者少，也可维持原价。

(四) 衰退阶段定价策略

这一阶段，消费者兴趣转移，销售量急剧下降，一般宜采取果断的降价策略，有时销售价格低于成本。但如果同行业的竞争者都已退出市场，或者是经营的产品有保存价值，也可以维持原价，甚至提高价格。

各类产品在其生命周期的某个阶段一般具有共同的特征，但由于不同种类产品的性质、特点及其在国计民生中的重要程度、市场供求状况的不同，对不同的产品采取的定价策略要根据情况机动灵活。

三、折扣价格策略

折扣价格策略也称折扣让价策略，是企业为调动各方面积极性或鼓励消费者做出有利于企业的购买行为的常用策略。常见的折扣价格策略有以下五种。

(一) 数量折扣

数量折扣也称批量折扣，即根据购买者的购买数量给予不同的折扣。其中"一次性折扣"是企业为鼓励购买者多购货，根据一次购买数量给予的折扣；"累进折扣"是企业为了建立稳定的购销关系而将同一位购买者在一段时间内从本企业购买的数量加总，根据累计购货量的不同给予不同的折扣。

(二) 季节折扣

季节折扣也称季节差价，一般在有明显淡旺季的产品或服务的行业中使用。如冬季对单冷式空调机实行八折销售价。主要是鼓励消费者淡季购货、中间商淡季进货和促销，以减少供应企业的库存压力和负担，加快资金周转，降低经营成本。

(三) 现金折扣

现金折扣也称付款期折扣，其目的在于鼓励购买者尽早付款，加速企业资金周转。零售企业普遍使用这种方法。购买者如以现金付款或提前付款，可以在原价格的基础上享受一定的价格优惠。如交易条款注明"2/10，净价30"，即如果在成交后10天内付款，照原价给予2%的现金折扣，超过10天要付全价，但最迟不能超过30天。

(四) 业务折扣

业务折扣也称同业折扣或功能折扣，是生产厂家给予批发商和零售商的折扣。折扣因中间商在商品流通中的功用不同而有大小的差异。如批发商来厂进货给予的折扣一般要大些，零售商从厂方进货的折扣要低于批发商。

(五) 折让

折让是企业根据价目表给顾客的价格折扣的另一种类型，如旧货折价折让或促销折让等。旧货折价折让是当顾客购买一件新产品时，允诺当交还同类产品的旧货时在新品价格上给予折让。这在耐用消费品的交易中最为普遍。促销折让是制造商为了回报经销商的广告和促销而给予的回报。

思考9-6 *所有的食品都适合采用数量折扣策略吗？*

四、心理定价策略

心理定价策略指企业针对消费者心理活动和变化定价的方法与技巧。该策略一般在零售企业中对最终消费者应用得比较多。主要有以下六种常用的心理定价策略。

(一) 组合定价策略

组合定价策略即企业为了迎合消费者求便宜的心理，将两种或两种以上有关联的商品合并制定一个价格，具体做法是将这些商品捆绑在一起或装入一个包装物中，如"六一"儿童节前销售的礼品袋、廉价商品店出售的家用工具等。此策略常常容易激发消费者的购买欲望，有促进多种商品即时成交的作用。

(二) 尾数定价策略

尾数定价策略也称缺额原则，即针对消费者对一般商品的求便宜、怕上当的心理，尽可能使其价格的尾数为零头，以使消费者产生价格低廉和卖者计算精确、价格公道的感觉。此策略对需求价格弹性小、选择余地不大的商品意义不大。

(三) 整数定价策略

整数定价策略也称声望定价或整数原则，即在消费者购买比较注重心理需要的满足的商品时，把商品的价格定为整数，给购买者心理上的满足。

另外，一些名店、名牌产品采用整数定价策略来提高产品的身价，进而起到标识和提高消费者身份的作用。对于一些需求价格弹性小的产品，如中小学生的课本，采用整数定价可以方便结算和提高工作效率。

(四) 期望与习惯定价策略

期望与习惯定价策略即根据消费者的愿望与购买习惯、接受水平制定价格。日用消费品的价格通常容易在消费者心目中形成一定的习惯性标准。如用作馈赠的礼品，消费者一般要求体面一些，同时价格与自己习惯预算一致。对于有些商品，消费者长期习惯于某种价格，一般不宜轻易变动，以免使消费者产生全面涨价的恐慌心理。

(五) 安全定价策略

安全定价策略是指针对消费者在购买耐用消费品时担心维修不便等的心理，把消费品本身的价格与确保消费者安全使用的费用加总计算，并广泛宣传送货上门、代修代装、免费换易损件等售中、售后服务的措施，以消除消费者的心理障碍，提高消费者的安全感。

(六) 特价品定价策略

特价品定价策略也称招徕定价，即企业将产品的价格定得低于市场价格，并广泛宣传，以引起消费者的兴趣。此策略常在经营多品类的超级市场、百货商店使用。许多超级市场常年有特价商品，其特价商品常配有醒目的黄色标签。企业有意将店中的几种商品的价格标低，有时甚至低于成本来吸引顾客来店，目的在于招揽顾客，引发连带购买行为。再如节日、纪念日和季节性的优惠、减价让利销售，都是特价品定价策略的做法。

五、相关商品价格策略

相关商品是指在最终用途和消费购买行为等方面具有某种相互关联性的不同商品。制造或经营两种以上商品的企业可以利用此特点综合考虑企业产品的定价。**相关商品价格策略**在制造企业和零售企业都有运用成功的范例。

(一)互补商品价格策略

互补商品是指两种（或以上）功能互相依赖、需要配套使用的商品。互补商品价格策略是企业利用价格对消费连带品需求的调节功能提高销售量所采取的定价方式和技巧。

> **小案例 9-4**
>
> 把价值高而购买频率低的主件价格定得低些，而对与之配套使用的价值低而购买频率高的易耗品价格适当定高些。如将剃须刀架的价格定低些，将刀片的价格定高些；将轿车的价格定低些，将零配件的价格定高些；饮料企业廉价或免费提供罐装生产线，而高价销售浓缩液或固体半成品。由于相对于刀片、汽车零配件来说，刀架和汽车占消费支出的比重较大、价格敏感程度较高，企业为了达到低价销售此类商品的目的，高价销售刀片和汽车零配件。这不仅能够塑造出商品价廉的印象，提高市场销售量，而且可创造出部分相对稳定的对与其互补商品的需求。

(二)替代商品价格策略

替代商品是指功能和用途基本相同，消费过程中可以互相替代的商品。替代商品价格策略是企业为达到既定的营销目标，有意识地安排本企业替代商品之间的关系而采取的定价措施。

企业若生产或经营着两种以上有替代关系的商品，这两种商品的市场销售量常常表现为此消彼长，而这种增加或减少与商品价格的高低有着十分密切的关系。企业主动地运用此规律来实行组合价格策略。如把热销的商品的价格有意识地提高，将趋冷的替代品的价格适当降低，从总体上把握企业的盈利水平。

思考9-7 打印机与其耗材是两种什么关系的产品？两种产品都采用高价策略是否恰当？

六、地理定价策略

地理定价策略指根据商品的销售市场与产地市场地理位置的差异而制定不同价格的策略。通常有以下三种做法。

1. 对各个相对独立的市场分别作价

企业根据营销活动的需要，对于同种商品，在商品的产地对来自不同地区的购买者提出不同的价格。这种策略绝大多数用于制造企业对批发企业或零售企业以及批发企业对零售企业的业务中。

2. 对异地买主提供收费或免费服务

我国贸易经常采用的是生产地价格（也称离岸价格）。商品在卖方所在地交货后，由买方负担全部的运杂费和承担运输途中的延误等风险，这会使买方不愿远距离进货。针对这种状况，企业通过统一定货价格、提供付款优惠、给予定额运费津贴等方法来调动购买者外埠进货的积极性。

3. 向异地经销企业提供价格支持和保证

大中型制造企业和批发企业，为了更好地控制自己的目标市场，常常要求后续经销企业按照本企业营销价格政策组织营销活动，由此而造成的经销企业的经济损失由供货方以补贴等形式如数补还。这种策略有时也可在同地企业间使用。

小结 / SUMMARY

价格是商品价值的货币表现。所有企业无一例外都面临着价格决策。价格的制定和变化不仅直接影响消费者的购买行为，也直接影响企业产品销售和利润。因此，尽管在现代市场的营销进程中，非价格因素的作用在增加，但价格策略仍是市场营销组合中重要的基本因素。

价格形成及运动是商品经济活动中最复杂的现象之一，除价值这个形成价格的基础因素外，现实中的商品价格还受到多种因素的影响和制约，主要有：市场需求及其变化；市场竞争格局；政府的干预程度；商品的特点；企业状况。企业制定价格，一般可以分为六个步骤：第一，确定定价目标。定价目标包括投资收益率目标、市场占有率目标、稳定价格目标、防止竞争目标、利润最大化目标、渠道关系目标、克服困难目标、塑造形象目标。第二，测定需求。这包括测定需求价格弹性、测定需求弹性的影响。第三，估算成本。成本是企业价格的下限，企业的成本包括固定成本和变动成本两种。第四，分析竞争状况。这包括分析企业竞争地位、协调企业的定价方向、估计竞争企业的反应。第五，选择定价方法。企业要在下列定价方法中选择一种：成本导向定价法（如完全成本加成法和边际成本加成法）、竞争导向定价法（如随行就市定价法、追随定价法、密封递价法）、需求导向定价法（如理解价值定价法和区分需求定价法）。第六，选定最后价格。

企业常用的定价策略有：第一，新产品定价策略，包括撇脂定价策略、渗透定价策略和中间定价策略。第二，产品阶段定价策略，分为引入阶段、成长阶段、成熟阶段、衰退阶段的定价策略。第三，折扣价格策略，主要有数量折扣、季节折扣、现金折扣、业务折扣、折让等。第四，心理定价策略，主要有组合定价策略、尾数定价策略、整数定价策略、期望与习惯定价策略、安全定价策略、特价品定价策略。第五，相关商品价格策略，包括互补商品价格策略、替代商品价格策略。第六，地理定价策略，通常有三种做法，即对各个相对独立的市场分别作价，对异地买主提供收费或免费服务，向异地经销企业提供价格支持和保证。

思考题 EXERCISES

1. 企业定价程序一般包括哪几个步骤？
2. 需求价格弹性对企业定价有什么影响？
3. 企业定价主要有哪三类方法？
4. 撇脂定价策略和渗透定价策略各自适用于什么情况？
5. 心理定价策略主要有哪几种？

第十章 市场营销渠道

CHAPTER 10

> 一个商人（在这里只是看作产品零售方式转化的当事人，只是看作买者和卖者）可以通过他的活动，为许多生产者缩短买卖时间。因此，他可以被看作一种机器，能减少力的无益消耗，或有助于腾出生产时间。
>
> ——马克思①
>
> 除非销售得出去，否则产品便不能算作产品，而只不过是博物馆中的收藏品罢了。
>
> ——特德·莱维特

学习目标 LEARNING TARGET

1. 概述分销渠道的概念、功能与类型。
2. 阐述分销渠道的设计与管理。
3. 概述批发商与零售商的概念、作用和种类。
4. 说明直效营销的方式与管理。

引 言 INTRODUCTION

发达的商品经济使生产者与消费者在时间与空间上产生更大的距离，绝大部分生产企业不是把本企业生产的产品直接送到最终消费者手里，在完成产品价值实现的过程中，需要其他机构的配合。因此分销渠道的选择成为必要。本章将重点阐述分销渠道的概念与结构，分销渠道的不同类型，批发、零售渠道，以及企业分销渠道的抉择与管理。

本章导入

---

① 中共中央马克思、恩格斯、列宁、斯大林著作编译局. 资本论. 北京：人民出版社，1975.

第一节 分销渠道的概念、功能与类型

认识和学会分析分销渠道的概念、功能与类型,是成功进行分销渠道决策的前提。

一、分销渠道的概念

分销渠道通常指产品流通渠道,也称"配销通路""分配路线""分配渠道",即产品从生产者转移到消费者的过程中所经过的通道。分销渠道可理解为产品从生产领域向消费领域运行过程中由中间环节或机构进行转移的市场营销活动。产品的分销渠道由位于起点的生产者和位于终点的消费者(包括产业市场的用户),以及位于二者之间的中间商组成。

这里的渠道是一个形象化的说法,它非原本意义上的物质的"渠道",而是由生产者、中间商、消费者或用户等具体客体连接起来的产品流通的通路。正因为它的存在,才使产品得以在"适当的地点""适当的时间",以"适当的价格"出售给消费者或用户,实现产品的交换。

由于生产与消费的分离,二者在产品数量、品种、时间、地点和所有权等方面产生了矛盾。为有效地解决这些矛盾并节约社会劳动,就产生了在生产者和消费者之间专职媒介产品交换的中间商。在现代市场经济条件下,大部分生产企业并不直接把产品销售给最终用户或消费者,而要借助于一系列中间商的转卖活动。

> **小案例 10-1**
>
> 大部分生产者都没有或不愿用足够的人力、物力和财力从事直接分销活动。美国通用汽车公司生产的新汽车需通过 18 000 多家代理商销售。即使那些有足够财力建立全国性销售网点的企业也常常会发现,若将资金投在其他方面,所取得的投资收益率会远远高于投资建立自己的销售网点。且专门从事销售工作的中间商在执行销售职能上有着生产企业所不具备的优势,其分销效率更高,比生产者自销更有利。

二、分销渠道的功能

分销渠道执行的工作是把产品从生产者手里转移到消费者手里，它弥合了产品、服务在生产者和使用者之间的缺口。在这一过程中，**分销渠道的功能**主要有以下几方面：

（1）收集和传播信息。收集和传播营销环境中有关潜在的与现实的顾客、竞争对手和其他参与者的营销信息。

（2）促进销售。设计和传播有关产品的沟通材料，吸引顾客购买。

（3）洽谈生意。代表买方或卖方就有关价格和其他交易条件进行磋商，尽力达成最终协议，实现产品所有权的转移。

（4）整理产品。按照买方的要求整理供应的产品，包括分等、分类和包装等活动。

（5）资金融通。收集和分散资金，以负担渠道工作所需费用。

（6）承担风险。承担与渠道工作有关的全部风险。

（7）储存运输。组织产品的储存和运输工作。

思考 10-1 分销渠道的终点是哪里？

名师解忧

三、分销渠道的类型

分销渠道的类型如下。

（一）按产品在流通过程中是否经过中间环节划分的分销渠道

按产品在流通过程中是否经过中间环节，可将分销渠道分为直接式渠道与间接式渠道。

1. 直接式渠道

直接式渠道是指生产者把产品直接出售给消费者或用户，不经过任何形式的中间环节转手的渠道类型。这类渠道的基本特征是生产与流通的职能都由生产者承担。直接式渠道在产业市场分销中占主导地位。近年来，随着电子商务的发展，直销产品的范围进一步扩大。例如，著名的戴尔公司开创的计算机直销就取得了巨大的成功。

2. 间接式渠道

间接式渠道是指产品从生产领域转移到消费者或用户的过程中，经过若干中间商的销售渠道。这类渠道的基本特征在于生产者与消费者或用户之间加入了中间商的转手买卖活动。间接式渠道是消费品分销渠道的主要类型。

（二）按长度划分的分销渠道

产品在从生产者向消费者或用户转移的过程中，每经过一个对产品拥有所有权或负有销售责任的机构,称为一个"层次"或"环节"。产品在从生产领域转移到消费领域或购买者的过程中,经过的环节越多,销售渠道越长;反之,销售渠道越短。按照分销渠道的长度,可以将分销渠道分为长度不同的若干种渠道结构。

消费资料(消费品)与经营生产资料(工业品)的对象不同,其各自的分销渠道有不同的结构。

1. 消费品分销渠道结构

(1)消费品生产者—最终消费者。即由消费品生产者与最终消费者直接发生联系,把产品销售给最终消费者,没有任何中间商的介入。这是最短的、直接式的销售渠道。

(2)消费品生产者—零售商—最终消费者。由消费品生产者把产品出售给零售商,再由零售商转卖给最终消费者,中间经过一道环节,它可以使产销之间保持密切联系。在发达国家,这种形式多为汽车、家用电器、化妆品及医药产品等制造商采用,我国的许多消费品和工业品的经营也采用这种形式。

(3)消费品生产者—批发商—零售商—最终消费者。消费品生产者把产品销售给批发商(可以有几道批发环节),再转卖给零售商,最后出售给最终消费者,中间需经过两道或两道以上的中间环节。这是消费者市场最普遍的一种渠道。

(4)消费品生产者—代理商—批发商—零售商—最终消费者。这和第(3)种结构的差别在于消费品生产者和批发商中间还要经过受生产者委托的代理商。在西方国家,一些规模较小而产品又需要广泛推销的生产者多采用这种结构。

(5)消费品生产者—代理商—零售商—最终消费者。许多消费品生产者为了大量销售产品,愿意通过代理商行、经纪人或其他代理机构及人员把产品转卖给零售商,再销售给最终消费者。这种形式与第(4)种形式在从事国际市场营销活动时常被使用。当企业跨国家或地区营销时,建立自己的销售机构时间长、费用高、熟悉市场情况慢,使用当地代理商将起到迅速把消费品生产者与零售商联系起来的作用。

消费品分销渠道的一般结构如图 10-1 所示。

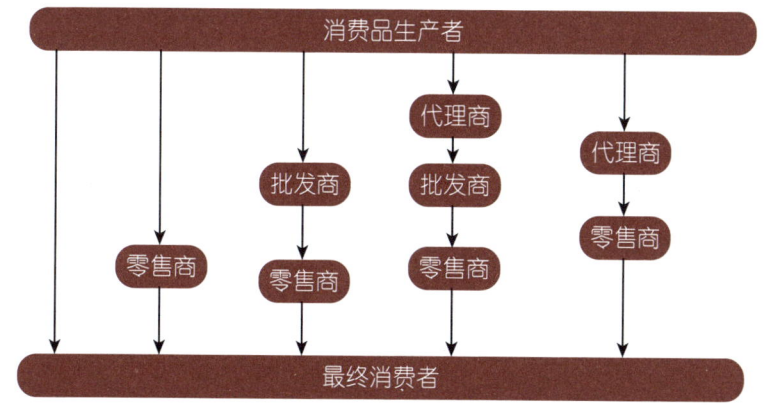

图 10-1 消费品分销渠道的一般结构

2. 工业品分销渠道结构

（1）工业品生产者—工业品用户。在工业品销售中，这种渠道结构占主要地位，特别是生产大型机器设备的企业，如火车机车车辆厂、发电设备厂等大都直接向工业品用户销售产品。

（2）工业品生产者—经销商—工业品用户。生产普通机器设备及附属设备的企业，如我国的机电、金属材料、石化等公司，常常利用经销商把产品卖给工业品用户。

（3）工业品生产者—代理商—工业品用户。生产工业品但没有设置专门销售部门的企业，或企业为了有利于产品销售而采用这种形式。

（4）工业品生产者—代理商—经销商—工业品用户。这种形式与上述第（3）种形式基本相同，只是由于某种原因，不宜由代理商直接将产品卖给工业品用户，如产品的单位销量太小，或需要分散存货，经销商的存储服务就十分必要。

工业品分销渠道的一般结构如图 10-2 所示。

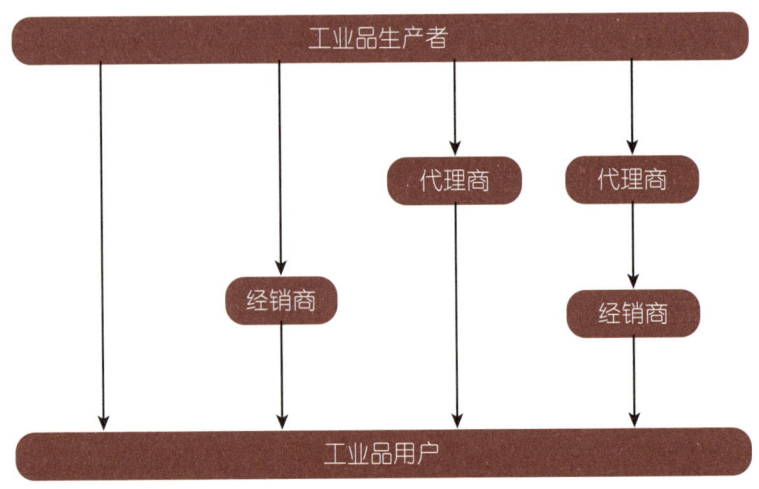

图 10-2　工业品分销渠道的一般结构

渠道结构还有个"宽度"衡量，即渠道的每个层次中使用同种类型的中间商数目的多少。如果某种产品的制造商通过许多同类中间商将其产品推销到广大地区，送到众多消费者或用户手中，这种结构的渠道就较宽；反之，如果某种产品的制造商只通过很少的中间商推销其产品，这种结构的渠道就比较窄。一般情况下，市场范围广、购买者众多的产品，需要采用"宽"渠道；而市场范围窄、用户专业化或数量有限的产品，适宜采用"窄"渠道。

💬 思考 10-2　分销渠道的"长度"和"宽度"各指的是什么？

第二节　分销渠道的设计与管理

一、分销渠道的设计

分销渠道的设计，对各类企业都是最复杂、最富策略性的问题。分销渠道设计的步骤包括明确渠道目标、确认限制条件、确定渠道结构、选择渠道成员以及对分销渠道结构方案的评估。

影响企业分销渠道设计的因素

（一）明确渠道目标

企业的分销渠道目标主要是解决产品到达目标市场的最佳途径问题。所谓最佳，一般指经济效益的衡量结果，即以最低的成本与费用把产品适时送抵企业的目标市场。但在不同情形下具体的产品分销渠道的抉择中，应该首先根据营销组合的需要，制订通过一定的渠道结构欲达到的目标。这类目标在不同的时期有不同的侧重点，如企业在追求迅速扩大产品市场占有率阶段时的渠道目标与追求建立优质、名牌产品时的渠道目标的侧重点有明显区别。企业分销渠道目标决定了分销渠道设计的方向。

（二）确认限制条件

所谓确认限制条件，可理解为认识影响企业分销渠道抉择诸因素的过程，这是设计分销渠道的基础。通常需研究三个条件：产品条件、市场条件、企业自身条件。

1. 产品条件

（1）产品的价值。产品的价值是指产品单位价值的大小。一般情况下，产品单位价值的大小与分销渠道的宽窄、长短呈负相关关系。产品的单位价值越低，分销渠道越长、越宽；反之，分销渠道就越短、越窄。但也有例外，有的产品单位价值虽低，但一次销售数量大，或此产品习惯上是与其他产品一起出售的，且订货数量高，订单金额比较大，也会采用较短、较窄的分销渠道。日用消费品、工业品的标准件一般要经过一个或一个以上的中间环节，而一些耐用消费品、工业品中的专用设备或成套机组则不宜采用较长的渠道结构。

（2）产品的时尚性。凡产品的式样或款式变化比较快的，一般宜采用少环节、短渠道。如家具、时装、玩具等，应尽量缩短分销渠道，减少中间环节，以避免由于时尚变化引起产品过时，导致积压。短渠道也有利于生产者了解消费者或用户的需求变化，及时调整产品结构。

（3）产品的易腐易毁性。易腐的鲜活产品应尽量缩短分销渠道，迅速把产品出售给消费者。如经营水果、蔬菜、鲜鱼肉类的企业，分销渠道要尽可能地少、短。对不易于运输的易毁、易损性产品也应采用短渠道，就地、就近销售。

（4）产品的体积与重量。体积过大或过重的产品，应采用少环节的短渠道，如建筑机械、大型农机具、大型的机器设备等。轻泡产品（如泡沫塑料、瓦楞纸板等）也适宜采用较短的分销渠道。

（5）产品的技术与服务要求。凡技术性较强而又需提供售前、售中、售后服务的产品，企业应该尽量直接将产品卖给消费者或用户，以便企业销售人员当面介绍产品，专门技术人员提供各种必要的服务。多数工业品和耐用消费品最好产销见面，即便需要中间商的介入，环节也要尽量少一些。

（6）产品的季节性。对季节性生产、常年消费的产品，或常年生产、季节性消费的产品，渠道的设置应不同于无季节性生产与消费的产品。产品的季节性越强，越适宜采用稍长一些的渠道结构；反之，则适宜采用短渠道。这主要是为了充分发挥各种类型的中间商的作用，保持生产的连续性和供应的不断档。

（7）产品的生命周期。对处于不同生命周期阶段的产品，渠道也应有所不同。对于处在引入阶段的新产品，生产者为尽快打开销路，可以组织自己的推销队伍，通过各种方式与消费者直接见面。对于处在成熟阶段的产品，则以间接渠道销售的居多。

（8）产品的用途。用途广泛、通用的、标准的产品可用间接销售渠道，而对于专用性强的产品，如专用设备、特殊品种和规格或者特殊用途的产品，需要生产者和用户直接商议产品质量、规格等方面的要求，以采用直接销售渠道为宜。

2. 市场条件

市场条件的分析，指对特定的目标市场影响分销渠道抉择因素的考虑，主要包括以下几个方面：

（1）目标顾客的类型。这主要是判断目标顾客是生活资料的消费者，还是生产资料的用户。一般情况下，企业面对的是这两类市场中的一类。但也有例外，有的企业的目标市场既包括生产资料的购买者，也包括消费资料的购买者。

（2）潜在顾客的数量。顾客的数量决定市场的规模，潜在顾客多，需要中间商为之服务；潜在顾客少，则可由厂家直接供应。

（3）目标顾客的分布。若企业的目标顾客集中，适宜采用直接式渠道；反之，若目标顾客分布分散，则适宜采用间接式渠道，通过中间环节销售产品。

（4）购买数量。这主要是指消费者或用户一次购买产品的数量，常称为"批量"。购买批量大的，可以采用直接销售渠道结构；购买批量小的，则利用中间商销售最有利。西方国家称之为按"订单大小"设计渠道。

（5）竞争状况。企业在设计渠道时，要分析和研究市场上经营同类产品的竞争企业的渠道设置。一方面可以从竞争企业那里得到启发，参考对方的渠道结构；另一方面要根据竞争企业采取的分销渠道策略来制定自己的分销渠道策略。

（6）购买者习惯。这是指研究购买者购买不同产品时接近渠道的习惯。

3. 企业自身条件

企业在选择分销渠道时，要进行企业自身条件分析，这主要包括以下多方面因素。

（1）企业的规模和实力。规模大的企业，资金力量雄厚，管理水平较高，可以采用直接销售渠道结构。而规模小、资金力量不强的企业，一般不具备大企业的条件，应依靠中间商提供销售服务。

（2）企业声誉与市场地位。对生产企业或经营企业来说，声誉越高，选择的余地就越大；相反，对声誉不高或没有市场地位的企业，选择的余地就比较小。

（3）企业的经营管理能力。企业管理者的经验丰富、经营能力强，员工业务素质高，选择分销渠道的主动性就大；否则，选择权就小，依靠其他企业就比较多。

（4）控制渠道的要求。凡企业在营销中需要对分销渠道时刻控制的，不宜采用长渠道、宽渠道结构。企业如有较强的销售能力，则适宜把产品直接出售给消费者或用户；当中间商必不可少时，则宜选择较短的渠道结构。

除以上基本因素的分析之外，还应考虑企业的产品组合、市场营销组合的状况。一般来说，企业产品组合的宽度越大，与顾客直接交易的能力越大，越适宜采用直接销售方式；企业产品组合的深度越高，采取专营性或选择性的渠道策略对中间商越有利；企业产品组合的关联度越大，企业分销渠道中间商的类别就越相近。

企业的市场营销组合是影响分销渠道设计与选择的重要因素。如企业决定采取低价渗透策略和统一零售价格，只有同意这个统一零售价格的商家才有可能成为渠道成员；又如企业采用了"以快取胜"的产品策略，对中间商数量的要求及其存货水平、运输能力的要求，可能要放到其他条件之上。

因此，对诸方面限定条件的重要程度的排列，在不同的情况下，应有所不同。

思考 10-3 对价值高、体积大、技术性强的产品适宜采用哪种渠道？

（三）确定渠道结构

确定渠道结构即确定适当的渠道结构和设计，谋划相应的分销策略，包括是否选择中间商、选择什么类型的中间商以及渠道成员之间的关系等。

分销渠道在其本身特征、与企业之间的关系以及渠道成员之间的结合方式上有不同的种类，主要包括以下四种类型。

1. 个别式分销渠道结构

个别式分销渠道结构即传统的分销渠道，是由生产企业、批发企业和零售企业构成的关系松弛的销售网络。各个成员（企业）之间彼此独立，相互间的联系通过买卖条件维持，讨价还价，各为其利，条件合适便存在购销关系，条件不合适便独自行动，往往由生产者寻找有意经销其产品的批发企业。而批发企业与零售企业的关系也须"两厢情愿"，其基本条件是各环节都能得到自己满意的利润。这是最古老的市场分销渠道的构成方式。

2. 垂直式分销渠道结构

垂直式分销渠道结构是由生产企业、批发企业和零售企业形成的统一整体，其可由生产企业，也可由批发企业或零售企业控制。这种渠道结构的出现，是为了控制渠道行为和管理渠道冲突。它们依靠经营规模、讨价还价的能力及消除重复服务来达到经济节约的目的。具体有三种：所有权式垂直分销渠道结构、管理式垂直分销渠道结构和契约式垂直分销渠道结构。

（1）所有权式垂直分销渠道结构，是指由同一投资系统，把相关的生产和销售单位联合起来，组成一个有效的渠道结构。其特点在于所有权单一，统一掌握和控制渠道。如美国希尔温·威廉油漆公司，专门生产油漆产品，自己拥有2 000家油漆零售商店，实行对销售的集中统一管理。

（2）管理式垂直分销渠道结构，是指由于某企业规模大、实力强、声誉高而吸引了大批零售商合作而形成的渠道结构。这种结构不是以所有权为基础，而主要依赖于营销企业自身的实力。西方许多大的企业（如美国通用机械公司），凭借实力和信誉，获得了许多中间商与其合作。

（3）契约式垂直分销渠道结构，是由不同但相关的生产企业和商业企业，用契约联合起来，以期能取得比单独行动更有效、更经济的营销效果的渠道结构。主要有三种：第一种是自愿批发商联合组织；第二种是零售商合作组织；第三种是特许专营组织。特许专营组织指从生产到销售的过程中，各机构在共同契约下连成一体，其中各成员企业为拥有特许专营权的单位，包括生产企业支持的零售特许组织和批发特许组织，以及由服务性企业支持的零售特许组织，如得到可口可乐公司、百事可乐公司支持的特许企业等。

3. 水平式分销渠道结构

水平式分销渠道结构也称横向分销渠道结构，指的是两个或两个以上的同级企业为充分利用资源和避免风险而形成的短期或长期的联合营销渠道结构。有时由于这种联合会产生一个新的经营部门，如甲企业通过签约同意乙企业的产品与甲企业自己制造的产品一起放在甲企业的特许经营商店出售，也属此种。

4. 复式分销渠道结构

复式分销渠道结构也称多渠道或双重渠道结构，是指生产企业通过多条渠道将相同的产品送到不同的市场或相同的市场。有时，由于企业生产的同一种产品既卖给消费者用于生活消费，又卖给工业用户用于生产性消费，生产企业就需要通过若干不同的渠道将同一种产品送到不同的市场（消费者市场和生产者市场），有些生产企业还通过多条渠道将产品送到同一市场上。

确定渠道结构要依据四类限制因素综合考虑。通常都不是只有一种选择，而往往有几种模式。企业应尽可能地探求更多的创新渠道结构，在创新中往往会有意外的收获。

思考10-4 连锁经营渠道属于个别式分销渠道结构还是垂直式分销渠道结构？

(四) 选择渠道成员

确定渠道结构后的工作是选择渠道成员，即确定由哪些中间商销售本企业的产品，包括确定中间商的类型、确定中间商的数目、规定渠道成员的权利和义务以及选择具体的渠道成员等。

1. 确定中间商的类型

（1）代理商（或个人）。企业选择代理商（或个人）通过代理机构向消费者或工业用户销售产品，为调动代理企业的积极性，生产企业可以给予某代理企业在特定地区独家代理的权利。

（2）工业品经销商。企业寻找愿意经营本企业产品的工业品经销商，通过工业品经销商销售产品。企业也往往给这些中间环节在特定范围的独家经营权利，并给予较高的毛利。对于专业性、技术性较强的产品，还应对中间环节业务人员进行专业知识培训。

除代理商（或个人）、工业品经销商外，还有不同形式的批发商、零售商等可供企业选择。

2. 确定中间商的数目

企业决定所使用的中间商的数目，既要考虑产品在市场上的地位及特征，又要考虑企业的渠道结构，因此一般有三种选择形式。

（1）普遍性销售，又称密集分销，即生产企业对经销商不加任何选择，经销网点越多越好，力求使产品能广泛地和消费者接触，方便消费者购买。这种形式适用于价格低廉、无差异性的日用消费品，或生产资料中标准件小工具等的销售。

这种形式具有与购买者接触广泛的优点。此外，还可以通过全国范围的广告，更为方便地选择中间商。但这种形式的缺陷是，经销商数目众多，企业需花费较多精力来联系经销商，且不易取得经销商的合作。同时，生产企业几乎需要负担全部广告宣传费用。

（2）选择性销售，即生产企业选择几家批发商或零售商销售特定的产品，如采取特约经销或代销的形式把经销关系固定下来。这种形式多适用于一些选择性较强的日用消费品、专用性较强的零配件，以及技术服务要求较高的产品。选择这种形式可以获得经销商的合作，有利于提高经销商的经营积极性，也可以减少经销商之间的盲目竞争。

（3）独家销售，即生产企业在特定的市场区域内，仅选择一家批发商或代理商经销特定的产品。这种形式一般适用于新产品、名牌产品以及有某种特殊性能和用途的产品。独家销售对生产者和经销商双方有利有弊。对生产者的好处是：易于控制市场的销售价格和数量，能够获得经销商的有效协作与支持，有利于带动其他新产品的上市。同时，在一个较大市场中的独家经销商还愿意花一定的投资和精力来开拓市场。其缺点是：在一个地区过分地依赖经销商，易受经销商的支配并承受较高的失败风险。

💭**思考10-5** 举例说明普遍性销售、选择性销售、独家销售各适合什么样的产品和企业目标。

3. 规定渠道成员的权利和义务

在使用间接式渠道结构时，要妥善处理生产企业与批发企业、零售企业之间的买卖关系，产地批发企业与销地批发企业之间的关系，以及批发企业与零售企业之间的关系等。各个渠道成员之间是相互依存、相互合作的关系。但是，由于产品买卖关系联结着不同的、代表各自经济利益的经济实体，必然会产生一些矛盾。为了保证企业产品顺畅通过各个必要环节，生产企业有必要明确渠道结构中各成员的权利和义务，主要有以下几个方面：

（1）价格。这直接涉及各成员企业的经济利益，生产企业必须慎重对待。通常采取的做法是：制定价格表，规定对不同中间商的不同折扣（也有采用批量折扣的）。价格表的制定涉及企业的总体战略。

（2）支付条件及保证。生产企业应对销售条件制定明确的规定并严格履行，其中主要有支付条件及销货保证。生产企业为鼓励渠道成员提早付款，给予一定的付款折扣。对某些原因造成的产品降价，生产企业应该设"降价保证"，以解除经销企业进货时的后顾之忧。

（3）地域权利。经销商、代理商关心的问题之一是生产企业在哪些区域给其他经销企业、代销企业以经营特许权。渠道成员总希望自己销售地区的所有销售实绩都得到生产企业的承认。

（4）产品提供。生产企业应在产品的数量、质量、品种、交货时间等方面尽可能地满足经销企业、代销企业的要求，各经销企业、代销企业应体谅生产企业，不应提不切合实际的要求。

（5）信息互通。生产企业及其经销企业、代销企业之间应及时传递本企业的产品生产和销售以及相关信息，以便各方能按需组织生产和经营。

除以上方面外，渠道成员之间在资金、经营收益及销售服务方面以及办理经销、代销手续的过程中，应考虑合作方的利益和方便。

4. 选择具体的渠道成员

选择具体的渠道成员，指在确定渠道结构及其类别的基础上，对具体构成渠道结构的每一个商业企业或机构的选定，应全面考虑待选企业的状况。

（1）与目标市场接近度。这是选择渠道成员的首要问题。企业应考察待选渠道成员是否接近本企业的目标市场。

（2）财务状况。财务状况是重要的考察项目之一，这对于经销那些需要有相当投资支持的产品尤为重要。企业的财力雄厚与否，直接涉及企业地位的稳固度和竞争力。

（3）产品组合状况。应了解企业拟交付的成员企业产品与其现有产品线的关系；企业拟选定的成员企业是否有完整的产品组合。

（4）市场覆盖率（或占有率）。企业应考察成员企业市场占有率或覆盖程度是否与生产企业的既定营销目标相符合。在专营性销售和选择性销售中，这一因素更为重要。若成员企业市场覆盖能力小于本企业的要求，则达不到预期目标；反之，若覆盖能力大于本企业的要求，可能对其他经销商形成威胁，易出现渠道冲突。

（5）推销能力。成员企业推销人员的数目、已表现出的推销绩效、在同类企业中的推销力量的比较等都要认真考察。

（6）储藏、运输能力。在企业产品需冷藏，并希望经销商能更多地担负产品实体的储藏、运输任务时，储藏、运输能力便成为决定性的条件。这既包括对成员企业储藏运输设备等物质条件的了解，又包括对其组织产品实体储运能力的考察。

除此之外，还应考虑中间商的声望和信誉、经营历史及经销绩效、对生产企业的合作态度与对经营拟交付产品的积极性、未来发展状况估计等。

（五）对分销渠道结构方案的评估

这一工作的前提是企业在对各限制条件和中间商基本现状充分调查研究的基础上进行排列组合，提出几种可行的渠道结构方案。评估的任务是在多个可行的渠道结构方案中选择最能满足企业长期营销目标的渠道结构。评价标准主要有经济效益标准、控制程度标准和适应性标准。

1. 经济效益标准

企业的最终目的是获得最佳经济效益。因此，衡量渠道结构方案最基本的标准就是经济效益标准，即计算和比较销售量、售价、成本及利润，如利用销售利润平衡分析等方法。企业追求的并不一定是销售量最大或者成本最低的渠道，而在于获得销售量与成本之间最适当的比例，从而使得采用这种渠道结构时企业的长期经济效益最大。

2. 控制程度标准

该标准主要考虑渠道成员之间的纵向关系、横向关系，以及渠道成员的稳固性因素。如果渠道成员之间的纵向关系、横向关系出现问题，如出现大的矛盾和激烈的冲突，就会迫使企业做出较大的让步，使企业利益受损。再有，考虑所选择的渠道成员地位的稳固性，这主要指经销商、代理商的法律地位。这在国际营销活动中尤其重要，许多国家和地区的法律对经销商及代理商有特定的限制。企业采取专营性渠道策略时，更要重视这一点。

3. 适应性标准

适应性标准即考虑中间商是否具备适应环境变化的能力。经企业选定的任何中间商，都应承担一定的义务，不能随时变动。如已经与某代理商签订了长期的合作条约，就限制了新渠道的采用。因此，企业在选择渠道结构或成员时，要进行全面考察，并用发展的观点进行分析，特别在选用承担义务期限较长的渠道成员时，尤其要注意适应性标准。

思考10-6 企业评估分销渠道结构方案主要依据哪三个标准？

二、分销渠道的管理

分销渠道的管理主要是做好对中间商的检查、督促与鼓励，同时结合营销的变化，对现有渠道进行调整。

（一）检查中间商

企业对分销渠道的日常管理，首先要对中间商进行定期和不定期的检查。这种常规检查通常应遵照一定的标准并具体化为一系列指标，主要有：销售额指标，销售增长率指标，阶段销售额指标，企业的购买者数量，产品市场占有率，退换产品的比例，平均存货水平，向顾客交货的时间、速度，付款状况（包括经销商的付款态度、付款方式及期限、付款条件的兑现情况），以及经销商的利润及其发展趋势，等等。

除以上指标外，还应检查中间商的经营方针和政策、管理水平与管理能力、产品宣传推广计划的执行程度、对推销人员专业培训的重视程度及各岗位营销人员对顾客的态度，以及本企业的产品在中间商的推销过程中的受重视程度等。

（二）督促与鼓励中间商

鼓励分销渠道成员，最大限度地发挥其销售积极性，仅依靠与中间商签订合同对其进行约束和要求是不够的，必须重视对渠道结构中成员的督促和鼓励。

企业作为主动的一方，应积极探讨经销企业、代销企业在销售区域、产品提供、市场开发、服务要求、技术建议与技术服务以及市场情报诸方面存在的困难，协商、协助解决问题，并制定相应的对策；还要提醒和督促中间商注意市场信息的收集，并根据其特点，制定对中间商的鼓励措施。

(三) 调整渠道

由于消费者需求及市场营销环境的变化，很多时候都要求企业对原有的渠道做相应的调整，主要有三种情况：

（1）增减渠道成员，即决定增减渠道中的个别中间商。在调整时，既要考虑增减某个中间商对企业盈利的直接影响，也要考虑由此可能引起的间接反应，即渠道中其他成员的反应。

（2）增减一条渠道。各方面的变化常常使生产者感到只变动渠道中的成员是不够的，有时必须变动一条渠道才能解决问题。根据情况增加或减少一条渠道，或者在增设一条新渠道的同时，减掉一条或两条原有的渠道。

（3）调整整个渠道结构。这是动作最大、波及面最广的一种情况。如企业将直接式渠道改为间接式渠道，将单一渠道改为复式渠道，等等。一般在两种情况下做此种调整：一是由于整体战略的调整而引起的渠道结构不能适应；二是由于原有的渠道出现重大问题，无法继续使用。

第三节　批发商与零售商

中间商是指处于生产者和消费者（或用户）之间，参与产品交换，促进买卖行为发生和实现的经济组织或个人。中间商主要由批发商与零售商组成，这是企业选择分销渠道过程中经常接触的主要渠道成员。

一、批发与批发商

（一）批发与批发商的概念及其作用

批发是对在产品流通过程中，不直接服务于最终消费者，只通过转售等方式实现产品在空间和时间上转移的中间环节的统称。以批发经营活动为主业的企业和个人就是批发商。

批发在产品流通中的作用，主要体现在以下几个方面：

1. 集散产品

批发商通过收购，把各地区、各生产部门分散生产的产品集中起来，经过必要的初步加工、挑选、整理、分级、编配和包装等活动，然后通过调拨运输，分散供应给零售企业和生产用户。

2. 储存产品

批发商大批量地进货，并承担产品储存职能，调节产销。一方面，可以使生产者尽快出售产品，加速再生产过程；另一方面，小批量地将产品出售给零售企业，可以减少零售企业储存产品的负担；同时也发挥产品的"蓄水池"的作用，以解决产品生产供应在时间与空间上的矛盾。

3. 沟通产销信息

批发商处于生产企业与零售企业之间，既了解生产情况，又了解全面的市场需求。因此，其一方面向生产企业提供市场需求信息和消费者或用户对产品的意见，另一方面又向零售企业提供生产和新产品上市的信息。

4. 为生产企业和零售企业服务

批发商为生产企业服务，主要包括引进国内外新产品样本，介绍新工艺，在生产企业之间穿针引线，调剂生产设备和原材料的余缺等。为零售企业服务，主要包括为零售企业培训售货人员，提供有关产品的使用和养护知识，帮助零售企业改善经营管理，搞好产品陈列和广告宣传，以及为零售企业提供资金融通，等等。

5. 承担市场风险

批发商一般会大批量地进货和大批量地储存产品，这就为生产企业和零售企业承担了许多市场风险，诸如市场供求与价格变动带来的风险，产品运输和保管过程中可能发生的风险，以及预购、赊销中的呆账风险等。

6. 推销和促销

批发商提供推销队伍，使生产企业能以较低的成本接近更多和更小的消费者或用户。由于其接触面较广，有完善的渠道和较长期的联系，能得到购买者的信任，产品推销的效率更高。

综上所述，批发商直接或间接地为生产企业、零售企业和消费者或用户提供了广泛的服务。没有这些服务，产品流通将会困难得多。

思考 10-7　怎样理解批发的作用？

（二）批发商的种类

一般情况下，**批发商**可以分为四大类：商人批发商，经纪人和代理商，制造商和零售商的批发机构以及其他类型的批发商。

1. 商人批发商

商人批发商是独立的企业，拥有所经营产品的全部所有权，是批发业中的主要力量。商人批发商还可进一步分为完全服务批发商和有限服务批发商。

（1）完全服务批发商。完全服务批发商提供诸如存货、推销队伍、顾客信贷、负责送货以及协助管理等服务，包括两种类型：批发中间商和工业品分销商。批发中间商主要面向零售商销售，并提供全面服务；工业品分销商是指面向制造商销售的商人批发商。他们提供如存货、信贷及送货等服务，经营范围较广。

（2）有限服务批发商。有限服务批发商对其供应者和顾客只提供部分少量服务。有限服务批发商有六种类型：

①现款交易运货自理批发商。现款交易运货自理批发商只经营一些周转快的产品，卖给小型零售商，收取现款，一般不负责送货。我国的农副产品批发市场大都是这种形式。

②卡车批发商。卡车批发商主要承担销售和送货职能。他们经营一些鲜活易腐的产品（如牛奶、面包和快餐），用卡车将产品送到超级市场、小杂货店、医院、餐厅、工厂自助食堂和旅馆，现货现卖。

③直送批发商。直送批发商专门经营一些笨重的工业产品，如煤、木材和重型设备等。他们不存货或者不经手产品实体，当收到订货单后找到制造商，由制造商按照双方议定的条件和送货时间，直接将产品运送给客户。从收到订单之时起到客户收到货为止的这段时间，直送批发商拥有产品所有权，并且承担该期间可能出现的一切风险。直送批发商的费用比较低，定价也低。

④专柜寄售批发商。专柜寄售批发商的服务对象是杂货商店和药品零售商，经营非食品类产品。专柜寄售批发商用送货卡车将产品送到商店，放上货架。他们为产品制定价格，保持产品新鲜，设置销售点产品陈列，以及保持存货记录等。专柜寄售批发商采取寄售的方法，只对已售出产品向零售商开单收款。他们所经营的多是做过大量广告宣传的有品牌产品，不搞专门促销。

⑤生产合作社。生产合作社为其成员所有，在农场集中生产然后卖给当地各个市场，年终将盈利分配给成员。他们经常尝试提高产品质量，同时大力宣传本合作社的品牌，如新奇士橙、钻石牌核桃等。

⑥邮购批发商。邮购批发商向零售商、工业品用户、相关顾客寄送产品目录，主要有珠宝、化妆品、专门食品和一些小商品。其主要顾客是边远地区的商人，这样不用派推销员去访问顾客。订货配齐后，就以邮寄、卡车或者其他有效的运输方式送货。

2. 经纪人和代理商

经纪人（或称掮客）和代理商在两个方面不同于商人批发商：他们不拥有产品所有权，仅执行有限的专门功能，主要功能就是促进买卖，为此将获得售价的一定比例作为佣金。和商人批发商一样，经纪人和代理商一般也是专门经营某条产品线，或者专门为某类顾客服务。

（1）经纪人。经纪人的主要作用是为买卖双方牵线搭桥，协助谈判，收取佣金，一般不存货。其在食品、房地产、保险和证券经营中最常见。

（2）制造商代理商。制造商代理商是代理批发商的主要形式，其代表两家或两家以上产品线互相补充的制造商,与各制造商就价格政策、地区、订单处理程序、送货服务和产品担保以及佣金标准等方面订有书面协议。他们熟悉每个制造商的产品线,并且利用广泛的接触来推销制造商的产品。制造商代理商适用于服装、家具和电器产品等产品线。大多数自己没有推销队伍的小企业和想利用代理商开辟新市场的大制造商,都愿意联合这种代理商。

(3)销售代理商。销售代理商是在签订合同的基础上,为委托人销售某些特定产品或全部产品的代理商。销售代理商犹如一个销售部门,对于产品价格、交易条件等有很大的影响。销售代理商一般没有地区限制,常见于纺织、工业机器和设备、煤炭、化学品和金属品等领域。

(4)采购代理商。采购代理商一般和顾客建立有长期关系,为其采购产品,经常为买主收货、验货、储存和送货。他们知识丰富,可以向其委托人提供有益的市场情报,并且为其采购到价格适宜的优良产品。

(5)佣金商(或称商行)。佣金商是取得产品实体持有权,并处理产品销售的代理商。他们一般与委托人没有建立长期关系。他们最擅长从事农产品营销,受托于那些不愿自己出售产品和不属于生产合作社的农场主。佣金商用卡车将农产品运送到中心市场,以最理想的价格出售,然后减去佣金和各项开支,将余款汇给生产者。

3.制造商和零售商的批发机构

买方和卖方不是通过独立批发商,而是自己从事批发业务。它有两种主要形式:制造商的销售分公司和营业中心、采购办事处。

近年来,无论是在国内还是在国际消费品市场上,卖方自营批发都有很大发展。在我国,以海尔、一汽、联想等为代表的家电、汽车、计算机等企业都建立了各自的批发销售系统。

4.其他类型的批发商

在某些特定的经济领域,还可以看到一些特殊的批发商,主要有农产品采购商、散装石油厂和油站、拍卖公司等。

思考10-8 经纪人和代理商主要包括哪些类型?

二、零售与零售商

(一)零售与零售商的概念及其作用

零售是指所有面向最终消费者直接销售产品或服务,用于个人及非商业性用途的活动。零售商或零售商店是指那些销售量主要来自最终销售的企业。零售商处于流通领域的终端,直接联结着消费者,完成着产品最终实现价值的任务,其作用主要体现在以下方面：

（1）沟通生产、批发、消费，实现产品价值，推动社会再生产的继续进行。

（2）满足消费者多种多样的需求，保证社会劳动力的再生产，实现按劳分配，促进国民收入的再分配。

（3）实现生产领域创造的剩余产品，为国家提供积累，促进现代化建设。

（二）零售商的种类

在商业组织中，**零售商的种类**繁多、变化最大，构成多样的、动态的零售分销渠道体系。从不同的角度可以对零售商做不同的分类，常用的分类标准有按企业经营的产品线分类、按商店的价格形象分类、按营业场所的特征分类、按零售组织形态分类以及按商店集群的关系分类等。

1. 按企业经营的产品线分类

按企业经营的产品线不同，可将零售商分为以下类型：

（1）百货商店。百货商店是以经营日用工业品为主的综合商店，一般以大中型居多，它是高度组织化的企业，内部分设专业产品部或专柜，相当于许多专业商店的集合。自1852年第一家百货商店问世以来，它的许多原则始终被贯彻坚持，如薄利多销、明码标价、鼓励顾客自由选购和推崇"在享受中购物"等。因此这类商店建筑高大，装修气派，购物环境舒适。我国自20世纪50年代开始，百货商店便承担起城市一级、二级商业群的骨干职能。

（2）专业商店。专业商店是专门经营某一类或几类产品的零售商店，如专营家用电器、钟表、呢绒、皮货的商店，也称专门用品商店。专业商店一般只经营一条产品线，但它所包含的产品项目很多。这种形式经过了兴盛到收缩的历程。随着购物中心的大量涌现，出现了"超级"专业商店，如美国已有专门经营高个子男人服装的商店、运动员鞋店等。连锁商业组织形态为这类商店的发展提供了有力的支撑。

（3）超级市场。超级市场是一种为满足消费者日常家庭生活需要而提供产品和服务的大规模、低成本、低毛利、自助式服务的零售方式，适合购买频度高、用量大的易耗类消费品。随着零售商业竞争日益激烈，超级市场正在努力增强自身的活力，如实行"大卖场"策略，即增加营业面积，扩大经营范围。

> **小贴士**
>
> 20世纪50—80年代，美国超级市场的营业面积平均增加了50%以上，经营品种增加了250%以上。同时，它还注意强化促销措施，如做广告等。20世纪90年代中后期，超级市场在我国大中城市获得了极大的发展和普及，随着人们收入水平的提高，超级市场已逐渐成为城市居民购买食品和日用消费品的主要场所。

（4）便利商店。便利商店是分散在居民区中的小食品杂货店。它规模小，设点分散，营业时间长，节假日营业，方便消费者日常生活需要，主要满足消费者的不时之需。这类商店产品的种类少，多属必需品，且价格相对高。著名的"7-11"商店、我国的"好邻居"等都属于此类。它满足了消费者省时、方便的需要。许多便利商店已扩展为"食品-汽油商店"，即在加油站经营上百种产品，包括面包、牛奶、香烟、咖啡、糖果和饮料等。

（5）超级商店、综合商店和巨型超级市场。这是三类规模大于超级市场的商店。

①超级商店。超级商店的规模比一般超级市场大，主要满足消费者在日常生活中购买的食品和非食品类产品方面的全部需求，提供诸如洗衣、干洗、修鞋、支票兑付以及廉价午餐柜台服务。

②综合商店。综合商店是在超级商店的基础上，营业面积更大，并向非处方药品和处方药品经营扩展的多样化经营方式。因此，也有人称之为"综合食品和药品商店"。

③巨型超级市场。巨型超级市场是一种融合了超级市场、折扣商店和仓储式商店的原则而产生的零售方式，其面积之大达到一般超级市场的4～12倍；其经营品种超出了一般例行采购之物，包括家具、各类服装和其他用品；其价格实行仓库店原则，大面积地陈列商品，采取自助式服务，服务人员少，商品的价格较低。

2. 按商店的价格形象分类

按商店的价格形象不同，可将零售商分为以下类型：

（1）折扣商店。折扣商店出售标准产品，价格低于一般商店。这类商店毛利较少但销售量大，实行薄利多销。折扣商店具有的特征为：①一贯保持低价；②经营全国性品牌，有质量保证；③强调自我服务；④商店地处偏远，吸引较远的顾客；⑤设备简单，以实用为目的。许多开办成功的折扣商店都采用了连锁的组织形态。

（2）仓储商店。仓储商店是一种无虚饰、低价格、低服务的销售方式。商店一般设在郊区地价低的地段，店面很大，店址偏僻，经营成本低，产品以大包装形式供货和销售，多采取会员制。"山姆会员商店""万客隆""麦德龙"等都是典型的仓储商店。仓储商店进入我国大城市后，也促进了我国各种仓储商店的发展。

（3）样品目录陈列室。样品目录陈列室即将产品目录和折扣原则用于大量的可供选择的毛利高、周转快的品牌产品的销售方式。经营品种包括珠宝、电动工具、照相机等。这类商店把每一种产品的目录价格和折扣价格都列出，顾客可用电话订购或直接到商店察看、购买。这类商店对需要低价、低服务的顾客有较大的吸引力。

3. 按营业场所的特征分类

按营业场所的特征不同，可将零售商分为有店铺零售和无店铺零售。无店铺零售主要有以下形式：

（1）直销。直销是指在固定零售店铺以外的地方（如个人住所、工作地点或者其他场所），由独立的营销人员以面对面的方式，通过讲解和示范方式将产品或服务直接介绍给消费者，进行消费品的行销。自 2005 年《直销管理条例》颁布以来，我国政府在开放直销行业方面取得了稳步进展。我国商务部已向多家企业颁发了直销经营许可证。

（2）直效营销。直效营销包括电话营销、新媒体营销、邮购、电视购物等。近年来，随着计算机的普及和互联网的发展，网上购物有了飞速发展。（详见本章第四节"直效营销"）

（3）自动售货机。自动售货机是第二次世界大战后出现的一种新型无门市零售方式。它可以向顾客提供 24 小时不间断的服务，其方便、卫生的优点突出。自动售货机正广泛地用于娱乐和服务业，如自动点唱机、电子游戏机和自动出纳机等。

4. 按零售组织形态分类

按零售组织形态不同，可将零售商分为以下类型：

（1）独立店，即所有者只拥有一家商店，每个零售商店拥有完全自主经营的权力。至今，独立店仍然占零售商店的大多数。

（2）连锁商店。连锁商店是 20 世纪零售发展中新型的商业组织形态。它是指两个或两个以上的商店同属于一个所有者，这些商店通常实行一定程度的集中采购和管理，设有中心采购部和产品部。公司连锁的成功基于规模效益，通过大规模进货降低成本，实行低毛利，获得了独立商店不具备的价格优势。连锁企业从不同的方面获取效益：①规模采购，获得数量折扣；②聘用优秀管理人员，实现科学管理；③在一定程度上将批发和零售功能结合；④促销成本低，更经济。

（3）自愿连锁和零售商合作组织。连锁商店的发展引起了独立商店的反应。其中，一种是由批发商发起，若干零售商加入，从事大规模的购买与销售；另一种是零售商合作组织，即若干零售商组织成一个中心采购组织，除联合采购外，还联合进行促销活动。这些组织建立的目的是获得商业规模经济，以有效地应对连锁商店的低价竞争。我国零售业中的部分独立商店成立的"连锁加盟"属于这种形式。

（4）特许专营组织，即特许授予人（简称特许人）以契约方式，授予特许被授予人（称受许人或加盟者、代营人）在特定的区域内经销自己的某项产品或服务的权利的组织形式，如麦当劳快餐店就是采取特许经营扩张的。

（5）零售商业联合集团，即以大型零售机构为主体，组合经营不同产品类别和不同形式的企业，实行多样化经营的所有权集中的松散型组织。我国许多企业为提高零售效益、增强竞争实力，也在组建大的零售商业联合集团方面做了有益的尝试，如华联集团等。

除此之外，还有消费者合作社等组织。

5. 按商店集群的关系分类

按商店集群的关系不同，可将零售商分为以下类型：

（1）商店街，也称商业街，由同类或非同类的多家零售商集合于某地区形成的商品零售区域。一般设在城市中心公共交通便利之地。

（2）购物中心，为满足消费者所需要的商品和服务，将多种零售商集合于一处，以大型骨干店为中心，各类商品专营店齐全，提供吃、穿、购、学、玩、游为一体的综合服务。一般设有大型的停车场。

近年来，零售商业朝着"分层次群聚化"的方向发展。中心商业区受到冲击，地区购物中心、各街区购物中心及邻里购物中心同时发展。

思考10-9 "连锁商店是一种经营形式"，这种说法对吗？

名师解忧

第四节 直效营销

一、直效营销的含义

直效营销又称直复营销、直接营销，是近年来发展得较快的营销方式之一。美国直销协会对它的定义是："一种为了在任何地方产生可度量的反应或达成交易而使用的一种或多种传播媒体的交互作用的市场营销系统。"其中特别明确了直效营销的以下几个特点：

（1）直效营销时空的无限制性。直效营销活动可在任何时间、任何地点进行。

（2）直效营销系统的互动性。直效营销活动可以做到信息双向交流，为每个顾客提供直接向营销人员反馈的机会。

（3）直效营销信息传递的针对性。无论任何方式的直效营销活动，都是针对特定的顾客设计的。

（4）营销活动效果的可衡量性。直效营销可对各种直接营销活动的效果进行有效的测定。

其中的重点在于获得一个可度量的反应，常常指从顾客或客户处获得订单，因此直效营销也被称为直接订货营销。本书采用直效营销概念，在于突出"效"字的意义。

二、直效营销的特征

直效营销的迅猛发展与其自身的显著特征密不可分。与传统的零售方式相比，**直效营销的特征**如下：

（1）更深入地进入细分市场。直效营销可以进入一个具体的细分市场，开展有针对性的营销活动，更有利于建立并维护与顾客的良好关系。

（2）给目标顾客提供更方便的购物途径。没有拥挤、堵车和结账时的排队，也无须担心购物时的出行安全。

（3）具有效果反馈功能。顾客通过回复卡、电话等方式进行查询，相关信息便直接反馈到企业。企业在检验活动效果的同时，也找到了制定下次活动规划的依据。

（4）能提高产品的附加值。通过直效营销中围绕所提供产品的各项对顾客或客户的服务，可以增加产品的附加值，为企业创造更多的利润。

（5）保持营销策略的隐蔽性。与其他营销方式不同，直效营销由于不通过覆盖面较大的传播媒体宣传，所以不会在战略初期显示出意图，具有隐蔽性。

（6）有助于企业降低经营成本。首先，创建企业的成本低，不必寻找优越但租金高昂的店址，不必有大量存货，不需购置大量的陈列设施和雇用大批的销售人员，也不必遵循常规的营业时间和方式。

（7）有助于企业完成低成本扩张。一个店铺零售商可以在不增加分店的情形下，补充和发展自己的常规业务，或者扩大自己交易的地理范围。

思考 10-10　直效营销与直接销售最本质的区别是什么？

名师解忧

三、直效营销的方式

直效营销的方式主要有直接邮寄营销、目录营销、电话营销、电视营销、购物亭营销。近年来，令人眼花缭乱的新型数字化直效营销工具大量涌入营销领域，包括网络营销、社交媒体营销和移动营销，这里我们统称为新媒体营销。

（一）直接邮寄营销

直接邮寄营销也称直邮营销，是指向一个特定的收件人寄发报价单、通知、纪念品等。按照精心选择的邮寄名单，发出信件、产品目录、活页广告、宣传册、试用品等给预期的顾客和现实的目标顾客。采用这种形式的关键，在于更有效地选择目标市场，其具有灵活、个性化强、容易检验效果的特点。在直接邮寄营销发展的过程中，绝大部分的信、物是通过邮政部门处理的，但随着现代沟通方式的产生，已经出现了无线电传真、电子邮件和声音邮件等传播信件的新形式。

新形式相对于邮政部门的传递速度有不可比拟的优越性，然而仍有许多邮件是通过传统渠道传递的，原因就在于还存在许多对新形式不感兴趣的顾客。

（二）目录营销

目录营销是指运用目录作为传播信息载体，并通过直邮渠道向目标市场成员发布，从而获得对方直接反应的营销活动。这是 20 世纪 60 年代以后出现的直效营销方式。通过目录方式征得顾客的订单可采取多种途径，经常与邮寄、电视、电话等方式结合使用。

目录营销具有节省营业场地、减少人员配备和产品库存等优点，但也为顾客造成一些不方便，如看不到真实的产品、缺少营业人员的服务等。随着互联网的迅猛发展，越来越多的购物目录逐渐数字化。消费者只需在手机或平板电脑上轻轻滑动手指就能看到各种商品信息。数字目录消除了印刷和邮寄成本，且可以提供的商品数量不受限制，还可以采用更丰富的展示形式。网络购物目录能够实时进行商品配置，根据需要随时增加或删减产品及其特性，及时调整价格，消费者可以随时获得电子目录。与此同时，传统的印刷购物目录仍旧保持着兴盛态势，其原因主要在于，印刷目录可以和消费者建立情感联系，同时，印刷目录对消费者仍然具有电脑或手机页面所不能替代的吸引力。

（三）电话营销

电话营销是指在营销活动中，以电话作为营销人员与顾客沟通的媒体。营销人员利用电话对其产品或服务进行宣传和销售，以强化品牌形象。它包含两种类型，即拨入电话与拨出电话。拨入电话通常指顾客通过企业设置的免费电话咨询或回应；拨出电话（或称主动电话）通常指由营销人员向潜在顾客推销产品或接受订单等。电话营销有费用低、回应及时等优点，但受到不同地区通信基础设施的限制和语言、扩展交易的要求等方面的限制。有些企业安装了电话营销系统，将公司的接听中心与营销目标所在地区的顾客服务支持系统连接起来，收到了较好的效果。

（四）电视营销

随着家庭电视机的普及，电视营销已经有几十年的历史了，目前方兴未艾。

电视营销有两种主要形式，即直接答复的电视广告和互动电视广告。直接答复的电视广告，通常是60～120秒，带有劝说性地介绍一种产品并向顾客提供一个免费电话或网址进行订购，同时也包括关于某个产品的30分钟或是更长的广告节目或商业信息片。

互动电视广告是一种更新的直接答复电视广告形式，让观众与电视节目和广告互动。消费者现在可以通过电视终端、手机或其他设备获取更多的信息或直接从电视广告推荐的渠道进行购买。

（五）购物亭营销

购物亭是指可设置在任何地方的独立的、互动式的计算机终端，也称顾客订货机，常设在商店、机场车站等场所。购物亭营销是发展最快的直效营销方式之一。购物亭可在任何直效营销商认为需要的地点或场所设置，几乎不需要专门的营销人员，且方便、有趣。

（六）新媒体营销

这部分内容详见本书第十二章中的"新媒体营销"。

💬 **思考 10-11**　直效营销的主要方式有哪些？

四、管理直效营销

管理直效营销是一项复杂、有序的工作，涉及企业对诸多关键因素的认识与解决，以及直效营销规划的制定与实施。

许多企业在将注意力转向直效营销时，往往只看到直效营销有利的一面，而忽略了那些对企业的直效营销产生重大影响的因素。只有正视所有对直效营销产生重大影响的因素，才有可能有效地管理直效营销。其主要影响因素如下：

1. 直效营销方式的缺陷

在大部分顾客肯定直效营销的同时，一部分顾客仍然对直效营销有不同的看法，如送货不及时、运送途中产品受损、甚至送错了产品，等等，有的顾客还对信息提供不充分有意见。因此，企业在决策时要对此有足够的认识和准备。

2. 消费者的意愿

有相当一部分消费者不愿收到成百上千封邮件，有人即使收到了也不及时打开。随着更多的企业选择这一方式，信息的"拥堵"影响了消费者的态度，使消费者回复邮件的热情降低，使直效营销的效率遇到挑战，还会招致消费者的反感。

3. 消费者对隐私的关注

由于有的直效营销商向其他直效营销企业出售有关消费者的姓名、背景资料方面的信息，许多消费者认为是侵犯了自己的权益，对此有关社会和行业组织出台了相关规定。如1996年欧洲共同体签署的《隐私指南》指出，呼吁充分挖掘消费者信息的一些潜在用途时，在许多情况下都需要预先征得消费者个人的完全同意才能使用。

4. 直效营销成本上涨

由于纸张、印刷和邮资等有关产品或服务费用的上涨，直效营销的费用上升，对直效营销企业的利润造成影响。

5. 双重营销方式的矛盾

一些既有传统店铺又开展直效营销业务的企业，由于没有处理好两种业务经营特点上的矛盾，致使企业形象难以保持一致性，影响了直效营销的效果。

五、制定直效营销规划

管理直效营销的首要任务是制定直效营销规划。**制定直效营销规划的步骤**如下。

（一）确认业务

在这个阶段，企业必须做出两个决策：①确定是成为从事专营的直效营销商，还是成为从事双重营销的经销商,即同时从事店铺营销和直效营销。如果选择双重营销,还要确定直效营销的比率和地位。②确定是准备成为普通的直效营销商,还是成为专门产品的直效营销商。

(二) 寻找和发现顾客或客户

直效营销商可以通过不同的途径寻找和发现适当的顾客或客户。

(1) 通过调研获取顾客或客户信息。调研的渠道包括公司资源、现有客户、社会网络等。

(2) 普发邮件。确定一个地区,向所有居民邮寄没有署名的邮件,以征得反应。但是这种方式回复率较低。

(3) 发布直效营销广告。可通过报纸、杂志、广播、电视、网络等媒体做广告,公布联系方式以获得顾客订单。

(4) 与老客户联系。与曾经是购买者或向企业咨询过的顾客联系,以此为基础建立顾客数据库。这是最直接和最有效的方式。但如果企业原有的积累少,单靠这种方式满足不了企业迅速扩大业务的要求。

(三) 选择媒体

可供直效营销商选择的媒体有多种,如直邮广告和宣传手册、印刷目录、插页表格、优惠券、大众媒体上设的专栏、网上服务及各种视频方式。有效的直效营销不是单独依靠一种方式、一次活动,而是强调以最佳的状态组合这些方式,实现整合直效营销。

企业设计不同的传播途径整合多媒体、多步骤的活动,并使之成为一个有效系统,首要目标是达到营销最大化。直效营销商应综合考虑成本、分销的难易程度、订货所需要的提前量、传播的效率,以及不同媒体间的衔接与配合等。

(四) 展示信息

在对顾客的信息展示中,企业的设计应能够最大限度地激发他们的兴趣,创造或保持企业的品牌形象,明确顾客的购买利益,通过展示价格、折扣、规格、色彩和营造氛围等来说服和吸引消费者。

(五) 接触顾客

在对顾客资料进行详尽分析的基础上,确定联系顾客的种类、规模及具体对象,以设计有针对性的促销方案。

(六) 接受顾客回应

高效率地接受顾客回应是至关重要的。一般来说,顾客可能通过直接邮寄、电话、网络等方式进行购买，也可能要求企业提供产品或服务的进一步信息。

(七) 满足订单

满足订单的关键是企业内部设置一个订单处理系统，以保证在接到顾客的订单后，能及时分类整理信息并方便做出回应。除此之外，训练电话销售人员和建立并实施科学的业务流程也有特别重要的意义。

(八) 测量结果和维护数据库

通过一系列活动产生了有用的测量结果后，企业应有效地利用测量结果分析整体回收率、平均购买量、产品品类销售量以及不同经纪商的价值。

小结 SUMMARY

渠道策略是探讨企业如何将其产品又快又省地送到消费者手中的问题。绝大多数生产企业并不是将产品直接销售给最终用户，在企业与用户之间有大量的中间商和辅助商，他们各自执行着不同的功能。通畅的渠道不但能扩大产品的销售量和提高企业竞争力，还能降低各种费用的消耗水平，使企业获得更多的利润。

分销渠道决策是生产者最具挑战性的决策。分销渠道即产品从生产者转移到消费者的过程中所经过的通道。分销渠道具有收集和传播信息、促进销售、洽谈生意、整理产品、资金融通、承担风险和储存运输等功能。按长度和宽度可将分销渠道分为不同类型。

生产者对分销渠道的设计与选择，由明确渠道目标、确认限制条件、确定渠道结构、选择渠道成员和对分销渠道结构方案的评估等步骤构成。影响企业分销渠道选择的因素一般包括三个方面：产品条件、市场条件、企业自身条件。渠道结构主要有个别式分销渠道结构、垂直式分销渠道结构、水平式分销渠道结构、复式分销渠道结构。

对分销渠道的管理，主要是检查中间商、督促与鼓励中间商和调整渠道。

中间商是处于生产者和消费者（或用户）之间，参与产品交换，促进买卖行为发生和实现的经济组织或个人。中间商有批发商和零售商两种基本类型。批发商从事将货物批量销售给转卖者或生产加工者的商业活动。批发商处于流通领域的中间环节，有不同于零售商的特征与职能。批发的作用主要包括集散产品，储存产品，沟通产销信息，为生产企业和零售企业服务，承担市场风险，推销和促销。批发商按不同的标准，可有诸多批发商类型，一般将批发商分为商人批发商、经纪人和代理商、制造商和零售商的批发机构和其他类型的批发商。零售商从事将产品或服务直接销售给最终消费者的商业活动。它的主要作用有：沟通生产、批发、消费，实现产品价值，推动社会再生产的继续进行；满足消费者多种多样的需求；实现生产领域创造的剩余产品；等等。零售商的种类多、变化大，按照不同的分类标准可将零售商分为多种类型。

直效营销是"一种为了在任何地方产生可度量的反应或达成交易而使用的一种或多种传播媒体的交互作用的市场营销系统",其方式主要有直接邮寄营销、目录营销、电话营销、电视营销、购物亭营销以及新媒体营销。

管理直效营销是一项复杂、有序的工作,其首要任务是制定直效营销规划。制定直效营销规划的步骤一般为:确认业务;寻找和发现顾客或客户;选择媒体;展示信息;接触顾客;接受顾客回应;满足订单;测量结果和维护数据库。

思考题 EXERCISES

1. 分销渠道的功能主要有哪些?
2. 如何根据影响企业分销渠道抉择的因素进行分销渠道的设计?
3. 分销渠道的类型有哪些?
4. 选择中间商数目有哪些形式?
5. 直效营销的方式主要有哪些?

第十一章 整合营销沟通

CHAPTER 11

> 让为数更少、更聪颖的人,以更迅速的方式向顾客传递更多的价值。
>
> ——约翰·汤姆森
>
> 对大多数公司来说,问题不在于是否要传播,而经常在于说什么、对谁说和怎样说。
>
> ——菲利普·科特勒

学习目标 LEARNING TARGET

1. 简述整合营销沟通的内涵与特征。
2. 简述营销沟通的主要方式及其特点。
3. 阐释进行有效营销沟通的步骤。
4. 明确影响企业营销沟通组合的因素。
5. 概述制订企业广告促销方案的步骤。
6. 概述企业销售促进的主要方式。
7. 概述公共关系的功能和主要方式。
8. 概述人员推销队伍的设计及推销队伍的管理。

引 言 INTRODUCTION

"酒好也怕巷子深",在开发适销对路的产品、制定有吸引力的价格和确定有效的分销体系的同时,现代营销还要求企业必须与其顾客、供应商、中间商、金融机构、政府和社会公众进行广泛、迅速和连续的沟通。问题在于企业要确认投入多少资金和采用哪些方式沟通更有效。因此,科学地制定并合理运用整合营销沟通是取得较大经济效益的必要条件。

本章导入

第一节 整合营销沟通概述

整合营销沟通是 20 世纪 90 年代提出的重要课题。

一、整合营销沟通的内涵及特征

(一) 整合营销沟通的内涵

整合营销沟通是一个整体营销沟通规划和管理的概念，即充分认识所能使用的各种沟通手段并将其结合，提供连贯性的信息和良好的互动，使沟通效果最大化。在与消费者的沟通中，统一运用和协调各种不同的传播手段，使不同的传播工具在每一阶段发挥出最佳的、统一的、集中的作用，目的是在品牌与消费者之间建立起长期关系。这意味着企业所有的信息、定位和形象及企业的宗旨都要在营销沟通设计中体现并协调。整合营销沟通是指通过将所有的形象和信息结合在一起，在市场上建立一种强有力的品牌认知。它将所有传递给消费者的信息，包括广告、销售促进、公共关系、人员销售等，以有利于品牌的形式呈现，每一条信息都应使之整体化和相互呼应，以支持其他关于品牌的信息或印象。

1. 整合营销沟通是一种新思维方式

整合营销沟通是一种看待事物整体的新方式，而过去我们只看到其中的各个部分，如广告、销售促进、人员沟通、销售点促销等，它是重新编排的信息传播，使它看起来更符合消费者看待信息传播的方式。

2. 整合营销沟通是业务战略过程

整合营销沟通是业务战略过程，指制订、优化、执行并评价协调的、可测度的、有说服力的品牌沟通计划，这些活动的受众包括消费者、顾客、潜在顾客、内部和外部受众及其他目标。

3. 整合营销沟通是认识与价值评价机制

整合营销沟通深入地分析消费者的感知状态及品牌传播情况，重要的是它隐含地提供了一种可以评价所有宣传投入活动的机制。这最终将形成一个封闭的回路系统，强调消费者或用户对组织当前的和潜在的价值。

4. 整合营销沟通是发展关系的新路径

美国汤姆·邓肯引入了"利益关系人"的概念，指企业或品牌通过发展与协调战略传播活动，使自己借助各种媒介或其他接触方式与员工、顾客、投资者、普通公众等关系利益人建立建设性的关系，从而建立和加强各方互利关系的过程。

5. 整合营销沟通是目标实现过程

整合营销传播学认为，一个顾客或一个未来顾客在产品或服务方面与品牌或公司接触的一切来源均是未来信息潜在的传播渠道。进而，整合营销传播学是制订并执行针对顾客或与未来顾客的各种说服性传播计划的过程。整合营销传播学的目标在于影响或直接影响有选择的接收者的行为。整合营销沟通会利用与现实或潜在顾客相关的有可能被接受的一切形式。其工作开始于顾客，然后接受反馈，以期明确规定说服性沟通计划的形式与方法。

(二) 整合营销沟通的特征

综合众多专家特别是整合营销沟通理论的先驱的研究，可以将**整合营销沟通的特征**归纳如下。

1. 内容与资源的整合

内容整合是资源整合的基础，资源整合推动内容整合的实现。无论是内容整合还是资源整合，两者都将统一到建立良好的"品牌—顾客"关系上来。

（1）内容整合：第一，精确细分消费者，根据消费者的行为及其对产品的需求来划分；第二，根据消费者的购买诱因，提供一个具有竞争力的利益点；第三，确认目前如何在消费者心目中对品牌进行定位；第四，建立一个突出的、整体的品牌个性，以便消费者能够区分本品牌与竞争品牌。

（2）资源整合：第一，发掘关键"接触点"，了解如何才能更有效地接触消费者；第二，对各种手段包括广告、直销、公关、包装、商品展示、店面促销等方式了然于胸，清楚地回答"在什么时候使用什么沟通手段"。

2. 高度的"一致性"

高度的"一致性"也可看作"一元化"，是指所有通过不同营销传播工具在不同媒体传播的信息都应彼此关联呼应，强调在一个营销战术中所有包括物理的和心理的要素都应保持一贯性。通过向消费者传达同样的信息建立起品牌资产。

3. 持久的"连贯性"

不间断、连续并有序的整合沟通只有体现在整个商业过程中，才能达成目标。

4. 整合营销沟通管理

整合营销沟通的实施要点之一在于，在企业内建立整合营销沟通管理制度，明确分工和责任，特别是要求在企业最高决策层中确定一位专门负责人，统一管理认知、形象、功能、策略、要素诸方面的整合，协调与消费者和利益相关者等的关系。

二、营销沟通的主要方式及其特点

营销沟通的主要方式及其特点如下。

营销沟通的主要方式

(一) 广告

广告是指由确认的商业组织、非商业组织或个人支付费用的,旨在宣传构想、商品或者服务的任何大众传播行为。其主要特点有:

(1) 公共性。广告是一种能见度最高的公共沟通方式,受众面广,并在一定范围内表现为无差异地提供信息,许多人共同接受同样的信息。同时,由于许多人共同接受信息,广告能提供公共的标准。

(2) 渗透性。广告可多次重复展露一项信息,能加深受众印象并便于接收和比较各个竞争者的信息。

(3) 放大性。广告可利用印刷文字、图像、声、色的艺术手法,给本企业的产品提供戏剧化的表达机会。但有时不恰当的艺术处理会冲淡或淹没主要信息。

(4) 非人员性。广告不是公司的推销人员,受众没有必要或者没有义务全部做出反应。广告仅能够广泛地告知,而无法听到告知对象的回音。

因此,广告既可为产品建立一个长期的印象,也可刺激购买行动,它是一种能最有力地将信息送至地理上分散的接收者方式,而且其平均展露成本又最低。

(二) 人员推销

人员推销是指企业派出人员直接与顾客或客户接触,开展销售产品或服务和宣传企业等促销活动。人员推销在购买过程的某些阶段起着最有效的作用,常用于建立购买者的偏好、信任及行动方面。其主要特点有:

(1) 面对面的接触。人员推销是一种生动、灵活,能相互影响的方式,销售人员可随时观察对方的特征及需要,调整自己的谈话内容和方式。

(2) 培养关系。有利于促使良好关系的形成,尤其有利于销售人员与顾客之间长期关系的建立和维护。

(3) 刺激反应。能使顾客感到需要倾听销售人员的谈话,较之其他方式更能引起顾客的注意并刺激反应。

人员推销的缺点主要有两个方面:一是支出较大,成本较高;二是对推销人员的要求较高。

(三) 公共关系

公共关系是指企业为建立传播和维护自身的形象而通过直接或间接的渠道保持与企业外部的有关公众的沟通活动。企业常把进行公共关系活动作为促销手段之一。其主要特点有：
（1）可信度高。由记者撰写的新闻使人感到比广告更真实可信。
（2）没有防卫。公关报道能接近许多有意避开销售人员或广告的顾客。
（3）新奇。公关报道利用新、特、奇的手法宣传企业的产品或服务。
在使用公共关系方式时如果配合使用其他促销方式效果会更好。

(四) 销售促进

销售促进指企业为促发顾客的购买行动而在短期内采取的除以上三种之外的特殊营业方法，包括奖励、比赛、优惠、展销等。其主要特点有：
（1）引起顾客的注意并能提供信息，使顾客很快注意到产品。
（2）提供诱因，使用一些明显的让步、优惠、服务、提供方便等，让顾客感到有利可图。
（3）强化刺激。通过特殊的手段刺激顾客立即付诸购买行动。
企业常利用销售促进方式来创造较强烈、迅速的反应，以加速商品的推销或刺激销售不佳的商品的购买。此方式见效快，但促销效果往往是短暂的。

(五) 直效营销

直效营销的概念及方式前文已经讲述，此处不再赘述。其主要特点有：
（1）非公众性。信息发送给特定者。
（2）定制性。信息为专人定制并发送至此人。
（3）及时性。信息快捷。
（4）交互反应。信息内容可根据个体的反应而改变。由于运作方式的限制，不同产品采用此方式的效果不同。

以上各种沟通方式，具有各自不同的特点、适用范围和局限性。值得注意的是，计算机的广泛使用和互联网的大面积覆盖，部分解决了非人员推销中的互动式沟通问题，产生了新的技术方式。如当下流行的网络直播，可以将产品展示、相关会议、背景介绍、方案测评、网上调查、对话访谈等内容现场发布到互联网上，利用互联网的直观、快速，表现形式好、内容丰富、交互性强、地域不受限制、受众可划分等特点，加强活动现场的推广效果。现场直播完成后，还可以随时为受众继续提供重播、点播，延长了直播的时间，扩大了直播的空间。

💬 **思考 11-1** 如何理解整合营销沟通？

三、有效营销沟通的步骤

企业进行**有效营销沟通的步骤**主要有：找出目标受众；确定沟通目标；设计沟通

信息；选择沟通渠道；制定促销预算；确定营销沟通组合。

(一) 找出目标受众

找出目标受众即认定企业欲加以影响的是哪些人。其可能是企业的潜在购买者、目标使用者、购买决策者或影响者，也可能是个人、群体、特定的大众和一般大众。沟通者应研究其需要、态度、偏好及其他特征，以之作为制定沟通目标的基础，这样才能决定将要说些什么、怎么说、何时说、在哪里说以及由谁来说等具体问题。

(二) 确定沟通目标

营销者了解和确定被影响者的目的是想通过准确的信息传递得到消费者行为的反应。企业不能将所有问题一下解决，不同情形下企业的沟通应当有不同的目标，营销者要根据目标受众目前对本企业及其产品的态度来确定具体的沟通目标，一般情况下可分为以下六个阶段：

（1）注意。若大多数目标受众还不了解某企业、某产品，企业的首要任务是引起其注意，可以简练地多次重复企业名字。这对新企业和知名度低的企业尤为重要。

（2）认识。若目标受众已注意到企业或产品的存在，但所知不多，企业应将建立被影响者对产品的认识作为其最迫切的沟通目标。一种新产品或新服务上市后往往需要制定此目标。

（3）喜欢。若多数目标受众的感觉不深刻或印象不佳，企业应开展沟通活动来促进受众形成对企业或产品有利的感觉。

（4）偏好。若大多数目标受众喜欢某产品或企业，但没有特殊的偏好，沟通者的任务在于寻求建立消费者偏好。一般通过宣传产品的品质、价格、性能及其他特征来招徕顾客。

（5）信心。如果目标受众已对某一产品产生偏好，但还没发展到立即购买的阶段，沟通者要帮助他们形成购买意愿。

（6）购买。一些目标受众可能已有购买意愿，但未立即购买或等待更新的信息或计划拖一段时间再买时，沟通者须引导他们立即采取行动。

(三) 设计沟通信息

按照一般说法，一个理想的信息应当能引起被影响者的注意，并由此产生兴趣、引发欲望及付诸行动（AIDA模式：A为Attention，即引起注意；I为Interest，即诱发兴趣；D为Desire，即刺激欲望；最后一个字母A为Action，即促成购买）。但在实际运行中，很少有信息能把消费者从注意直接带至购买行动的。尽管如此，AIDA模式仍对我们的沟通有指导意义，其贡献在于指出了信息的本质要求。

具体信息的设计，需重点解决四个问题：说什么——信息内容；如何有逻辑地说——信息结构；如何以符号的方式来说——信息格式；由谁来说——信息来源。

1. 信息内容

信息内容又称诉求、主题、构想或独特的推销主题，即沟通者须明确应该对目标受众说些什么才能产生所要的反应。诉求可分为三种类型，即理性诉求、情感诉求和道德诉求。

（1）理性诉求。这是针对目标受众的兴趣来指出某产品能够产生的功能效用以及带给他们的利益，如经常见到的说明产品的品质、经济价值或功效的信息。

（2）情感诉求。如沟通者使用幽默、爱、骄傲及欢乐等进行积极情感诉求，促进购买和消费；也可使用恐惧、罪恶或羞耻来使人们去做应该做的事或者停止做不该做的事，如宣传禁烟、鼓励刷牙。

（3）道德诉求。这是针对人们心目中"什么事情是对的而且是应该做的"的感觉进行劝诫或鼓励人们的某种行为。

2. 信息结构

信息结构包括提出结论、单面或双面论证及表达顺序等。

（1）提出结论。即沟通者是否应该提出一个明确的结论或由接收者自做结论。有时太明显的结论会招致接收者的反感，从而限制产品的可接受性。但对较复杂或专门性的产品，明确结论是十分重要的。

小案例 11-1

美国福特汽车公司如果一再宣称野马车是专为年轻人设计的车型，就会排斥其他对野马车有兴趣的年龄群体。

（2）单面或双面论证。即沟通者是只宣传产品的优点，还是同时也提出产品的不足。通常认为单面论证对那些对产品有最初倾向性的接收者最有效；而双面论证则会转变那些对该产品持反对态度的人，对受教育程度较高的接收者也会产生更重要的作用。

（3）表达顺序。即沟通中重要的、最强的论证和结论性的内容放置的位置。一般在单面论证中，尤其是在报纸或其他人们容易忽视信息的媒体中，把结论放在开头容易引起接收者的注意和兴趣。而在双面论证中，最先还是最后提出积极的结论需视接收者的态度而定。若接收者持反面意见，沟通者最好先提出反面论证，以解除其警戒心理并缓和他的对立情绪，以便有机会提出最强有力的论点。

3. 信息格式

沟通者必须建立健全的信息格式和结构。如在印刷广告中，沟通者首先需要决定标题、文案、插图及色彩。为吸引目标受众的注意，一般会使用下列方法：新奇与对比，引入的标题及图画，独特的格式，信息的规模、位置及颜色，形态与动感等。若信息采用广播媒体传播，则须仔细地选择措辞、音质和声调。推销汽车的播音员的声音，应该不同于宣传床垫的声音。若要经由电视或人员传播，对以上这些因素加上身体语言都必须加以规划。必须注意表达者的面部表情、手势、服装、姿势及发型。若信息经由产品及包装来表达，则须注意质感、香味、大小及色彩。

小案例 11-2

色彩在食品偏好方面起着重要作用。有人做过这样的试验：取四种颜色（棕、蓝、红、黄）的容器，旁边各放置相同品质、牌号、数量的咖啡，请家庭主妇受试，结果75%的人认为棕色容器旁的咖啡比较浓烈，85%的人判定红色容器旁的咖啡味道最佳，几乎每人都认为蓝色容器旁的咖啡比较温和，而黄色容器旁的咖啡则比较淡。

4. 信息来源

信息来源即决定由谁来传播信息。这在信息传播中起着决定性的作用。目标受众接收的信息如果是由对他们有吸引力的信息源发出的，就会引起目标受众的注意并对产品产生信赖。如请儿童教育专家谈玩具的选择、牙科医生谈牙膏。因此，选择目标受众喜爱的、信赖的角色来传播信息是明智的。

(四) 选择沟通渠道

沟通渠道通常分为两大类：人员沟通与非人员沟通。

1. 人员沟通

人员沟通是指涉及两个或更多人之间的直接沟通。这种沟通有时是面对面的、个人对听众的或通过电话和邮件传递的。人员沟通渠道通过人员间的接触表达思想、反馈信息而产生效果。

人员沟通在以下情况下显得更为重要：①当产品较昂贵、购买风险较大或不经常购买时，消费者表现为一个"高度的信息寻求者"，他们不仅依靠大众传播媒体所传递的信息，而且要寻求有知识的并可信赖的信息来源；②当产品具有显著的社会特征，如服装饰物、啤酒、香烟等有显著的品牌差异化的商品时，消费者较可能选择他置身于其中的社会群体所能接受的品牌。

因此，企业通常采用以下方法来刺激人员沟通，以充分发挥其影响力：①找出购买者中有影响力的人，做他们的工作；②培养"意见领袖"；③在社会中有影响力的人身上下功夫，如广播、电视节目主持人，各种团体、组织的领袖等；④在推荐式的广告中利用有影响力的人物；⑤设计开发出具有高度"谈话价值"的广告。

2. 非人员沟通

非人员沟通是指不经人员接触和交流而携载信息的沟通方式，包括大众及选择性的媒体、气氛及事件。大众及选择性媒体包括印刷媒体（如报纸、杂志、直接邮件）、电子媒体（如收音机、电视、互联网）及显示性媒体（如广告牌、指示牌、海报）。大众媒体面对广大的、无差别的视听众，选择性的媒体是针对特殊视听群体的。气氛是指设计好的环境，用以产生或加强购买者购买的倾向。事件是为了给目标视听众传递特殊信息而设计的专门活动，如企业的公共关系部常安排诸如记者招待会或听证会等来达到一定的沟通目标。

一般情况下，人员沟通比非人员沟通更有效，但尽管如此，大众传播媒体都是与人员沟通相辅相成的。

（五）制定促销预算

企业应在促销方面支出多少及如何制定促销预算历来是个重要的问题。常用的制定促销预算的方法有以下几种。

1. 量力支出法

量力支出法是一种量力而行的方法，即企业根据估计的本企业的能力而大致算出促销活动的经费，是一种能拿得出多少就花多少的做法。此方法忽略了促销与整个企业销量的关系，且每年财力不一，促销预算波动也就较大，因此难以进行长期规划。

2. 促销额百分比法

促销额百分比法是指企业依照其销售额的一定百分比来制定促销预算。此方法的优点在于顾及了促销成本、单位价格与单位利润之间的关系，同时各竞争者促销支出的百分比相似，有稳定竞争格局的作用。但其因果颠倒，使预算根据资金，而不是根据市场机会来定，且百分比的确定只依据过去的经验或参考竞争者的做法。

3. 竞争对等法

竞争对等法是指企业根据主要竞争者的支出来确定自己的促销预算。此方法的支撑点在于竞争者的支出是合理的，因为竞争者的支出代表整个行业的集体智慧，有重要参考价值。

4. 目标任务法

目标任务法要求营销人员依据以下方面来制定促销预算：第一，有明确目标；第二，决定为达到这些目标必须执行的任务；第三，估计执行这些任务的成本。这些成本的总和即预定的促销预算。此方法的优点在于企业能够明确所费支出、展露水平、试用率及其与正常使用量之间的关系，可以使促销预算制度化。至于在市场营销组合中促销应占的比重有多大，要视产品所处生命周期阶段、市场供求状况及前景等因素而定。

(六) 确定营销沟通组合

营销沟通组合也称促销组合，即企业根据产品的特点和营销目标，综合各种影响因素，对各种促销方式进行选择、编配和运用，使企业的全部促销活动互相配合、协调，最大限度地发挥整体效果，从而顺利实现促销目标。

作为促销组合的决策者，企业必须综合考虑多方面因素，使各种促销方式扬长避短，以达到最佳的促销效果。影响和制约企业营销沟通组合的因素一般包括以下几个方面：

1. 产品类型与特点

各类促销工具对工业品与消费品的促销效果有着明显的差别。一般对于消费品的经营，首先应最大限度地使用广告这种方法，其次依序为销售促进、人员推销和公共关系。对工业品，顺序则有所改变，最有效的方法为人员推销，其次依次为销售促进、广告和公共关系。总的来说，人员推销的方式往往用于那些复杂程度高、单价价值大、风险程度高、市场上买主有限或者购买批量大的商品。

2. 推或拉的策略

推式策略要求用特殊推销方法和各种商业促销手段通过分销渠道把商品由生产者"推"向批发商，批发商再"推"向零售商，零售商最后"推"向消费者那里。拉式策略则把主要精力用来做广告和销售促进，以培植消费者的需求。这样，一旦活动卓有成效，消费者将到零售商处找商品，零售商再到批发商处找，一直找到生产者那里。形象的说法是"拉"引来顾客。不同的企业对这两种策略的偏好不同。

3. 现实和潜在顾客的状况

企业按照购买商品的时间把顾客分为最早采用者、早期采用者、中期采用者、晚期采用者和最晚采用者，并对不同类型的顾客采取不同的促销方式。如对第一类、第二类顾客常常以"激励"的方法，通过各种手段宣传商品的"新"，以鼓励购买。同时，在分析中还应考虑顾客的心理变化过程。如处在"认识"阶段的顾客就比较容易受广告和人员推销的影响。

4. 产品生命周期阶段

处于不同阶段的产品，促销的重点不同，采用的促销方式也有所区别。当产品处于引入阶段时，需要广泛宣传，以提高知名度，此时广告和公共关系的效果最佳，销售促进也有一定的作用；当产品处于成长阶段时，广告与公共关系需强化，销售促进可相对减少；对于处于成熟阶段的产品，应加强销售促进，推出提示性广告；当产品处于衰退阶段时，可以销售促进为主，保留少数提示性广告。这仅是一般的归纳，具体运用要因产品、产业、竞争、企业战略等状况而定，没有固定不变的模式。

💭思考 11-2　香皂、牙膏等生活日用品适宜采用哪种促销方式？

第二节 广告、销售促进、公共关系和人员推销

广告、销售促进、公共关系和人员推销是现代企业重要的沟通和促销方式。每一种方式都有自己的特征、成本和适用性。本节重点讨论这四种沟通方式的特征与应用。

一、广告

(一) 广告的概念

"**广告**"一词源于拉丁语"advertere",意思是"唤起大众对某种事物的注意";英文为"advertising",意思是"引起别人注意,通知别人某件事"。

关于广告,有多种不同的表述,归纳起来有广义的广告和狭义的广告两类。广义的广告定义的范围很大,凡是能唤起人们注意、告知某项事物、传播某种信息、宣传某种观点或见解的,如政府公告、宗教布告、公共利益宣传、教育通告、各种启事、标语、口号、声明等都称为广告。它既包括经济广告(商业广告),又包括非经济广告,因此可概括为"有目的地唤起人们注意或影响观念的特殊信息传播方式"。狭义的广告是指经济广告(商业广告),是广告主体有目的地通过各种可控制的有效大众传播媒体,旨在促进商品销售和劳务提供的付费宣传。促销策略中研究的广告主要是狭义的广告。

广义的广告起源于人类的社会活动,是社会生产和生活需要的产物。狭义的广告是伴随着商品生产和商品交换的产生和发展而出现并发展的。我国古代就有口头广告(也称叫卖广告)、陈列广告、招牌、幌子等较为原始的广告。我国到北宋时期出现了印刷广告。

商品经济的发展和科学技术的不断进步,使广告形式不断发生变化。现代广告不仅继承了古代广告的有效形式,还采用了先进的制作技术,利用了先进的传播媒体,创造了新的、传播范围广、传播速度快、艺术水平高、更吸引人的广告形式,如报纸广告、杂志广告、广播广告、电视广告、互联网广告等。此外,还有邮寄广告、霓虹灯广告、路牌招贴广告、交通媒体(如车、船、飞机等)广告、店场广告、电影广告(包括电影幻灯、录像等)、空中广告、电子广告等。许多发达国家通过卫星或海底电缆传播电视广告,扩大了收视范围,取得了较好的效果。

(二) 广告促销方案的制订

在确定企业的目标市场和购买者购买动机的基础上,广告促销方案的制订一般包

括五个主要步骤，可以简称为**五个"M"**：①确定广告目标（mission）；②确定广告预算（money）；③确定广告信息（message）；④选择广告媒体（media）；⑤评估广告效果（measurement）。

1. 确定广告目标

广告目标是企业通过广告活动要达到的目的，就是要在特定的时间对特定的受众完成特定内容的信息沟通任务。广告目标的确定必须与企业的市场定位、目标市场的选择以及企业的市场营销组合策略相适应。根据广告目标特点的不同，可以把广告目标分为告知性广告、劝说性广告、提示性广告和强化性广告四大类。

（1）告知性广告。告知性广告主要用于推出新产品，其目的是为产品创造最初的基本需求。例如，生产酸奶这一新产品的企业必须通过广告告诉消费者酸奶有什么营养。通过广告，企业可以向市场宣告一项新产品的推出，介绍一项老产品的新用途，宣布产品价格的变化，说明产品的性能与功效，介绍可以提供的服务，纠正消费者某方面的错误印象，减少消费者对使用产品的顾虑或创造一个新的企业形象。

（2）劝说性广告。劝说性广告是市场激烈竞争阶段的有力武器，是为特定的厂牌确定选择性的需求。市场上大多数广告都是劝说性广告。例如，一个企业可以通过广告使消费者相信，它的产品与市场上其他任何牌号的同类产品都不同，言外之意，当然是比其他牌号都优越得多。劝说性广告可用来促进和激发消费者对自己产品的偏爱，吸引正在使用竞争者产品的消费者，改变消费者对产品特性的感受，促使消费者立即购买，以及使消费者有心理准备，乐于接受人员推销。

（3）提示性广告。提示性广告在产品的成熟阶段极为重要，其目的是使消费者记住某牌号产品，力求在消费者心目中始终保持自己企业和产品的形象。可口可乐公司经常在电视、路牌、杂志等媒体做广告，其目的就是提醒人们可口可乐饮料的存在。

（4）强化性广告。强化性广告的目的是使购买自己产品的消费者产生这样的观念——他们做出了正确的购买选择，如汽车广告常常通过画面显示对自己所购新车是何等地心满意足。这类广告更关注消费者的购后感受。

2. 确定广告预算

确定了广告目标之后，下一步就是确定广告预算。可以用本章第一节中介绍的四种制定预算的方法确定广告预算。在确定广告预算时，要考虑以下四个因素：

（1）产品的经济生命周期。新产品通常需要较高的广告预算，以便在消费者心目中树立起它的形象。已经在市场站住脚的产品的广告预算则只需占销售额的一定百分比，维持既有的地位即可。

（2）市场份额和消费者群体规模。一般市场份额大的产品广告预算占销售额的百分比相对较小，如果要增加自己的市场份额，就要花费较高的广告费用。此外，面向广大消费者的产品人均广告费用较低，而面向较少的特定消费者产品的人均广告费用要高得多。

（3）竞争和市场秩序。在一个充满激烈竞争的市场，企业的广告费用总是令其不堪重负；而如果市场秩序混乱，企业需开支的广告费用就会更高。

（4）广告频率。广告预算的高低，还受广告重复次数的影响。广告重复次数越多，广告费用就越高。最后，广告费用还受替代产品的影响。要想在一个有许多替代产品的市场为自己的产品树立与众不同的形象，需要开支大量的广告费用。如果需要突出自己产品的某一特征，也需要做更多的广告。

目前，广告专家提出了不同的预算模型用于确定广告预算。不论这些模型如何复杂、包含多少内容，广告促销决策者都应当清楚地记住：需要认真地审查广告活动的费用与效果的关系。

3. 确定广告信息

在对广告费用的销售效果的分析中，人们往往忽略了广告信息中的创造性因素的作用。不同企业广告活动的费用效果比值相差甚远，其重要原因在于广告活动中创造性因素的不同。在一定的条件下，广告活动的成功与否不取决于投入的广告经费的多少，而取决于广告是否有创造性，是否引人注意、与众不同。一项有创造性的广告活动包括广告信息的产生、广告信息的评价和选择以及广告的制作。

（1）广告信息的产生。广告信息的主题应当显示所推销的这一牌号产品的主要优点或用途。对这项产品，可创造许多不同的广告词。随着推销的深入，产品实体本身可以没有变化，而广告词则可以推陈出新，从不同角度向消费者宣传产品的优点和能够带给消费者的实际利益。有创造性的撰稿者能利用各种方法获得有感染力的广告词，如通过与顾客、中间商、有关专家甚至竞争对手交谈获得新的"创意"。

（2）广告信息的评价和选择。一个好的广告总是集中于一个中心的推销主题，而不必给出过多的产品信息，以防淹没主题或冲淡广告的集中冲击效果。对具体广告文稿的评价要求有三点：具有吸引力、独特性与可靠性。评价和选择广告文稿的最佳途径是市场测试。

（3）广告的制作。广告信息的作用不仅有赖于讲些什么，还在于怎么讲。创意人员必须找出好的传递风格、语调、措辞及格式。广告制作总的趋势是，在继续强调产品质量的同时，越来越倾向于树立产品的形象。

第一，拟订一份广告版面策略的计划书。其中要明确阐述广告的目标、内容、论据和基调，以此决定广告的风格、基调、修辞和版式等，形成广告形象的核心。广告的标题和图像必须能概括促销主题。

第二，广告标题的编制。广告标题必须醒目，其设计特别需要想象力和创造性。在广告制作实践中，有一些常用的标题基本形式可供参考。例如，用一条新闻引出一则广告："足球比赛即将开幕……看看我们为您准备了什么"，这很可能是一个推销看球和观赛用袖珍望远镜的广告。另一种广告标题形式是提问："姑娘，你追求什么？"这是一则推销化妆品的广告。也可以用命令的口吻写标题。有一家水果店的广告是："不先尝尝，就请别买！"运用数字也是一种常用的方式："我们有 12 种方法减少你要支付的所得税。"这无疑是一家会计师事务所的广告。所有这些不同形式的广告标题只有一个目的，就是引人注意。

第三，广告风格的选择。任何广告信息都可以用不同的制作风格加以表现。例如：

家庭生活剪影——通过一个普通家庭在日常生活中满意地使用某产品的形象，传达对产品的信念。

高雅的生活方式——借助广告形象强调产品与高雅的生活方式是相匹配的。

幻想——围绕产品或产品的使用在广告形象中创造一种幻想意境。

情调——没有直接的陈述或要求，只通过广告形象围绕产品使用制造一种暗示性的美、爱、安静或祥和的情调或气氛。

音乐——包括使用起衬托作用的背景音乐或广告歌曲。

人格化——创造一个人物或拟人化的形象，使产品带有人格特征。

技术专长——在广告中显示企业在产品生产过程中的技术、经验与专长。

科学证据——在广告中借助科学研究成果或证据说明产品的优势。

赞扬——由值得信赖的、有威望的人在广告里称赞产品。

第四，广告基调的确定。选择一定的广告制作风格之后，还需要为广告确定一种调子。有的广告保持一种严肃的基调，以避免哗众取宠的噱头喧宾夺主，妨碍广告受众对广告内容的注意。有的广告则刻意追求幽默的效果，以吸引人们的注意，加深人们的印象。此外，广告文稿的措辞也需要推陈出新，令人印象深刻，易懂好记。

第五，广告版式的设计。广告版式包括尺寸、色彩和图画等要素。适当地安排广告版面的这些要素，可以更好地吸引消费者的注意。广告版面的尺寸越大、色彩越丰富、画面越生动，就越能吸引人，不过成本也就越高。设计要受到成本的限制。

许多研究印刷广告的专家发现，影响广告吸引力的因素依次是图画、标题、文稿内容。图画必须给人以视觉冲击以引起读者注意，才能产生足够的吸引力。标题要求能有效地推动读者继续阅读广告的文稿内容。广告文稿则必须简洁、有力，让人信服。

> **小贴士**
>
> 统计表明，一帧设计巧妙、印刷精美的杂志插页广告，只能吸引不到一半的杂志读者的注意，只有大约30%的读者能够记住广告标题的要点，大约25%的读者还能想起做广告企业的名字，只有不到10%的读者读过广告文稿中的主要内容。

4. 选择广告媒体

广告媒体也称广告媒介，是传递广告的工具或手段。不同的广告媒体有不同的特点，它制约着广告主意图的表达和目的的实现。媒体并非一成不变，而是随着科学技术的发展而发展。科技的进步，必然使广告媒体的种类越来越多。

（1）常用的广告媒体种类及其特点。

①广播。广播的优点是：传播迅速、及时；制作简单，费用较低；灵活性较高；传播范围广。其缺点是：信息展露转瞬即逝，不便于记忆；表现手法单一；不便于存查。

②电视。电视作为广告媒体虽然在20世纪40年代才出现，但因其有图文并茂之优势，发展很快，已成为最重要的广告媒体。其优点是：形象、生动、逼真、感染力强；收视率较高，影响面大；手法灵活多样，艺术性强。其缺点是：时间性强，不易存查；制作复杂，费用较高；干扰多；针对性差。

③报纸。其优点是：影响广泛，传播迅速，简便灵活，制作方便，费用较低，便于剪贴存查，可信性强。其缺点是：传递率低，吸引力低，广告时效短，重复性差。

④杂志。杂志以登载各种专门知识为主，是各类专门产品的良好的广告媒体。其优点是：针对性强；选择性强；可信度高；反复阅读率高；保存期长；印刷精美，吸引力强。其缺点是：发行周期长，灵活性较差；传播不及时；传播不广泛。

⑤互联网。这是近年来蓬勃兴起的新媒体。其优点是：传播广；速度快；成本低；交互性强；针对性高；视觉冲击力大；有效性强；持续时间长。其缺点是：强制性强，易引起受众反感。

⑥户外广告。其优点是：醒目，易引人注意；复现率高，能够对目标顾客反复宣传；费用低；位置选择灵活。其缺点是：宣传范围小；形式相对比较简单；观众选择性差；传播区域小。

⑦邮寄。其优点是：对象明确，有较大的选择性；提供信息全面，有较强的说服力；具有私人通信性质，容易联络感情。其缺点是：宣传面较小；不易引起注意；广告形象较差。

除以上常用的广告媒体外，还有交通广告、销售点广告等多种媒体。随着科技的进步，广告媒体的种类必然越来越多。

思考11-3 常用的广告媒体有哪几种？它们各有什么特点？

（2）广告媒体的选择。

每一类广告媒体都有其优点和局限性，企业应在认真研究各种媒体的特点的基础上，综合考虑有关因素，慎重选择，从而以尽可能少的投入获得尽可能好的传播效果。正确地选择广告媒体，一般要考虑以下影响因素。

①产品的性质。不同的产品，有不同的使用价值、使用范围和宣传要求。广告媒体只有适应产品的性质，才能取得较好的广告效果。生产资料和生活资料、高技术产品和一般生活用品、价值较低的产品和高档产品、一次性使用的产品和耐用品等都应采用不同的广告媒体。通常，高技术产品的广告多选用专业性杂志；而对一般生活用

品，则适合选用能直接传播到大众的广告媒体，如广播、电视等。

②消费者接触广告媒体的习惯。选择广告媒体，还要考虑目标市场上消费者接触广告媒体的习惯。一般认为，能使广告信息传到目标市场的媒体是最有效的媒体。例如，对儿童用品做广告宣传，宜选电视做其媒体；对妇女用品进行广告宣传，选用妇女喜欢阅读的妇女杂志或电视，其效果较好。

③媒体的传播范围。适合全国各地使用的产品，应以全国性发放的报纸、杂志、广播、电视等做广告媒体；属地方性销售的产品，可通过地方性报刊、电台、电视台、霓虹灯等传播信息。

④媒体的影响力。广告媒体的影响力以报刊的发行量和电视、广播的视听率为标志。选择广告媒体时应把目标市场与媒体影响程度结合起来，能影响到目标市场的每一个角落的媒体是最佳选择。

⑤媒体的费用。各广告媒体的收费标准不同，即使同一种媒体，也因传播范围和影响力的大小而有价格差别。考虑媒体费用，应该注意其相对费用，即考虑广告促销效果。例如，使用电视做广告需支付20 000元，预计目标市场收视者2 000万人，则每千人支付广告费是1元；若选用报纸做媒体，费用10 000元，预计目标市场收阅者500万人，则每千人广告费为2元。从广泛性比较，应选用电视作为广告媒体。

要根据广告目标的要求，结合各广告媒体的优缺点，综合考虑上述各影响因素，尽可能选择使用效果好、费用低的广告媒体。

5.评估广告效果

评估广告效果是一件既重要又困难的工作。在整个营销过程中，由于有多种因素影响销售额的变化，因此很难确定销售增长额中有多少是因广告而得的。

广告效果可通过传播效果和销售效果两个指标来衡量。广告的传播效果是指广告活动对广告受众在意识、知识和偏好方面的影响。评估广告效果主要有三种方法，即直接评分法、组合测试法和实验测试法。

（1）直接评分法。这是指向接受测试的消费者展示一组不同的广告，然后请他们为每个广告逐项打分，评估这些广告在吸引力、可读性、可识别性、感染力和号召力等方面的效果。直接评分法不能完全反映出广告的实际作用，但是一个得分较高的广告通常会有较强的促销作用。

（2）组合测试法。这是指向测试对象展示一组广告，展示时间的长短由测试对象自定。然后请他们尽可能地回忆出广告的内容。测试结果可以说明一个广告的优劣程度，检查出广告的内容是否易懂好记。

（3）实验测试法。这是指借助仪器设备来测试消费者对广告的心理和生理反应，评估广告效果。如测试消费者接受广告时的脉搏、血压、瞳孔变化、汗液分泌等。通过测试，可以了解广告的吸引力。不过，这种测试无法了解广告对人们的态度、意向和信念的影响。

一次广告活动究竟能在多大程度上提高产品或企业的知名度，增加消费者对产品的认识和喜爱？这是企业在评估广告效果时最感兴趣的问题。可以在广告活动之前、之后对目标市场的消费者进行随机抽样调查来了解广告效果。

> **小案例 11-3**
>
> 假定一家公司希望通过一次广告活动，将自己在目标市场的知名度由已知的 20% 提高到 50%。但进行广告活动之后的抽样调查显示，其知名度仍只有 30%。那么，广告由于某种原因没达到效果是可以肯定的。

广告的传播效果并不等于广告的销售效果。通过广告活动提高企业的知名度，并不一定能提高企业的销售额。广告的销售效果反映在广告活动前后的销售额变化上。但是，除了广告活动之外，产品特性、价格、销售方式和竞争者的反应等因素都可能影响销售额。一般来说，广告之外的影响因素越少，或者它们的可控制程度越高，广告的销售效果就越容易估计。

市场营销人员还常常运用历史资料分析法和实验设计法来评估广告的销售效果。历史资料分析法是将企业过去每年的销售额和广告费用分类整理，对二者进行回归相关分析，以评估每单位广告费用的促销效果。实验设计法是将企业的整体市场划分为若干小区，在不同小区进行不同强度的广告活动，然后计算分析销售额的变化对广告活动强度变化的反应，以确定最佳的广告费用水平。

思考 11-4 随着"5G+"的广泛应用，传统的广告媒体还有用吗？怎么用？

名师解忧

二、销售促进

（一）销售促进的适用性

销售促进既有独特的优点，也有局限性。销售促进适用于对消费者和中间商开展促销工作，一般不针对工业用户。对于个人消费者，销售促进主要吸引其中的三类人群：一是已使用本企业产品的人，可以使其更多地购买；二是已使用其他品牌产品的人，目的在于吸引其转向使用本企业产品；三是未使用过本企业产品的人，目的是争取他们试用本企业产品。对于中间商，销售促进可以起到以下作用：诱导零售商更多地进货和配销新产品；增强零售商的品牌忠诚度；争取新的零售商。

销售促进适用于品牌忠诚性较弱的消费者，此类消费者追求低廉的价格以及额外利益，因而销售促进容易对其产生效果。销售促进更多地为市场占有率较低、实力较弱的中小企业采用。这样的企业急于开拓市场，又无力负担大笔的广告费用。而销售促进所具有的迅速增加销量、所需费用较少的特点恰好适应中小企业的要求。

当某一行业的产品生命周期处于引入阶段和成长阶段时，企业使用销售促进手段效果较好，而当该行业的产品进入成熟阶段，销售促进的作用明显减弱。在产品高度标准化的市场上，销售促进可以在短期内大幅度提高销售量，而在产品高度差异化的市场上，销售促进对提高销售量的作用相应降低，但一旦引来部分顾客，就可能较长时期地维持住这部分市场份额。

销售促进一般适用于打破顾客对竞争产品的长期偏好。企业可以把销售促进与广告结合起来，以销售促进吸引竞争者的顾客，再通过广告使之产生长期偏好。

(二) 销售促进的主要方式

销售促进的方式多种多样，其中较为常见的有如下几种：

（1）赠送样品。即免费向顾客发送样品供其试用。该方式主要用于新产品推广阶段。赠送样品的方式有挨家派送、邮寄发送、店内发送、随其他商品的销售配送、随广告分发等。

（2）优惠券。优惠券是一纸证明，持有者在购买某种特定商品时可凭其少付一部分货款。

（3）退款。即在顾客购买产品后向其退还部分货款。这种方式通常用于汽车等单价较高的商品。

（4）特价包装（亦称小额折让交易）。即以低于正常水平的价格和特别的包装方式向顾客销售产品。其形式有：减价包装，即减价供应的拆零包装（如买一送一）；组合包装，即把两种相关的产品包装在一起（如牙膏和牙刷）。

（5）赠送礼品。即免费或低价向顾客提供某种物品，以刺激他们购买特定产品。

（6）奖励。即在顾客购买某种产品后向其提供获得某种奖励的机会。

（7）累计购买奖励。即在顾客购买某种产品或光顾某一场所达到一定次数后，凭某种证明可获得奖励。

（8）免费试用。通常是指在销售现场请顾客试用产品，或者把样品送给顾客试用一段时间后收回。

（9）产品保证。这是指对产品的质量做出某种保证或者对购买后的使用、维修做出某种承诺。

（10）联合推广。即两个或两个以上的企业进行销售促进方面的合作，以扩大各自产品的销售额或知名度。

上述销售促进方式主要是针对个人消费者的，大部分适用于零售商或批发商。

一些销售促进方式是专门用来对中间商使用的，其中常见的有：

（1）价格折扣。即在某个特定时期，生产者对中间商所采购的商品给予一定比例的折扣，目的是鼓励中间商更多地进货或者配销新产品。

（2）免费产品。即在中间商购货时额外赠送一定数量的同种产品，其目的与价格折扣相似。

（3）促销资金。即生产者向中间商提供资金以供其进行广告宣传等促销活动。

由于中间商尤其是较大的零售商和批发商在与生产者的关系中处于某种优越地位，生产者对中间商存在某种依赖，中间商越来越多地要求生产者提供各种促销支持，生产者用于支持中间商促销的成本也越来越高。中间商与生产者容易产生下列矛盾：中间商认为厂商的某些促销活动使消费者获得好处，却不能为其带来利润，常常不予协助，厂商也常常对中间商获得许多优惠后仍不努力帮助推销产品不满。

（三）销售促进的实践要点

企业在组织实施销售促进活动的过程中，应着重做好下述各项工作：
（1）确定目标。
（2）选择销售促进方式。
（3）制订详细的实施方案。如考虑促销对象的范围、持续时间和制定预算。
（4）预试销售促进方案。

思考 11-5 为什么说销售促进适用于品牌忠诚性较弱的消费者？

三、公共关系

（一）公共关系的功能

从企业经营管理的各个环节来看，**公共关系**的功能是多方面的，主要有搜索信息、传播沟通、协调关系、处理纠纷、参与决策、改善环境、增进社会效益、树立企业形象等。

公共关系的全部活动和功能，最终都是为了塑造企业的良好形象。企业之所以设立公共关系部，聘请公关顾问，开展多种多样的公关活动，目的在于使企业各方面的工作通过公共关系协调起来，组成以树立企业形象为中心的整体行动。因此，公共关系工作的范围和职能虽然广泛，但目标只有一个——树立形象。因此，树立企业形象是公共关系的基本功能。

（二）公共关系的主要方式

企业的公共关系策略分三个层次：一是公共关系宣传，即通过各种传播手段向社会公众进行宣传，以扩大影响，提高企业的知名度；二是公共关系活动，即通过举办各种类型的公关专题活动来赢得公众的好感，提高企业的美誉度；三是公共关系意识，即企业员工在日常的生产经营活动中所具有的树立和维护企业整体形象的思想意识。

公共关系的主要方式如下。

1. 新闻宣传

企业可通过新闻报道、人物专访、报告文学、记事、特写等形式，利用各种新闻媒介对企业进行宣传。新闻宣传无须付费，而且具有客观性，能取得比广告更好的宣传效果。然而，新闻宣传的机会往往来之不易，机会的获得需要企业有关人员具备信息灵通、反应灵敏、思维活跃等素质和条件，善于发现事件的报道价值，及时抓住每一个可能的新闻宣传机会。企业也可以通过召开新闻发布会、记者招待会等途径，将企业的新产品、新动向通过新闻界及时传达给社会大众。此外，还可以"制造新闻"，吸引新闻媒介关注，以求取得社会轰动效应。公共关系的新闻宣传活动还包括对不良舆论的处理。

2. 公共关系广告

企业的公共关系活动也包括利用广告进行宣传，这就是公共关系广告。公共关系广告与商业广告的区别在于：它以宣传介绍企业的整体形象为内容，而不仅仅是宣传介绍企业的产品或服务；它以提高企业的知名度和美誉度为目的，而不仅仅是扩大销售；它追求的是一种长远的、战略性的宣传效应，而不是像一般商业广告那样要求取得直接的、可度量的传播效果。

3. 企业自我宣传

这是企业运用所有自己能够控制的传播媒介进行宣传的形式。例如，企业通过各种印刷品举办展览会，用实物、图片、录像等向公众介绍企业的发展历程，展示企业的经营成果，以此扩大企业的影响，精心设计或选择一些有象征意义的、有收藏价值的纪念品，以加深公众对企业的记忆。

4. 人际交往

人际交往指的是不借助传播媒介，在人与人之间直接进行交流和沟通的公共关系传播形式。在公共关系活动中，它是一种应用最广泛、最常见的传播手段。通过人际交往，企业可以同社会各界广泛接触，加强合作，改善企业的营销环境。人际交往包括定期走访、经常性的情况通报或演讲、咨询、调查、游说、各种联谊会甚至可以组建或参与一些社团组织。

思考 11-6 公共关系广告与商业广告是一回事吗？两者有什么不同？

四、人员推销

人员推销与非人员推销方式最大的区别在于：推销人员与潜在顾客直接接触，信息沟通过程呈双向性，推销人员当场获得信息反馈，并据此对信息的内容及信息的表达方式做出相应的调整。

(一) 推销队伍的设计

1. 推销队伍的任务

根据推销活动的特点及推销人员的特殊位置，推销人员能够承担的任务可以概括为：寻找客户，传递信息，销售产品，提供服务，收集信息，分配货源。可以从中选择一项或多项任务，形成推销队伍任务组合，不同企业可以为其推销队伍设计不同的任务组合。

2. 推销队伍的结构

常见的推销队伍的结构有四种：

（1）按地区划分的结构。即按照地理区域配备推销人员、设置推销机构，推销人员在规定的区域负责销售企业的各种产品。这种结构较适合产品品种单一的企业。该结构责任明确，决策速度快，地域集中，易于管理，费用低。但这种结构下，推销人员从事销售活动时往往技术上不够专业，因此该结构不适合种类繁多、技术含量高的产品。

（2）按产品划分的结构。即按产品线配备推销人员，设置推销机构，每组推销人员负责一条产品线在所有地区市场的销售。使用这种结构的条件是：①产品的技术性强，需要有专业知识的推销人员向顾客推销产品或提供服务；②产品品种多且其间相关性不强，否则会出现同一企业要在一天中接待来自同一销售单位的几位销售人员的情况。

（3）按顾客类别划分的结构。即按某种标准（如行业、客户规模等）把顾客分类，再据此配备推销人员，设置推销机构。如制造计算机的企业把客户分为工业用户、金融业用户、机关团体用户等。推销员按用户的类别分组，不同的小组分别负责特定的顾客。此方式的优点在于：推销人员有条件地深入了解不同用户的需求，从而能够更好地满足用户需求，提高推销的成功率。其缺点在于：推销费用的增加和难以覆盖较广阔的市场区域。

（4）复合式的结构。即将上述三种结构结合起来，或按区域－产品，或按区域－顾客，或者按区域－产品－顾客来组建推销机构或分配推销人员。通常当大企业拥有多种产品且销售区域相当广阔时适宜采用这种结构。

(二) 推销队伍的管理

招聘和挑选到具有良好素质的推销人员是降低人员推销成本、提高人员推销效率的基础。一般而言，企业应根据推销工作的特点来确定选拔标准。

1. 推销人员的培训

企业不应未经培训就将新推销人员分派到实际工作岗位。推销人员培训的一般内容包括：本企业的历史、现状、发展目标；人员、机构；产品的生产过程、各项特征、销售状况；顾客状况、竞争状况；企业的销售政策和制度；推销技术、推销人员的任务与职责；等等。

2. 推销人员的督导

对推销人员的工作进行必要的指导与监督。督导的主要方式有：

（1）规定某一时期推销人员应访问老客户的次数和应达到的目标；

（2）规定某一时期推销人员应发展新客户的数量、质量；

（3）规定销售定额；

（4）给予推销技术方面的指导；

（5）要求推销人员定期报告业务进展、市场状况。

3. 推销人员的激励

企业用于激励推销人员的手段通常有：工资或奖金的增加、物质奖励、职位提升、休假等休息机会，以及表扬、关心等辅助手段。

4. 推销人员的评估

绩效评估必须以准确的信息和翔实的数据为基础，因此管理部门应建立一套评估指标体系，随时注意收集有关信息和资料、数据。此外，还应对推销人员进行素质评估。

5. 推销人员的报酬

确定推销人员的报酬应以推销绩效为主要依据，同时考虑本企业其他部门和其他企业推销人员的报酬水平。推销人员的报酬制度一般有以下几种形式：固定工资制、佣金制、固定工资和佣金复合制，此外，还包括非契约性奖金（对推销人员额外的工作成绩进行的奖励，工作合同中并无约定）及各种补贴。

（三）人员推销的基本技术

1. 推销技巧

推销技巧是指推销人员用以解决实际推销过程中各种具体问题的比较实用的方法。推销活动过程包括许多具体工作环节，如寻找潜在顾客、评估潜在顾客的推销价值、为访问顾客做准备、面谈、讲解与示范、处理顾客的异议、成交、后续工作，等等。

2. 谈判艺术

谈判艺术是推销人员处理推销过程中某些特定问题所使用的方法。

3. 关系管理

当推销人员最终说服顾客采取购买行动后，即面临如何使其继续购买的问题。关系管理就是用来指导推销人员与顾客建立长期、稳固的业务联系和人际关系，以便获得更多销售机会。

💬**思考 11-7** 推销队伍的管理主要有哪几个方面的内容?

小结 SUMMARY

整合营销沟通是一个整体营销沟通规划和管理的概念，即充分认识所能使用的各种沟通手段并将其结合，提供连贯性的信息和良好的互动，使沟通效果最大化。整合营销沟通是指通过将所有的形象和信息结合在一起，在市场上建立一种强有力的品牌认知。

整合营销沟通是一种新思维方式，是业务战略过程，是认识与价值评价机制，是发展关系的新路径，还是目标实现过程。整合营销沟通的特征有：内容与资源的整合；高度的"一致性"；持久的"连贯性"；整合营销沟通管理。

促进销售是企业营销组合诸因素中必不可少的重要方面。市场营销沟通组合包括五种主要方式：广告、人员推销、公共关系、销售促进和直效营销。营销者必须熟练使用这些促销方式，把有关产品的信息传递给目标顾客。

有效营销沟通的步骤一般包括：第一，找出目标受众。第二，确定沟通目标。第三，设计沟通信息。信息的设计需重点解决四个问题，即信息内容、信息结构、信息格式、信息来源。第四，选择沟通渠道，即在人员沟通和非人员沟通中做出选择。第五，制定促销预算，常用的方法有量力支出法、促销额百分比法、竞争对等法、目标任务法。第六，确定营销沟通组合，即确定促销预算在五种促销方式之间的分配。要制定最佳的促销组合，首先要了解各种促销方式的特点，还要考虑相关影响因素，主要有产品类型与特点、推或拉的策略、现实和潜在顾客的状况、产品生命周期阶段。

企业广告促销方案的制订一般包括五个主要步骤：第一，确定广告目标。广告目标分为告知性广告、劝说性广告、提示性广告和强化性广告四大类。第二，确定广告预算。第三，确定广告信息。分三个步骤，即广告信息的产生、广告信息的评价和选择、广告的制作。第四，选择广告媒体。第五，评估广告效果，主要有三种方法，即直接评分法、组合测试法、实验测试法。

销售促进是追求短期促销效果的工具，常见的方式包括赠送样品、优惠券、退款、特价包装、赠送礼品、奖励、累计购买奖励、免费试用、产品保证、联合推广、价格折扣、免费产品、促销资金。企业在组织实施销售促进活动的过程中，应做好以下方面：确定目标；选择销售促进方式；制订详细的实施方案；预试销售促进方案。

公共关系是企业利用各种传播手段，沟通内外部关系，塑造自身良好形象，为企业的生存和发展创造良好环境的经营管理艺术。它是企业促销策略组合中的一项重要措施。企业营销活动中的公共关系通常采用以下手段：新闻宣传、公共关系广告、企业自我宣传、人际交往。

人员推销与非人员推销方式最大的不同点是：推销人员与潜在顾客直接接触，信息沟通过程呈双向性。人员推销策略包括推销队伍的设计和推销队伍的管理。人员推销的基本技术主要有推销技巧、谈判艺术、关系管理。

思考题 EXERCISES

1. 整合营销沟通有哪些特征?
2. 营销沟通主要有哪些方式?其各自的特点如何?
3. 企业进行有效营销沟通需经过哪几个步骤?
4. 影响企业营销沟通组合的因素是什么?

第五篇
了解市场营销新领域与新发展

第十二章 市场营销新领域与新发展
CHAPTER 12

> 理论永远是灰色的,唯生命之树长青。
> ——歌德
> 关键问题不是是否应该应用因特网技术而是如何应用它——企业根本没有选择,如果它们想保持竞争力的话。
> ——迈克尔·波特

学习目标 LEARNING TARGET

1. 阐释新媒体营销的概念、分类与优势。
2. 说明关系营销的概念、特征与具体实施。
3. 简述数据库营销的概念、作用与应用。
4. 简述绿色营销的概念、特征与应用。
5. 简述体验营销的概念、特点与实施。
6. 简述定制化营销的概念、意义与应用。

引 言 INTRODUCTION

市场营销的领域之新不在于先驱们发现规律和提出思想的时间是在去年或上个月,而在于当其被众多追随者理解并付诸营销实践之后所产生的巨大新波澜。这种新的营销浪潮的冲击力的巨大是无法预先估计和想象的,它正以排山倒海之势冲击和涤荡着营销中的一切陈腐,而将那些果敢智慧的弄潮儿推到世人面前。科技的创新与发展让依托它的新媒体营销应运而生,并以前所未有的优势,在挑战传统的营销定式的同时,新媒体营销被源源不断地注入新时代的甘泉。本章主要介绍新媒体营销、关系营销、数据库营销、绿色营销、体验营销、定制化营销六个看似独立但实质

本章导入

上紧密关联的内容,目的在于使学习者在了解和掌握本章内容的基础上,形成对营销领域新动向的敏锐觉察和热情追踪、积极关注的思维方式和习惯。

第一节 新媒体营销

一、新媒体营销的概念与特征

(一)新媒体营销的概念

新媒体营销是指企业以现代营销为基础,以互联网及现代科技为依托,达成企业营销目标的新营销方式。简言之,就是利用新媒体开展营销活动。它并非独立的工具,而是企业整体营销战略的组成部分,是传统与现代、线上与线下、虚拟与现实、传统与现代相结合形成的一个相辅相成、相互支持、互相促进的营销体系,并随着现代科技的进步不断充盈和完善。

新媒体营销的意义是利用互联网等现代科技工具为企业营销提供有效的支持。新媒体营销的本质可表述为:①一种迄今为止最为先进、最为直接的传输通路,用户与商家之间可借以建立起最直接的关系;②存在于网络空间的营销,必须适应该空间中开放、自由、交互的特征,找到市场机会并设法满足它并从中获得盈利;③设法寻求"**市集**"与"**市场空间**"的"接熔点",以便尽可能地发挥企业的优势和更充分地利用资源。

互联网的出现,引发了社会方方面面的变革,而移动互联智能终端设备高度整合了移动互联网、新媒体、移动定位、人体识别和大数据等多项功能,强化了"万物皆媒"的理念,冲击并改变了人们的消费行为和生活习惯,同时加剧了企业间竞争。

> 提示 12-1 "市集"指实体购物场所;"市场空间"指虚拟空间。

小贴士

20世纪90年代初,互联网进入商业领域,并以前所未有的速度和世界性的覆盖范围对政府、企业和大众生活产生了巨大的冲击和影响。中国互联网络信息中心发布的第47次《中国互联网络发展状况统计报告》显示,截至2020年12月,我国网民规模达9.89亿人,较2020年3月增长8 540万人,互联网普及率达70.4%。

> **小贴士**
>
> 在工业化时代，企业带来的是大量生产的高度标准化产品服务。今天数字化让量身定制的梦想成真。计算机公司可以为客户组装符合个人需求的计算机；网络上的音乐销售商可以让客户标识出他们想要收录的曲目，为客户提供个性化的激光唱片。互联网给企业营销带来了巨大的冲击，也为企业提供了新的发展机会。

（二）新媒体营销的特征

新媒体营销的特征主要体现在以下方面：

1. 多元性

多元性体现在新媒体营销多样化的传播媒介与多种载体形式。新媒体营销可以使用图片、视频、线上音频、文字等载体，企业可根据目标市场状况和自身需要设置和选择多元化的传播媒介，以提高消费者对营销信息的关注度和需求的满足度。多元化布局以及新媒体生态系统的数字化构建和发展，将成为新媒体营销增长的核心动力。

2. 协同性

协同性体现在新媒体营销中多种可供选择的载体之间的有效配合性高，微信、微博、视频、直播等新媒体平台各有千秋，可以使企业在进行新媒体营销时，实现整合营销渠道、整合营销沟通，实施线上与线下协同运作，提高整体营销效益。

3. 针对性

针对性体现在新媒体营销多样化的形态，便于企业发现消费者需求并有针对性地提供产品和服务。企业在细分市场后，确立自己产品的市场定位，针对不同的用户群（或个体）提供不同的产品和服务，以满足人们个性化的需求。同时在营销策略上，目标更精准，避免了营销盲目性的不良后果。同时，企业可通过新媒体平台与消费者建立社交关系，获得消费者信任及详尽的需求方面信息，实现定制化营销。

4. 互动性

互动性体现在企业与消费者之间的双向、实时交互沟通。企业借助互联网等现代科技进行营销活动时，不仅是由企业向消费者传播营销信息，消费者同时也对大量信息进行自主选择。消费者倾向于选择符合自身需要、有价值的营销内容。同时，企业可以根据消费者的选择推送更具有吸引力的营销信息，实现企业与消费者的有效连接。互动性除了有助于企业与顾客的沟通，主要体现在有助于受众个体之间的信息沟通与扩散。一般看来，这是积极的、助推企业营销发展的，但其也是一把"双刃剑"，需谨慎控制和把握。

💬 **思考 12-1** 为什么说受众个体间的营销信息沟通是"双刃剑"？

新媒体营销转变了传统营销由企业到消费者的单向传播劣势，建立了企业与消费群体间相互交流的互动渠道，便于进行及时的交流，获得消费者的反馈。以及时调整产品结构和营销模式，抓取新媒体的后台数据并进行数据挖掘，进而发现消费群体的潜在的购物需求，同时利用数据在消费群体中准确定位单一的消费者，满足需求者的个性化需求，在营销的同时给予消费者个性化的体验，实现精准营销。

5. 广泛性

新媒体营销的广泛程度与互联网的普及水平呈正相关关系。随着互联网日渐成为居民生活中不可或缺的部分，随互联网产生与发展的新媒体同样走入了人们的生活。此外，手机等移动互联终端的普及，为新媒体营销提供了新载体，新媒体营销的受众范围广，奠定了新媒体营销迅速发展的基础，逐渐成为人们广为接受的营销模式。互联网背景下，不仅传统的计算机网络用户是企业推广和实施新媒体营销的目标受众，更多移动端的手机网络用户也在接收企业的营销信息。新媒体营销的消费群体覆盖广泛，理论上拥有全球的广阔市场与受众。

新媒体营销的主要特征可以概括、归纳为以上五点，但绝非仅限于此。作为新营销模式，在其发展过程中呈现出的特征还包括公开性、低成本、信息接收快、受众准确、定位精准、转化率高、内容新颖、碎片化易接受、以用户的体验为中心以及突出场景设计等特征，在营销策略策划时应全面考虑。

二、新媒体营销的分类与优势

（一）新媒体营销分类

新媒体营销中，利用哪类媒体进行营销活动是有效与否的关键。营销人员应研究不同新媒体营销的类别及其特点，结合自身需求和媒体特点开展营销活动以提升营销效益。从不同的角度，可划分出不同的新媒体营销类别。这里从目前常见平台的角度划分，新媒体营销分为社交平台和视频平台。

1. 社交平台

社交平台营销是指企业利用微信、微博和QQ等社交平台进行的营销活动。微信平台营销是当前使用比较广泛的新媒体营销模式。在微信平台上，常用的新媒体资源和工具包括微信朋友圈、微信群等微信公众平台。

同时，微博营销也是社交平台营销的重要形式，且已形成以"内容—粉丝—用户—变现"为模式的商业生态闭环。小红书等多样社交类软件属于新媒体营销可选择的平台。

2. 视频平台

视频平台是指基于互联网提供有偿或无偿视频下载、播放服务的平台。视频平台又分为视频网站和短视频，在视频网站的范围外，视频平台也包括短视频以及直播类APP。视频网站如优酷、腾讯、爱奇艺等；短视频手机APP，如抖音、快手、微视等；以及直播类软件，如虎牙、斗鱼等。

> **小贴士**
>
> 据中国互联网络信息中心发布的第47次《中国互联网络发展状况统计报告》，截至2020年12月，我国网络视频用户规模达9.27亿，较2020年3月增长7 633万，占网民整体的93.7%。其中短视频用户规模为8.73亿，较2020年3月增长1.00亿，占网民整体的88.3%。

短视频创作有门槛低、社交属性强、可利用碎片化时间和用户黏性高等特点，符合目前用户的消费习惯。据艾瑞咨询《2018年中国网络直播营销市场研究报告》，各平台现已重视终端收入，研究运用直播的优势帮助企业进行产品、服务和品牌营销，以实现大流量的变现。同时，基于社交平台与视频平台，新媒体营销在论坛、自媒体、购物网站等平台也逐渐形成新的营销模式。如在知乎发布的内容中添加相关产品链接、在今日头条等自媒体网站进行引流推广，以及在淘宝、京东等购物网站添加直播购物等实时交互功能。

（二）新媒体营销的优势

新媒体营销独有的特征使之与传统营销相比，具有明显的优势。尽管在新媒体营销中还存在许多不确定因素，但是各界都承认它将会是目前与未来经济中最具潜力、有更广泛适用性的发展方向。**新媒体营销的优势**主要表现在：

1. 竞争更公平

在营销主体地位上，商家不分大小一律平等。网络具有自由、开放观念，每个商家都可以有自己的网址，都可以在得到允许的情况下在商业网站上随时张贴自己的商品信息，在商家与用户之间建立起相互信任的长期关系，而所需的成本低廉、时间短。

2. 眼界更开阔

网络的应用使当今社会信息的传播达到空前的速度与密度，互联网上没有时间限制和空间边界，其触角可延伸到世界各个角落，减少了市场壁垒和市场扩展的障碍，能使企业发现和创造新的市场机会。

3. 沟通更有效

新媒体营销为信息沟通中"一对一"、双向交互反馈提供了前所未有的方便。企业以较低的成本，快捷广泛地发布、获得和随时更新信息，企业与目标顾客的联系更为有效，从而节约营销费用，降低营销成本。由于网络的无边界性，身处世界任何一个角落的客户都能够了解网上的企业信息，并向其选中的企业下订单。企业也可以根据其反馈的需求信息，定制、改进或开发新产品。

4. 速度更快捷

新媒体营销使营销环节减少，交易更加迅速。新媒体营销的运用可使商品信息发布、收款至售后服务一气呵成，大大减少了营销环节。对于软件、书籍、歌曲、影视节目等知识性产品来说已经没有了海关和运输问题，人们可直接从网上下载并采用电子方式支付货款。

5. 关系更密切

新媒体营销可使企业与客户的关系更为密切、和谐，让顾客满意。新媒体营销以顾客为导向，强调个性化的营销方式。通过网络，企业可顺利实现客户管理，并因此将其信息和产品服务个人化，使企业的营销活动针对性更强、效率更高。新媒体营销具有的企业与顾客之间的互动性，从根本上提高了顾客的满意度。

小案例 12-1

戴尔公司就是采用网上订购的方式满足了每位用户不同的需求。戴尔公司向访问其网站的用户提供帮助，使其找到适合其需要的技术类型。用户可以将这些数据输入网上帮助系统，该系统引导用户从一系列选择中找出最合适的规格。一旦用户做出最后决定，他就会收到一个包括购买价格和交货时间的即时报价单。

6. 成本更节省

实施新媒体营销，所有的营销材料，如公司简介、产品目录等无须印刷、包装、运输，直接电子化后上网，且还可以在网上更新和修改；网络的使用，减少了销售环节，简化了信息传播过程；网上广告是按阅读人数收费，企业无须再为无效的广告付费；等等。所有这一切，都能为企业节省巨额促销和流通费用，从而降低产品的成本和价格。

7. 消费者力量更强大

网上消费者获取产品信息非常便捷、迅速，有更多可供选择的产品或服务，足不出户就可以在较大的范围内进行产品和价格的比较,选择范围大大增加,通过个人定制、拍卖等方式,获得极大的自主权。消费者可在任何地方、任何时间下订单,节省了时间和精力,提高了购物效率。

此外,新媒体营销还在产品、价格、渠道、服务等方面具有一系列的优势,因此,它能帮助企业取得较为理想的营销效果,是一种新的、高效的营销方式。

上述优势决定了新媒体营销在企业营销中的地位,它将成为网络时代的商家赢得生存、发展所必须熟练掌握的利器。

思考12-2 你怎样看待"拇指经济"对企业营销产生的影响?

三、新媒体营销的作用与方式

(一) 新媒体营销的作用

新媒体营销的作用是随着其自身的发展而不断强化的,目前主要有以下方面。

1. 收集与发布信息

通过在线调查表或电子邮件进行网上市场调研,企业可以了解消费者需求、竞争者、合作伙伴以及市场趋势等方面的信息,为产品开发、服务及其他营销策略的制定提供依据,具有高效率、低成本的特点。

通过网络可将一定的信息传递给目标受众,包括现实的和潜在的顾客、媒体、合作伙伴、竞争者等,推广企业的品牌。通过互联网可以快速树立品牌形象,提升企业整体形象。

2. 强化销售促进

通过电子布告栏(bulletin board system,BBS)、电子邮件等与目标顾客进行直接、快速的沟通,传播企业产品信息,与目标顾客建立关系。事实上,很多情况下新媒体营销对促进线下销售也具有重大作用。

3. 重构销售渠道

一个具备网上交易功能的企业网站本身就是网上交易场所,网上销售是企业销售渠道在网上的延伸,网上销售渠道建设也不限于网站本身,还包括建立在综合电子商务平台上的网上商店,以及与其他电子商务网站不同形式的合作等。

4. 密切客户关系

互联网提供了更加方便的在线顾客服务手段,从形式最简单的常见问题解答(frequently asked questions,FAQ)到邮件列表、BBS等各种即时信息服务,顾客服务质量对于新媒体营销效果具有重要影响。良好的顾客关系是新媒体营销取得成效的必要条件,通过网站的交互性、顾客参与等方式开展顾客服务,也可增进与顾客的关系。

5. 积极的网站推广

这是新媒体营销最基本的作用之一。相对于其他职能，网站推广显得更为迫切和重要，网站所有功能的发挥都要以一定的访问量为基础，因此，网站推广是新媒体营销的核心工作。

6. 动态的消费者监测

通过在线调查表、在线投票、电子邮件等方式，完成消费者需要和行为变化趋势调研。与传统市场消费者行为监测研究相比，更即时、高效。

7. 企业观念的驱动

互联网技术的发展以及移动设备的普及推动了新媒体产业的产生和形成，众多企业应用新媒体营销客观上助推新媒体产业规模的形成，从而进一步驱动了企业市场观念的提升。

思考 12-3 "新媒体营销就是在互联网上卖东西"，你同意这种说法吗？为什么？

名师解忧

（二）新媒体营销的方式

新媒体营销的实现需要通过一种或多种营销方式，常见的**新媒体营销的方式**主要有以下几种。

1. 搜索引擎营销

搜索引擎是指根据一定的策略、运用特定的计算机程序从互联网上搜集信息，在对信息进行组织和处理后，为用户提供检索服务，将用户检索相关的信息展示给用户的系统。搜索引擎营销就是基于搜索引擎平台的新媒体营销，利用人们对搜索引擎的依赖和使用习惯，在人们检索信息的时候尽可能地将营销信息传递给目标顾客。搜索引擎推广的基本思想是让用户发现信息，并点击进入网站或网页进一步了解其所需要的信息。

搜索引擎营销分两种，即搜索引擎优化营销和搜索引擎广告营销。搜索引擎优化营销是通过网站结构、高质量的网站主题内容、丰富而有价值的相关性外部链接进行优化，使网站对用户及搜索引擎更加友好，以获得在搜索引擎上的优势排名。搜索引擎广告营销是指购买搜索结果页上的广告位来实现营销目的。各大搜索引擎都推出了自己的广告体系。搜索引擎广告的优势是相关性，由于广告只出现在相关搜索结果或相关专题网页中，因此搜索引擎广告比传统广告更加有效，客户转化率更高。

2. 电子邮件营销

电子邮件营销的主要原理是通过电子邮件传递信息，直接或间接地达到促销目的。

按照是否经过接受者允许的标准，可将其分为许可电子邮件营销、邮件列表和垃圾广告邮件三种。除垃圾广告邮件没有得到接受者的许可外，其他两种形式都秉承自由和自愿的原则，是合法和有效的电子邮件。基于用户许可的电子邮件营销比传统的推广方式或未经许可的电子邮件营销具有明显的优势，如可以减少广告对用户的滋扰，提高潜在客户定位的准确度，增强与客户的关系，提高品牌忠诚度等。大多数公司及网站都已经利用电子邮件营销方式。

3. 交换链接

交换链接或称互惠链接，是具有一定互补优势的网站之间的简单合作形式，即分别在自己的网站上放置对方网站的 LOGO（徽标或商标）或网站名称并设置对方网站的超级链接，使用户可以从合作网站中发现自己的网站，达到互相推广的目的。交换链接的作用主要表现在几个方面：获得访问量，增加用户浏览时的印象，在搜索引擎排名中增加优势，通过合作网站的推荐增加访问者的可信度等。交换链接的意义已经超出了是否可以增加访问量，比直接效果更重要的在于业内的认知和认可。

4. 即时通信营销

即时通信（instant messaging，IM）是指能够及时发送和接收互联网消息等的业务，如手机短信、QQ、微信等。即时通信营销（IM营销），是企业通过即时工具帮助企业推广产品和品牌的一种手段，即利用互联网即时聊天工具进行推广宣传的营销方式。常用的即时通信营销主要有两种情况：第一种是网络在线交流。中小企业建立网店或者企业网站时一般会提供即时通信在线服务，这样潜在的客户如果对产品或服务感兴趣自然会主动和在线的商家联系。第二种是广告。中小企业可以通过即时通信营销工具，发布产品信息、促销信息，或网友喜闻乐见的图片。即时通信营销主要有以下几种类型：

（1）博客营销。博客营销是利用博客这种网络应用形式开展新媒体营销。企业或者个人利用博客这种网络交互性平台，发布并更新企业或个人的相关信息，密切关注以及及时回复平台上客户对于企业或个人的相关疑问和咨询，并通过较强的博客平台帮助企业零成本地获得搜索引擎的较前排位，以达到宣传目的。通过博客进行交流沟通，还可以达到增进客户关系、改善商业活动效果的目的。

（2）微信营销。作为新兴的头部公众平台，微信在营销方面显示了独特的优势，朋友圈、公众号等都可以作为营销的工具。微信作为"全民级"的移动通信工具和目前流量最大的新媒体平台已经渗入居民日常生活和商业活动中。使用微信的人数多、覆盖的范围广，使用者产生了一定的依赖性，这为企业及个人维系行业人脉提供了便利。众多企业通过微信平台宣传、销售自己的产品和服务，联系和保持顾客，打造企业或商品品牌，并已形成了一定的经济规模。

> **小贴士**
>
> 相关数据显示：2021 年，微信日活跃用户已达 10.9 亿人；其中有 7.8 亿人每天翻看朋友圈，1.2 亿人会发布朋友圈；3.6 亿人每天浏览公众号获取对外界的认知。
>
> 2018 年，微信带动信息领域消费金额为 2 402 亿元。同年，微信带动传统领域消费规模为 4 198 亿元，同比增长 26%。[①]

> **小贴士**
>
> 2021 年 2 月，微信月活跃号达到了 11 亿，是中国用户量最大的手机软件。[②]

5. BBS 论坛营销

BBS 论坛营销就是企业利用论坛这种网络交流平台，通过文字、图片、视频等方式发布企业产品或服务的信息，让目标顾客更加深入地了解企业的产品或服务，最终达到宣传企业的品牌，加深品牌的市场认知度的目的。

6. 互联网及户外媒体广告

互联网广告就是在网络上做的广告，是利用网站上的广告横幅、文本链接、多媒体，在互联网刊登或发布广告。互联网是一种全新的广告媒体，具有受众范围广、交互性强、实时、灵活、成本低等特点，是企业特别是中小企业实施现代营销媒体战略的重要组成部分，其形式包括旗帜广告、漂移广告、画中画广告、按钮广告、富媒体广告、电子邮件广告、手机广告和网络视频广告等，并与户外超级大屏幕等结合营造氛围或构建场景。

7. SNS 营销

SNS（social network service）即社会化网络服务，是互联网 Web 2.0 的一个特质之一。SNS 营销是基于圈子、人脉、六度空间这样的概念而产生的，即主题明确的圈子、俱乐部等进行自我扩充的营销策略，一般以成员推荐机制为主要形式，为精准营销提供了可能，且实际销售的转化率较好。

8. 知识型营销

知识型营销是通过用户之间提问与解答的方式来提升用户黏性，如百度知道、知乎等。企业可以建立一个在线疑难解答这样的互动频道，让用户体验企业的专业技术

---

① 《微信就业影响力报告》由微信、中国信息通信研究院、数字中国研究中心 2019 年 3 月联合发布。
② 智研咨询发布的《2020—2026 年中国微信公众号行业市场经营风险及投资战略规划分析报告》。

水平和高质服务。

9. 会员制营销

会员制营销即通过在会员网站放置广告链接来增加站点访问量并提高销售额，同时根据点击率或销售额向会员网站支付佣金的一种新媒体营销方法。会员制营销已经被证实为电子商务网站的有效营销手段，国外许多网上零售型网站都实施了会员制计划，几乎覆盖了所有行业。国内的会员制营销虽然还处在发展初期，但各类企业对此都表现出浓厚兴趣，会员制营销显示出旺盛的发展势头。

10. 社交零售体验店营销

社交零售体验店营销即将实体购物场所打造成社交平台，店内设置不同的体验生活场景，满足人们休闲娱乐、谈判、会议等社区活动的可转换空间。店内实物商品标有二维码，顾客可随时扫描和交流信息并借助微信小程序，建立起了另一种社交互动——实现个性化的"人、货、场"与品牌之间的互动。将小程序作为品牌产品与用户之间互动的媒介，让店铺拥有独特的社交货币功能。它突出体现社交属性在新营销和品牌成长过程中的重要性，提示新媒体营销更需要在顾客体验和服务方面下功夫，不断创新打造品牌社交空间，与时俱进提供别样的互动体验。而衡量企业这一营销方式构建的标准是消费者认可并乐于沉浸其中。

思考 12-4 了解"社区购物营销"并尝试分析其可行性。

小贴士

博柏利（Burberry）携手腾讯在深圳万象城空间重新定义了奢华零售的概念，精致的店面和互动空间能够满足人们拍照打卡的需求，照片墙可供顾客欣赏和点赞互动，所有的实物均采用了一物对一码的方式，提升店铺体验感之余，也实现了品牌与用户玩在一起的目的。品牌依托当代人工智能、互联网技术和大数据等，除了对生产和产品流通过程进行改造升级，还在其销售过程中塑造了生态圈，帮助品牌打通线上和线下。对于微信和 Burberry 的合作，相关负责人说："我们将其视为创新时代的起点。通过连接社交和零售环境，为消费者创造新的数字服务和愉悦的体验"。[①]

随着现代科技的发展以及消费者生活方式的转变，新媒体营销将会有更多的展现方式。

---

① 根据 Burberry 官方网站资料整编。

💬 **思考 12-5**　上述几种常用的新媒体营销方式中你比较熟悉哪几种？请对其进行简要评价。

第二节　关系营销

关系营销概念的产生是对传统理论的拓展，于 20 世纪 80 年代中期提出。它得益于系统论、协同论和传播论等相关科学理论的支持。而现代信息技术的发展，则为其普遍应用提供了条件。

一、关系营销的概念、特征及与传统营销的比较

（一）关系营销的概念及特征

所谓**关系营销**，是把营销活动看成一个企业与顾客、供应商、分销商、竞争者、政府机构及其他公众互动作用的过程，其核心是建立和发展与顾客和利益相关者的良好关系。**关系营销的特征**有以下几个方面。

1. 双向互动的沟通

关系营销中的联系和沟通应该是双向的，主要体现在企业与顾客之间，不是单向地发送信息来影响对方，而是强调双方双向的沟通与互动，每一个参与者都同时兼有发送者和接收者的双重身份。

2. 密切的战略协同

各具优势的关系双方应该互相取长补短、联合行动、协同动作去实现对各方都有利的共同目标，可以说是协调关系的最高目标。

3. 多赢的营销活动

关系营销旨在通过合作增加关系各方的利益，而不是通过损害其中一方或多方的利益来增加其他各方的利益。互利性是关系营销的关键之一，强调互利互惠、共存共赢。

4. 即时的信息分享

只有广泛的信息交流和信息共享，才可能使企业赢得顾客和各个利益相关者的支持与合作。实现关系营销的企业，应该做到相关信息即时的共同分享，而不是高度保密。

5. 有效的信息反馈

实时了解和追踪顾客和利益相关者的状态和态度，建立反馈循环，以适应内外部环境的动态变化。

(二) 关系营销与传统营销的比较

相对于"关系营销",学者们把传统营销称为"交易营销"。**关系营销与传统营销的区别**主要表现在以下几个方面:

(1)重心不同。传统营销中企业的重心是完成交易,通过各种方式和手段促使对方发生交易行为并从中获利;而关系营销的核心是关系,企业与相关方通过建立良好的合作关系获利。

(2)视野不同。传统营销中企业将其视野局限于目标市场上,即各种顾客群;而关系营销所关注的范围则广得多,既包括顾客,又包括供应商、分销商、竞争者、银行、机构及内部员工等。

(3)方式不同。传统营销中企业努力于获得顾客;而关系营销更加强调保持顾客。

(4)对顾客服务不同。传统营销的重点集中于产品,不太强调顾客服务;而关系营销高度强调顾客服务。

(5)顾客参与度不同。传统营销是有限的顾客参与和适度的顾客联系;而关系营销却强调高度的顾客参与和紧密的顾客联系。

思考 12-6 关系营销是不是就是人们通常所说的"拉关系"?为什么?

二、关系营销的具体实施

(一) 关系阶梯和关系构成的梯度推进

以顾客忠诚度作为标准可以将与客户的关系划分为六个等级,我们称之为**关系阶梯**。关系阶梯要说明的是,在发展长期客户关系的过程中的几个明显的阶段,如图12-1所示。

梯子的底部是"可能的客户",是指潜在客户。传统的市场营销倾向于把重点放在怎样使个人或组织转化为"客户"上面。然而,在关系营销模式中,客户只与企业进行一次或者不定期的业务往来。再上一阶梯涉及的对象是"主顾"。主顾将会与企业进行多次业务往来,但是可能对公司持中立甚至否定的态度。例如,某银行有自己的主顾,但是这些主顾对银行的看法并不一定是正面的,他们之所以没到其他银行进行交易是惰性使然,而不是出于对该银行的忠诚。

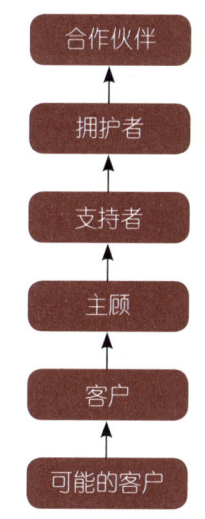

图 12-1 以客户忠诚度为依据划分的关系阶梯

只有当把主顾转化成"支持者"时，关系的力量才变得明朗。支持者愿意与企业联系，甚至可以说服他们为企业做"宣传"，换言之，就是积极向他人推荐企业。只有在阶梯的最高一级，客户成为合作伙伴，与企业一起进一步寻找办法，才能使双方从关系发展中获益。

在关系营销模式下，一方面，企业工作的重点应放在寻找适当的办法把客户推向阶梯的更高一级，并使其保持在这个位置上，不降下来；另一方面，常规的市场营销更多地倾向于争取新客户和拓展市场占有率，对保持客户没有付出足够的努力。

(二) 关系营销的六个市场

关系营销与传统营销之间的又一个重要区别是从更加广泛的角度看待市场。相对于把视野仅仅局限于最终用户，在关系营销管理中，"市场"的概念更加广泛。企业要保持与客户或消费者的持久关系，还依赖于其他关系，这种内部关系与外部关系的多样性，可以被描述为可辨识的"市场"或"市场领域"。所以，为了建立和保持真正的客户价值，一个企业必须处理好与下面六个子市场的关系，简称为**"六个市场"模式**。

1. 内部市场

内部市场的对象是企业内部的员工和部门，任务是处理内部关系。内部关系营销把员工当作自己的市场，高级管理人员心中装着两个"上帝"：一个是顾客，另一个便是员工。企业的每一次成功，首先要有具有需求的顾客，更不可或缺的是理解企业的战略意图并心甘情愿为之付出的员工，还要强调除营销部门之外的企业各部门也是内部市场的"顾客"。如果将关系营销的六个市场拼为梅花图形，则内部市场是花蕊部分。

2. 推荐市场

所谓推荐，是指建议购买的推荐意见。口碑的力量是巨大的。推荐意见通常比任何媒体的广告都有价值。推荐市场可以成为开发新业务的有效渠道。推荐者可以来自诸如医生、律师、银行管理者和会计师等专业咨询渠道，也可以来自现有的对企业感到满意的客户。与那些有权威的意见领袖或口口相传的推荐渠道建立长期的伙伴关系，应成为关系营销一个不可分割的部分。

3. 竞争者市场

世界的多元性决定了企业价值取向的多元化。虽然企业周围布满竞争者，但各企业的资源和优势不同，各有所长，要善于与竞争者和睦相处（必须针锋相对时除外），实现资源共享。尤其在所在行业需要做强时，与有实力、有经验和能力的竞争者联合，对企业来说是不错的选择。

4. 影响者市场

影响者市场由独立的实体、组织和个人构成，他们能够积极或消极地影响企业参与竞争的市场营销环境。因此，公共关系或者公共事务管理应该成为关系营销过程中的要素。成功的企业一般都与对市场有影响的主要渠道建立良好的关系。

5.供应商市场

供应商市场是指为企业增加更多客户价值提供物资、产品和服务的组织网络，常被称为"上游"企业。许多企业都意识到与供应商建立密切、互惠的关系的重要性。一些已经与供应商建立起良好关系的企业，因为质量改进、市场推出时间加快、创新产品增多以及存货水平降低而获得了相当可观的优势。

6.客户市场

客户市场是指企业所有购买产品或服务的个人或组织，既包括最终用户（或消费者），也包括中间商。这个市场是企业价值的直接源泉，其重要性不言而喻。需要强调以下几点：

（1）客户服务成为至关重要的因素，是企业在同行中脱颖而出的有效方法。

（2）在发展新客户的同时，更要关注老客户的维持。经验证明，开发一个新客户与维持一个老客户企业所付费用，前者为125美元，后者为25美元。

（3）估算客户价值，突出任务重点。根据80/20原理，即80%的收益来自20%的长期客户，企业应对重点客户规划和实施适应的策略。

第三节 数据库营销

数据库营销（database marketing service，DMS）是在信息技术、互联网与数据库技术发展基础上建立和发展起来的市场营销方式。它不仅作为一种营销方法、工具、技术和平台，为企业关系营销、客户关系管理、定制化营销、整合营销沟通等的实施提供可能，更重要的是其转变了企业的传统理念，丰富和提升了企业市场营销模式。

发达国家数据库营销已很普及，近年来，作为市场营销的一种新形式，数据库营销正越来越受到发展中国家企业管理者的青睐，扮演着越来越重要的角色。

一、数据库营销的概念与作用

（一）数据库营销与数据库营销的概念

1.顾客数据库的概念

顾客数据库（customer database）是指有关各单个顾客或厂家的广泛信息的集合，包括地理、人口统计、心理和行为等方面的数据。需要明确的是，许多企业把企业名址、顾客通讯录等同于顾客数据库是错误的。

💬 **思考 12-7** 为什么企业名址、顾客通信录不能等同于顾客数据库？

名师解忧

2. 数据库营销的概念

数据库营销是指为实现接洽、交易和建立客户关系等目标而建立、维护和利用顾客数据库与其他相关客户资料的整个流程。企业通过收集和积累会员（用户或消费者）信息，经过分析筛选后有针对性地使用电子邮件、短信、电话、信件等方式进行客户深度挖掘与关系维护。数据库营销的核心是数据挖掘和利用。

（二）数据库营销的作用

数据库营销的作用如下。

1. 在潜在的数据中发现市场机会

数据库营销中的顾客数据库的各种原始数据，可以利用"数据挖掘技术"和"智能分析"，从中发现未被满足的消费者需求，做出前瞻性的研究和开发，占创新和改进产品或服务之先机。

2. 使"一对一"的顾客关系管理成为可能

通过收集积累和处理顾客大量的信息，维系顾客并预测顾客购买某种产品的可能性，以利于产品的精确定位，有针对性地制作相关营销信息，说服顾客购买产品或接受某种概念。通过数据库的建立和分析，各个部门都对顾客的资料有详细、全面的了解，有条件给予顾客更加个性化的服务支持和营销设计，提供直接可控、有力的支持。

3. 使企业的营销沟通整合化、长远化

数据库营销以与顾客建立一对一的互动沟通关系为目标，并依赖庞大可靠的顾客数据库进行长期促销活动，这对积累企业市场营销成果有重要的作用。

4. 为全面、动态和即时的管理创造条件

全面是指数据库是一套内容涵盖现有顾客和潜在顾客全面信息的系统；数据库是一个可以随时更新的动态数据库管理系统，有强大的覆盖性、变动性与实时控制性。

5. 为高效率营销开辟途径

运用顾客数据库能够准确找出某种产品的目标顾客，可避免使用昂贵的大众传媒，运用更经济的促销方式，以降低成本，增强企业的竞争力。据有关资料统计，运用数据库营销对顾客进行筛选，其邮寄宣传品的反馈率，是没有运用数据库营销进行筛选而发送邮寄宣传品的反馈率的 10 倍以上。

6. 让竞争具有较强的隐蔽性

隐蔽性是企业竞争制胜的秘密武器。企业可一反传统营销中运用大众传媒、大张旗鼓地宣传新产品上市或实施新的促销方案、引起竞争对手注意的做法，运用数据库营销，通过与顾客的紧密关系，避开竞争对手的注意和避免公开对抗。

二、数据库营销的应用

数据库营销实施的核心内容为数据库资源及数据库营销的运营方式。

(一) 数据库营销的运营方式

由于不同企业所处的内部和外部环境不同,以及自身的资源、条件和优势不同,有几种不同的**数据库营销运营方式**常被企业选用。

1. 基础运营方式

顾名思义,基础运营方式是最基础、最适用于企业的一般运营方式,是指企业建设自己的数据库营销运营平台,以实现对自身所拥有的数据进行集中统一管理。企业通过自身网站获取潜在目标客户,通过一系列的数据库营销策略开展数据库营销。

2. 数据租赁运营方式

数据租赁运营方式是利用专业的数据库营销公司提供数据的运营方式,这也是企业重要的、需要长期执行的数据库营销策略。通过数据租赁,企业可以获取相关的目标客户的信息,实现高效率、低费用的精准营销。

3. 数据购买运营方式

数据购买运营方式是企业通过一系列符合法律程序的形式获取潜在目标客户数据,通过自己的数据库营销部门开展数据库营销。这种运营方式一般要和基础运营方式匹配使用。这种方式的运行结果,有赖于三个内部因素:①基础运营方式中是否搭建了适合企业的数据库营销平台;②企业是否已经建立了数据库营销运营机制;③是否拥有运作数据库营销人力资源。

以上三种运营方式的恰当配合,是成功实施数据库营销的关键。

(二) 数据库营销运作程序

数据库营销的运作程序一般要经历的基本过程如下。

1. 数据采集

随着市场营销的深入,对顾客精确细分的要求越来越强烈。顾客数据的充分性和客观性是细分的基础,而顾客信息和顾客数据的采集是其中的关键环节。数据库数据一方面通过直接方式采集,如通过市场调查采集消费者消费记录以及促销活动记录;另一方面可利用间接资料方式,如公共记录数据、人口统计数据、医院婴儿出生记录、患者记录卡、银行担保卡、信用卡记录等都可以有选择地采集。

2. 数据存储

将收集到的数据以顾客为基本单元,逐一输入计算机,建立起顾客数据库。

3. 数据处理

运用先进统计技术,利用计算机把分散的数据综合为有条理的系统数据库,在相关的、强有力的软件的支持下,生成企业各职能部门(如产品开发部门、市场营销部门、公共关系等)所需要的数据库。

4. 寻找理想消费者

根据使用企业某产品最多的消费者的共同特点,如文化背景、收入、兴趣爱好等,创建出某产品的消费者模型,以明确将一组或多组消费者作为营销工作目标。

5. 使用数据

数据库数据可以用于多个方面,如针对哪些顾客,开发什么样的新产品;确定购物优惠券价值目标,决定送给哪些顾客;根据消费者特性,如何制作广告更有效;根据消费记录判定消费者消费档次和品牌忠诚度。

6. 更新和完善数据库

由于企业的营销活动不断深入,促销活动更加有效,随之而来的是收集到的信息要不断积累和完善,从而使数据库不断得到更新,及时反映消费者的变化趋势,使数据适应企业经营需要。实践中,一些企业热衷于数据库的建立,而忽视数据库的保持和更新,导致无法进行有效的数据库营销,过时的数据有时甚至会对企业营销产生负面作用。

数据库营销在我国已经广泛兴起,随着信息通信技术的发展及计算机的普及应用,有更多的企业将会采用数据库营销这一现代化的营销方式。

💬 **思考 12-8** 在你接触和了解的范围内,数据库营销中存在的问题主要有哪些?

第四节 绿色营销

与其他营销理论的问世不同,"绿色浪潮"自兴起即得到了各方的肯定。各国家和地区政府、重要的社会组织纷纷表态支持,企业和消费者也积极响应,并将其与可持续发展战略联系起来。

一、绿色营销的概念与特征

绿色营销的概念与应用

(一)绿色营销的概念

对**绿色营销**的解释不一,可从广义与狭义两个角度理解。广义的绿色营销也称伦理营销或社会伦理营销,是指企业在进行营销活动时,践行其社会价值观、伦理道德观,维护社会效益并自觉维护生态平衡,抵制有害营销。狭义的绿色营销是指企业在营销活动中，以保护生态环境为前提，将企业利润的获得、消费者需求的充分满足与社会整体利益协调统一的过程。企业营销既要充分满足消费者需求，实现企业利润目标，又要关注自然生态平衡。

绿色营销充分考虑社会效益，既自觉维护自然生态平衡，又自觉抵制有害营销。绿色营销认为，企业在营销活动中，要顺应可持续发展战略的要求，注重生态环境保护，促进经济与生态环境协调发展，以促使企业利益、消费者利益、社会利益及生态环境利益的实现。从以上表述得知，绿色营销是以满足消费者和经营者的共同利益为目的、以保护生态环境为宗旨的营销模式。

(二) 绿色营销的特征

绿色营销是社会生产力发展、人民生活水平提高的必然结果。与传统营销相比，**绿色营销的特征**如下。

1. 更高层次需求的满足

倡导和引领绿色消费是开展绿色营销的前提。人们的消费需求由低层次向高层次依次发展，绿色消费属于较高层次的消费需求。当温饱等生理需要得到满足后，便会产生提高生活综合质量的要求，如对清洁环境与安全、绿色产品的需求。满足消费者的绿色需求，是绿色营销的目标和前提。

2. 更理智的和谐统一

低水平地满足消费者需求，有时形成的是非理智的、短暂的和谐统一，在满足即时需求的同时可能损害了消费者整体和社会的长远利益。绿色营销则以满足消费者绿色需求为中心，提供生产、流通、消费过程中能有效防止资源浪费、环境污染及健康损害的产品。绿色营销所追求的是人类的长远利益与社会经济的可持续发展，力求实现人类行为与自然环境的融合。

3. 更长远有效的制约

在法制方面建设绿色体制是绿色营销发展的保障。绿色营销是旨在实现人类社会的协调、持续发展的新观念，在竞争市场上，必然遭遇旧观念利益者的抑制和抵抗。需要健全政治与经济体制，制定并实施环境保护与绿色营销的法规、方针、政策，制约地方政府、部门和企业的短期行为，维护作为"地球人"的长远利益。

4. 更坚实的物质保障

绿色科技的发展是绿色营销实施的物质保证。技术进步和产业变革是社会经济进化的决定因素，新兴产业的形成必然要求科技的进步做支撑；但技术创新如果背离绿色观念，其结果有可能加快环境污染和资源的浪费。只有倡导绿色科技并用以促进绿色产品的发展，促进节约能源和资源可再生、无公害绿色产品的开发，才是绿色营销的物质保证。我国目前进行的经济转型中的稳增长、调结构，以科技创新推动产业升级，生动体现了这一观念。

💬 **思考12-9** 我国多数省市区政府陆续发布的限塑令、禁塑令有何意义？

二、绿色营销的应用

经济发展和科技进步，在创造了极其丰富的物质财富的同时，也给自己赖以生存的生态环境带来了空前规模和速度的破坏。如今人类已经意识到约束自己、尊重自然的迫切性，绿色需求正在由潜在转变为现实。有支付能力的绿色需求，是绿色营销赖以形成的推动力，并决定了绿色市场的规模与发展。

在发达国家与地区绿色时代到来之际，推动企业绿色营销的实施除制定和规划自己的绿色营销战略外，主要体现为完善与执行绿色产品组合策略，即企业对产品的创意、设计和生产，以及定价与促销的策划与实施，都应力求避免环境污染，保护和节约自然资源，维护人类社会的长远利益，实现经济长期的可持续发展。

（一）提供绿色产品（或绿色服务）

企业实施绿色营销必须以绿色产品为载体，为社会和消费者设计、开发、提供满足绿色需求的绿色产品。狭义的绿色产品（也称生态产品或有机产品）一般指不包含化学添加剂的纯天然食品或天然植物制成的产品，也包括生产、使用及处理过程中符合环境保护要求，对环境无害或危害极小，有利于资源再生和回收利用的产品。广义的绿色产品，是指所有对社会、环境改善有利的产品。我国在20世纪90年代初开始关注绿色产品，成立了绿色食品协会，设立了绿色食品标签并参与国际交流。

从产品整体概念考虑产品的设计、产品形体及售后服务的节约及保护环境等，一般应做到以下几个方面：

（1）要求产品的核心功能既能满足消费者对其利益效用的需求，符合相应的技术和质量标准，更要满足对社会、自然环境和人类身心健康有利的绿色需求，达到有关环境保护和安全卫生的标准。

（2）产品的实体部分应尽可能地减少资源的消耗，有条件的应更多地利用再生资源。产品实体中不应添加对环境和人体健康有害的原料、辅料。在产品制造过程中应消除或尽量减少"三废"对环境的污染。对排出的废弃物能综合利用，变废为宝，化害为利，促进资源的循环使用。

> **小案例 12-2**
>
> 德国宝马汽车公司推出全塑外壳轿车，报废时可100%回收处理。

（3）采用绿色包装和绿色标志。企业设计产品及包装时，要减少原材料消耗，并减少包装对环境的污染。领先企业设计和使用的产品包装不仅大幅度降低了对资源的消耗，也使包装的废弃物和产品报废后的残物成为新的资源。

产品生产和销售的着眼点，不在于引导消费者大量消费而大量生产，而在于指导消费者正确消费而适量生产，建立全新的生产美学观念。

> **小案例 12-3**
> 日本不少食品店开辟了专营绿色食品的"生态柜"，并使用能自然降解的生物塑料包装。

（二）制定合理的绿色产品价格

价格是市场的敏感因素，定价是市场营销的重要策略，实施绿色营销不能不研究绿色产品价格的制定。一般来说，绿色产品在市场投入期，生产成本会高于同类传统产品，因为绿色产品成本中应计入产品环保的成本，主要包括以下几项：

（1）在产品开发中，因增加或改善环保功能而支付的研制经费。

（2）在产品制造中，因研制对环境和人体无污染、无伤害的生产技术而增加的工艺成本。

（3）使用新的绿色原料、辅料而可能增加的资源成本。

（4）由于实施绿色营销而可能增加的管理成本、销售费用。

绿色产品的制造成本在投入期较高，而后才会逐步趋向稳定。企业制定价格时，除应考虑上述因素，还应注意到，随着大众环保意识的增强、收入的增加，消费者对绿色产品可接受的价格水平逐步提高。因此，企业应将营销绿色产品看作重大商机。同时需要指出，少数企业以绿色成本为借口，用高价蒙骗消费者，最终输光破产，这些事例应引以为戒。

（三）构建绿色的分销体系

（1）从产品的绿色特征出发来考虑简化分销体系，提高企业的可控制程度。

（2）选择和自己目标一致，在经营绿色产品方面信誉好、效率高的渠道成员。

（3）选择能防止绿色产品在分销过程中二次污染的储藏条件和运输方式。

（4）严格意义上的绿色营销，还应包括承诺并使用绿色储存运输工具，即低耗能、低排放且运行中对环境无污染的罐、箱、车、船、舰、管、线等。

（四）实施绿色营销沟通整合

这是常被忽略且容易导致企业功亏一篑的一环。特别是一些经营绿色产品先行的企业，要做到以下几个方面：

（1）将宣传绿色消费观念放在首位，宣传企业的先进理念和行动，引导和进行消费者教育，保持与消费者长期的良性互动。

（2）改变传统营销组合，建立全新的营销组合，传播企业绿色文化和消除有损社会利益的"营销近视症"，树立良好的企业形象。

（3）筛选和调整广告媒体与相关促销手段。首先，尽可能地选择绿色媒体；同时，营销活动尤其是广告投入的规模和频度应把握适度的原则，以避免因此而形成的气、光、声等污染对大众感官的损害和资源的浪费。

同时，要关注全球范围内绿色贸易壁垒的形成对我国企业带来的挑战和机会。

> **小贴士**
>
> 绿色贸易壁垒是指在国际贸易活动中，进口国以保护自然资源、生态环境和人类健康为由而制定的一系列限制进口的措施。中国的国际贸易问题专家对此的定义是：绿色贸易壁垒是指那些为了保护环境而直接或间接采取的限制甚至禁止贸易的措施。其主要包括国际性和区域性的环保公约、国别环保法规和标准、ISO14000 环境管理体系和环境标志等自愿性措施、生产和加工方法及环境成本内在化要求等分系统。

思考 12-10 你认为企业应如何在"绿色浪潮"中发现和把握机会，避免威胁？

第五节　体验营销

体验营销是一种新的营销方式，已经逐步渗透到销售市场的每一个角落。体验营销的出现不仅为企业提供了新的发展空间，也给企业带来了新的挑战。

一、体验营销的概念及其与传统营销的区别

（一）体验营销的概念

体验营销又称体验式营销，是指企业将客户的注意力从产品转移到消费的过程中，通过客户与产品之间的沟通和互动，触动他们内在的情感和情绪，给予他们生动、丰富、个性化的体验，在所提供的难忘体验中确立自己的独占领域，为企业建立核心竞争力。

体验营销远不止是让消费者简单地感受产品或服务，而是给消费者一种感觉，一

种情绪上、体力上、智力上甚至精神上的体验。

> **小贴士**
>
> 体验营销是 1998 年美国战略地平线 LLP 公司的两位创始人 B. Joseph Pine Ⅱ 和 James H. Gilmore 提出的。他们的解释是"从消费者的感官、情感、思考、行动、关联五个方面重新定义、设计营销理念",并认为消费者消费时是理性和感性兼具的,消费者在消费前、消费中和消费后的体验,是研究消费者行为与企业品牌经营的关键。

(二)体验营销与传统营销的区别

体验营销与传统营销的区别主要体现在以下几个方面:

(1)以消费者的体验为中心。体验营销注重消费过程中的经历对感觉、内心和思想的触动,从而把企业、品牌和消费者的生活方式紧密联系起来。传统营销考虑产品的特色及其给消费者带来的利益,关注重点是产品的功能,如食品的卫生、营养,家电的质量高、耐用等;而体验营销始终站在消费者的体验角度来构思,不仅关注功能和质量,而且考虑消费者看到它、听到它、使用它时会产生什么样的感受,消费者在购买前、购买中、购买后的全部体验。

(2)以社会文化为导向。体验营销不再把产品和竞争的分类限定在狭窄视野里,而是把产品或服务置于广泛的社会文化背景下,寻找内在联系,形成协同体验,注重购买后的顾客反应,努力提高品牌忠诚度。

(3)以感性营销为支点。体验营销试图寻找导致消费者情感变化的敏感点,并激发其积极的情感,使消费者的求美心理和寻求浓郁人情味的心理都得到满足。

(4)以产品或服务为媒介。企业和消费者进行行为和心理的互动,而不只是单纯地进行商品交易,从而实现企业和消费者双方的深层次认同。

(5)将体验融入产品的开发、生产、销售、服务各个层面。与传统的单纯制造卖场购买气氛不同,体验营销从产品设计开始,融于企业的研发、生产、销售、服务各个层面。

> **小案例 12-4**
>
> 当咖啡被当成"货物"贩卖时,一磅卖 300 元;当咖啡被加工为饮品时,一杯就可以卖 25 元;当其加入了服务,在咖啡店贩卖时,一杯会卖到 35~100 元;如果能让顾客体验到咖啡的香醇与生活方式,一杯就可以卖到 150 元甚至几百元。大家熟悉的星巴克真正的利润所在就是"体验"。

二、体验营销的实施

实施体验营销的方法和工具种类繁多,企业要善于寻找和开发适合自己的营销方法和工具,并且不断地推陈出新。企业常采用的**体验营销策略**主要有以下几种:

(一) 感官式营销

感官式营销即通过视觉、听觉、味觉、嗅觉和触觉建立起人的眼、耳、鼻、舌、身感官上的体验,实现产品或服务的差异化。它能够激发消费者的美感、兴奋感、满意感等,使消费者产生难以忘怀的感官体验。

(二) 情感式营销

情感式营销是指在营销过程中,触动消费者的内心情感,创造情感体验,使消费者自然地融入情景之中,旨在触动他们的内在感情与情绪,创造欢乐、愉快的体验,形成对产品或服务及其品牌的偏爱。情感式营销的运作需要的是真正了解什么刺激可以引起哪种情绪,以及能使消费者自然而然受到感染,并融入情景中来。情感式营销中的体验是情感与情绪的集合,在此层面上可以说,体验营销即情感式营销。

(三) 思考式营销

思考式营销即通过开发人们的智力,创造性地让消费者获得认识和解决问题的体验。思考式营销的诉求是智力,以创意的方式引起消费者的惊奇、兴趣,对问题集中或分散地思考,为顾客创造认知和解决问题的体验。对于高科技产品而言,思考活动的方案是被普遍使用的。在许多其他产业,思考式营销也已经被使用于产品的设计、促销和与消费者的沟通中。

(四) 行动式营销

行动式营销即通过社会典范、偶像人物来引导消费者,使其生活形态得以改变,从而实现产品的销售。行动式营销的目标是影响身体的有形体验、生活形态与互动。行动式营销通过增加消费者的身体体验,指出做事的替代方法、替代的生活形态与互动,丰富消费者的生活。而消费者生活形态的改变是激发或自发的,且也有可能是由偶像角色引起的。

(五) 关联式营销

关联式营销是感官、情感、思考和行动式营销的综合,包含感官、情感、思考、行动营销等层面。关联式营销超越私人感情、人格、个性,加上"个人体验",而且与个人的理想自我、他人或文化产生关联。关联活动的诉求是满足自我改进（如想要与未来的"理想自己"有关联）的个人渴望，让别人（如亲戚、朋友、同事、恋人或配偶和家庭）对自己产生好感，让人和一个较广泛的社会系统（一种亚文化、一个群体等）产生关联，从而建立个人对某种品牌的偏好，让使用该品牌的人形成一个群体。

除此之外，还有诸如娱乐体验、生活式体验、文化体验、氛围体验等多种可采用的模式。

在实施体验营销的企业中，首要的是要坚实地提供可靠的产品或服务质量，做不到这一点，体验营销战略就不是战略的应用，而只是销售促进的噱头，将会给消费者和企业带来伤害。

第六节　定制化营销

20 世纪 80 年代末，营销专家预测 20 世纪 90 年代将是"定制营销的年代"，从此人们对"定制化"一直予以关注，之后频频传来先导企业以此为竞争利器获胜的消息。在国内外竞争者中走在最前列的是那些发现了大规模定制威力的企业。在汽车、服装、灯光控制、动力工具、冷库、旅行服务、电子计算机、钟表、供电等行业中，许多企业采用了大规模定制模式，取得了较高的市场占有率。由此，大规模定制引起越来越多的企业的兴趣与重视。本节的定制化营销即大规模定制。

一、大规模定制的概念和意义

（一）大规模定制的概念

大规模定制是在新的市场环境下产生的一种新的企业生产模式。大规模定制是两个长期竞争的管理模式的综合：大规模＋定制化。大规模即大规模生产模式。定制化是企业在满足消费者需求方面达到的一个新境界。早期的用一种产品或服务满足全部或绝大多数消费者的需要，到市场细分——用不同的产品或服务分别满足不同消费群体的需要，再到用个性化的产品满足个别消费者的需要，"总体—群体—个体"反映了企业满足需求水平的提高。大规模定制可理解为，个性定制产品或服务的大规模生产。先驱者发现，能够做到以大规模生产的成本和价格实现产品多样化甚至个性化的定制。

大规模定制的核心是产品品种的多样化和定制化大量增加，而不增加成本；其优点是提供战略优势和经济价值。大规模定制是在大规模生产的基础上演变而来的。它从大规模制造人人买得起的产品发展到大规模制造人人想买的产品。大规模生产解决产品能使消费者有条件接受的问题，市场需求的同质化是大规模生产的前提，而大规模定制是市场需求异质化的产物，解决的是消费者乐于接受产品的问题。大规模生产中首先开发产品，然后确定制造工艺，一项工艺过程仅仅针对一种产品，大规模定制不再把消费者置于被动接受的位置，而是把他们置于开发销售系统之中，经营活动才真正成为解决消费者"问题"的行动。

（二）大规模定制的意义

大规模定制为企业带来竞争优势和新的市场机会是由于得到以下四个管理方式所带来的创新点的支持：

（1）原料和零部件的及时配送与生产，消除了流程中的间断，大量地降低了库存成本。

（2）减少了准备和转换的次数，可直接降低运行规模和变化所需的成本费用。

（3）压缩价值链中所有过程的循环周期，可避免因增加灵活性和反应能力而造成的浪费，从而降低成本。

（4）按订单而不是按预测生产，订单提供了进行定制的足够的信息，不仅降低了库存成本，更重要的是降低了经营风险。

在大规模定制中，技术创新扮演着重要的角色。在制造业，计算机数控、直接数控和工业机器人等通过软件编程来控制零部件制造，大大增加了制造的柔性；在服务业中，贯穿于企业价值链的信息技术能对需求和设计的变化做出快速响应。数据库可以对信息、通信和娱乐服务等个别需求做出即时响应，并通过光纤送到每个家庭，使大规模定制生产和服务进入一个新阶段。

思考 12-11 新媒体营销对大规模定制化产生哪些方面的作用？

二、大规模定制的应用

在研究取得成功的企业经验的基础上，探讨大规模定制的应用的思路和方式，包括以下几种：

（1）以标准化的产品或服务为基础来设计定制服务，即对标准化的产品在销售或交付环节完成定制。如海尔推出的"定制冰箱"，就是消费者可按自己喜好定制不同颜色或内置的冰箱。

（2）创造可定制的产品或服务。即从产品开发时就按照消费者的要求进行设计。如吉列公司推出"按你的面部轮廓自动调节"的剃须刀，其产品是标准化大规模生产的，然而所有产品又是靠良好特性对个性化用户进行定制的。

（3）提供交货点定制。当只有客户在销售地点（场所）才能最清楚地表达他们的愿望和真实需要时，迅速提供给客户最想要的产品，是在销售或交货地点生产产品，或在销售地点完成最后的定制加工工序。如当下比较流行的DIY衫，就是由消费者提供图案并参与设计。

（4）设计与提供整个价值链的快速响应。设计与提供整个价值链的快速响应即解决在适当的地点、适当的时间提供适当的产品——对谁、什么、哪里、何时、如何、为什么六个方面进行变化。交付功能快速满足客户需求会引起连锁反应。从交货点开始反过来依次作用于分销和销售过程、生产过程直到产品开发过程。在大规模生产中，客户处于价值链的末端，而在大规模定制中，客户处于价值链的前端，由按客户需求的定制来拉动整个价值链的响应。这不仅满足了客户的需求，还缩短了整个企业价值链。

（5）用构件模块化定制最终产品或服务。实现大规模定制的最佳方法是以最低的成本、最高的个性化定制水平完成，而其中最好的方式莫过于能够配置成多种最终产品或服务的模块化构件。规模经济是通过构件而不是通过产品获得的；范围经济是通过在不同产品中反复使用模块化构件获得的；定制化则是通过能够被配置的众多产品获得的。

小案例 12-5

美国百利公司几乎能建造无数种结构的冷藏箱、冷藏仓库、环境可控房等，但企业只生产基本的模块化构件——预先设计的面板，并通过选择件、附加件、精加工、可配置的设计等手段进行定制。

标准化零部件实现的定制，不仅使产品多样化，而且降低了制造成本。百利公司生产中关于"构件"的概念十分明显，而在有些行业中"构件"就不那么清楚了，但即使如此，这类企业仍然可以很好地运用构件模块化定制的原理和方式。

小案例 12-6

历史上长期在工厂通过批量作业方式大规模制造油漆，后来改为通过零售商用电子计算机测量样品的光谱调整配方，以提供与客户样品一样的油漆。

大规模定制以客户定制牵动整个企业，经营观念、战略和策略无不发生变化。它从根本上促进了企业的革新。因此，从一定意义上讲，它不仅是企业占领制高点的战略选择，还可以看作企业的再造。

💬 **思考 12-12**　大规模定制对传统营销的最大挑战在哪里？举例说明你所经历的定制化营销。

小 结　SUMMARY

　　新媒体营销是指企业以现代营销为基础，以互联网及现代科技为依托，达成企业营销目标的新营销方式。它具有收集与发布信息、强化销售促进、重构销售渠道、顾客服务与顾客关系、积极的网站推广、动态的消费者监测、企业观念的驱动等作用。

　　新媒体营销的方式包括搜索引擎营销、电子邮件营销、交换链接、即时通信营销、博客营销、BBS 论坛营销、互联网广告、SNS 营销、知识型营销、会员制营销和社交零售体验店营销。

　　关系营销即企业与顾客、供应商、分销商、竞争者、政府机构及其他公众互动作用的过程，其核心是建立和发展与顾客和利益相关者的良好关系。关系营销的特征包括双向互动的沟通、密切的战略协同、多赢的营销活动、即时的信息分享、有效的信息反馈。它与传统营销的区别体现为重心不同、视野不同、方式不同、对顾客服务的态度不同以及顾客参与度不同。

　　关系营销的六个市场分别是内部市场、推荐市场、竞争者市场、影响者市场、供应商市场和客户市场。客户市场既包括最终用户，也包括中间商，强调服务的至关重要性，保持老客户与开发新客户齐头并进。

　　数据库营销是指为实现接洽、交易和建立客户关系等目标而建立、维护和利用顾客数据库与其他相关客户资料的整个流程。其作用有：在潜在的数据中发现市场机会；使"一对一"的顾客关系管理成为可能；使企业的营销沟通整合化、长远化；为全面、动态和即时的管理创造条件；为高效率营销开辟途径；让竞争具有较强的隐蔽性。其实施的核心内容为：数据库资源及数据库营销的执行方式。常用方式有基础运营方式、数据租赁运营方式和数据购买运营方式。数据库营销的运作程序包括数据采集、数据存储、数据处理、寻找理想消费者、使用数据、更新和完善数据库。

　　绿色营销是以满足消费者和经营者的共同利益为目的、以保护生态环境为宗旨的营销模式。其特征为：更高层次需求的满足；更理智的和谐统一；更长远有效的制约；更坚实的物质保障。

　　绿色营销体现为完善与执行绿色产品组合策略，即企业对产品的创意、设计和生产，以及定价与促销的策划与实施，都应力求避免环境污染，保护和节约自然资源，维护人类社会的长远利益，实现经济可持续发展，做到提供绿色产品（或绿色服务），制定合理的绿色产品价格，构建绿色的分销体系，实施绿色营销沟通整合。

　　体验营销是以产品为素材，塑造感官体验和思维认同，抓住消费者的注意力，为他们制造出值得回忆的感受，从而为产品或服务找到新的存在价值与空间。企业在将消费者的注意力从产品转移到消费的过程中,通过消费者与产品之间的沟通和互动,触动他们内在的情感和情绪,给予他们生动、丰富、个性化的体验,在所提供的难忘体验中确立自己的独占领域,为企业建立核心竞争力。

体验营销与传统营销的区别在于:以消费者的体验为中心;以社会文化为导向;以感性营销为支点;以产品或服务为媒介;将体验融入产品的开发、生产、销售、服务各个层面。

体验营销的实施要寻找和开发适合自己的营销方法和工具,如感官式营销、情感式营销、思考式营销、行动式营销和关联式营销,以及诸如娱乐体验、生活式体验、文化体验、氛围体验等多种模式。提供可靠的产品或服务质量是体验营销的基础。

本章的定制化营销特指大规模定制。大规模定制是两个长期竞争的管理模式的综合:大规模+定制化。大规模定制的产生源自更高的"市场扰动"。大规模定制大量地降低了库存成本,直接降低了运行规模和变化所需的成本费用,避免了因增加灵活性和反应能力而造成的浪费,按订单生产降低了经营风险等。技术创新使大规模定制成为可能。

大规模定制应用的方式有:以标准化的产品或服务为基础来设计定制服务;创造可定制的产品或服务;提供交货点定制;设计与提供整个价值链的快速响应;用构件模块化定制最终产品或服务。

思考题 EXERCISES

1. 什么是新媒体营销?新媒体营销有哪些优势?
2. 什么是关系营销?关系营销有哪些特征?
3. 简述数据库营销的三种运营方式。
4. 绿色营销主要有哪些特征?
5. 如何理解体验营销与传统营销的区别?

参考文献

[1] 科特勒, 凯勒. 营销管理: 第14版. 王永贵, 于洪彦, 何佳讯, 等译. 上海: 格致出版社, 2012.

[2] 科特勒, 凯勒. 营销管理: 第15版. 何佳讯, 于洪彦, 牛永革, 等译. 上海: 格致出版社, 2016.

[3] 麦克丹尼尔, 兰姆, 海尔. 市场营销学: 第11版. 时启亮, 朱洪兴, 金玲慧, 译. 上海: 格致出版社, 2013.

[4] 科特勒. 营销管理: 第10版. 梅汝和, 梅清豪, 周安柱, 译. 北京: 中国人民大学出版社, 2001.

[5] 乔布尔. 市场营销学: 原理与实践: 第3版. 胡爱稳, 译. 北京: 机械工业出版社, 2003.

[6] 科特勒, 阿姆斯特朗. 市场营销. 俞利军, 译. 北京: 华夏出版社, 2003.

[7] 泽丝曼尔, 比特纳. 服务营销: 第3版. 张金成, 白长虹, 译. 北京: 机械工业出版社, 2004.

[8] 查菲, 迈耶, 约翰斯顿, 等. 网络营销: 战略、实施与实践: 第2版. 吴冠之, 译. 北京: 机械工业出版社, 2004.

[9] 邓肯. 直复营销: 互联网、直递邮件及其他媒介. 杨志敏, 杨建民, 译. 上海: 上海人民出版社, 2003.

[10] 犹里齐, 埃平格. 产品设计与开发: 第2版. 杨德林, 译. 大连: 东北财经大学出版社, 2001.

[11] 亨尼格-索罗. 关系营销: 建立顾客满意和顾客忠诚赢得竞争优势. 罗磊, 译. 广州: 广东经济出版社, 2003.

[12] 贺名仑, 蓝苓. 中国市场学: 参考资料. 北京: 中央广播电视大学出版社, 1985.

[13] 纪宝成, 吕一林. 市场营销学教程. 3版. 北京: 中国人民大学出版社, 2002.

[14] 冯丽云, 孟繁荣, 程化光, 等. 现代市场营销学. 3版. 北京: 经济管理出版社, 2004.

[15] 钱旭潮, 王龙. 市场营销管理: 需求的创造与传递. 4版. 北京: 机械

工业出版社，2016．

［16］马晓琨，孙晓曼，李红强，等．市场营销调研实务．北京：中国人民大学出版社，2012．

［17］兰苓．营销理论与实践．北京：科学技术文献出版社，1992．

［18］兰苓．现代市场营销学．北京：中国财政经济出版社，1996．

［19］兰苓．市场营销学．北京：机械工业出版社，2008．

［20］张景云．中国品牌全球化：理论建构与案例研究．北京：经济管理出版社，2019．

［21］科特勒，阿姆斯特朗．市场营销：原理与实践：第16版．楼尊，译．北京：中国人民大学出版社，2015．

［22］孟韬．市场营销：互联网时代的营销创新．北京：中国人民大学出版社，2018．

［23］岳俊芳，吕一林．市场营销学．5版．北京：中国人民大学出版社，2019．